Hermann Scherer
Glückskinder

PIPER

Zu diesem Buch

»Die Sorte Glück, die ich meine, wenn ich von Glückskindern spreche, ist der Zustand des Glücklichseins, der
nicht durch einen zufälligen Glückstreffer hervorgerufen
wird, sondern durch eine Art zu leben, die einem ermöglicht, dauerhaft Chancen zu entdecken und zu nutzen. Um
diese Glückskinder und ihren besonderen Chancenblick
geht es in diesem Buch.«

Hermann Scherer

Hermann Scherer ist Management-Trainer und Gründer der
Unternehmensberatung »Unternehmen Erfolg®«. Er hält
Vorträge zu den Themen Unternehmenserfolg und Marketing und hat bereits mehrere erfolgreiche Bücher veröffentlicht.

Hermann Scherer

GLÜCKS
KINDER

Warum manche lebenslang Chancen suchen –
und andere sie täglich nutzen

PIPER

Mehr über unsere Autoren und Bücher:
www.piper.de

MIX
Papier aus verantwor-
tungsvollen Quellen
FSC® C083411

Ungekürzte Taschenbuchausgabe
ISBN 978-3-492-30280-7
Piper Verlag GmbH, München
1. Auflage Februar 2014
5. Auflage März 2019
© Campus Verlag GmbH, Frankfurt am Main 2011
Umschlaggestaltung: semper smile, München, nach einem Entwurf von
total italic, Amsterdam und Berlin
Gestaltung und Satz: tiff.any GmbH, Berlin
Gesetzt aus der ITC Stone Serif Std
Druck und Bindung: CPI books GmbH, Leck
Printed in the EU

Inhalt

SUCHMODUS

Warum kaum jemand den Expresslift im Empire State Building benutzt

Ich halte mich für ziemlich erfolglos. Das soll gar keine Koketterie sein; natürlich weiß ich, dass ich gemessen an allgemeinen Maßstäben durchaus erfolgreich bin, und damit meine ich nicht nur das Materielle, sondern auch Aspekte wie: wunderschöne Dinge erleben, zu den aufregendsten Orten der Welt reisen, spannende Menschen kennen lernen, mit wunderschönen Frauen zusammen gewesen sein.

Eine dieser wunderschönen Frauen in meinem Leben hat einmal zu mir gesagt: »Mein Gott, Hermann, jetzt sei halt endlich zufrieden!«

Und als sie dann in mein unzufriedenes Gesicht geschaut hat, versuchte sie mir zu erklären, wie das geht, das Zufriedensein: »Schau, vergleich dich doch mal mit den Menschen um uns herum. Für die meisten von denen bist du in vielerlei Hinsicht bereits dort, wo sie erst noch hinwollen. Kannst du das nicht sehen? Kannst du dann nicht zufrieden sein mit dir und deinem Leben?«

Nein. Kann ich nicht. Ich sehe das nicht, was die meisten Menschen wollen, sondern schaue nur auf die paar wenigen, die dort sind, wo ich noch hin will. Ich suche Chancen, um das zu schaffen, denn ich will so schnell und so weit wie möglich weg vom Status quo. Und das macht mich zu einem unausstehlichen Menschen. Ich weiß das. Ich kann mich ja oft selbst nicht leiden.

Eine Sache, die ich mir selbst fast nicht verzeihen kann, ist, wie dumm ich manchmal bin. Dann habe ich Sorgen und verschwende meine Kreativität, um mir die schlimmsten Szenarien auszumalen, die mich ereilen könnten, anstatt meine Kreativität einzusetzen, um nützlichere Dinge zu kreieren als schlechte Gefühle. Eine Hauptsorge, die mich dann umtreibt, ist, ich geb's zu: es nicht zu schaffen.

Ich habe dann auch Angst, dass ich mein Leben bislang vergeigt habe und dass ich mich in meinen Selbsttäuschungsmechanismen bequem eingerichtet habe und der Tod täglich näher kommt, während ich nicht weiß, wie weit er noch entfernt ist. Ich hadere dann bitterlich mit den Problemen, mit denen ich mich herumschlage, anstatt sie als das zu erkennen, was sie sind: Chancen in Verkleidung.

In diesen Momenten weiß ich auch nicht mehr, was ich von Herzen gerne will, ich zweifle, ob meine Entscheidungen falsch gewesen sind, dabei weiß ich doch, dass es eigentlich gar kein Richtig oder Falsch gibt, sondern nur echte Chancen oder scheinbare Chancen. Nur kann ich dann den Unterschied zwischen den beiden Kategorien nicht mehr erkennen, weil meine Visionen verschwommen sind und ich das Zielbild meines Lebenspuzzles nicht mehr sehen kann.

Skeptisch bin ich dann auch noch! Ich begegne den Menschen mit meinem Zweifeln, und damit lernen diese Menschen mehr über mich als ich von ihnen. Sie spüren mein unausgesprochenes Nein zu ihnen, das einzig und allein die Funktion hat, mir selbst zu ersparen, mich zu verändern, dazuzulernen, mich aufzuraffen, etwas Neues zu erkennen. Skeptisch bin ich dann auch mir selbst gegenüber, denn ich misstraue mir, ob ich noch lange genug lebe, um beispielsweise ein guter Redner oder ein ernstzunehmender Autor zu werden. Nicht einmal der Zeit traue ich dann mehr, obwohl ich weiß, wie viel sie bewirken kann. Und ich scheue dann die Investitionen, die nötig sind, um voranzukommen, zweifle, ob es sich lohnen wird, so viel Zeit und Geld in meine Ziele zu stecken. Ob das jemals wieder herausguckt?

Außerdem komme ich mir dann auf alberne Weise egozentrisch vor und frage mich: Kommt es überhaupt darauf an, was ich einzelner kleiner Trottel im Leben will? Sollte ich nicht viel mehr geben und helfen und mich um andere Menschen

Kommt es überhaupt darauf an, was ich einzelner kleiner Trottel im Leben will?

sorgen? Bin ich am Ende gar kein sozialer Mensch, sondern ein egoistischer Idiot, das Feindbild der halben Gesellschaft? Dabei weiß ich doch eigentlich genau, wie viel ich gebe und dass ich das nur kann, weil ich zuvor meinen Beitrag zum wirtschaftlichen Wachstum geleistet habe, indem ich selbst wirtschaftlich gewachsen bin. Ich weiß eigentlich, dass nur lebt, was wächst, und habe trotzdem das Gefühl, nicht gründlich genug nachgedacht zu haben bei allem, was ich angefangen habe.

Ja, ich weiß, langes Nachdenken führt nicht zu besseren Ergebnissen, sondern nur zu späteren Ergebnissen, aber in diesen dummen Momenten verliere ich die Sicherheit. Ich halte dann meine Visionen für Luftschlösser, finde die Luft, die ich atme, zu dünn und bin zu aller chronischen Unzufriedenheit auch noch unglücklich.

Oder auf den Punkt gebracht: Ich bin dann möglicherweise so wie Sie und jeder andere die meiste Zeit über ist. Und das kann ich weder mir noch Ihnen vorwerfen. Es ist nun mal so, Glück verspüren wir nur in ausgewählten Momenten. Trotzdem: Diese Phasen der Gewöhnlichkeit, der Durchschnittlichkeit, der Mittelmäßigkeit sind für mich so schrecklich, dass ich sie immer fluchtartig verlassen will. Denn ich weiß: Immer dann tickt die Uhr, während ich die Chancen verpasse, die mich meinen Zielen und Visionen näher bringen würden.

Aber ebenso kenne ich – so wie vermutlich auch Sie – Momente, in denen es anders ist. Momente, in denen ich das Gefühl habe, einigermaßen intelligent zu sein, insbesondere: chancenintelligent zu sein. Ich löse mich dann aus all den fruchtlosen Vergleichen mit anderen Menschen und fühle mich wie ein Glückskind. Ich bin dann ein Glückskind. Drei Sorten von Situationen sind das, bei denen es spürbar vorangeht in mir: in den Momenten zwischen Wachen und Schlafen, wenn ich in der Liebe bin und wenn ich spiele.

Sind wir nicht alle ein bisschen alpha?

Die Kraft, etwas zu bewirken, die Macht, etwas zu bewirken und die Fähigkeit, etwas zu bewirken, vereinigen sich in dem lateinischen Wort »Potenzial«. Das Wort ist derzeit sehr *en vogue*, wenn es um Motivation und Persönlichkeitsentwicklung geht: »Unleash the Power within!« – »Entfesseln Sie Ihr Potenzial!«

Eine andere Sorte Potenzial ist beispielsweise die potenzielle Energie, die im Unterschied zwischen der Größe zweier elektrischer Ladungen gespeichert ist. Stellen Sie sich das wie zwei Seen vor, die in unterschiedlichen Höhenlagen liegen. Die Energie, die im Höhenunterschied »gespeichert« ist, wird zur Wirksamkeit gebracht, wenn die beiden Seen durch einen Bach oder ein Rohr miteinander verbunden sind. Dann strömt das Wasser herunter, und die Bewegungsenergie des Wassers lässt sich durch ein Wasserrad, das mit einem Generator verbunden ist, in elektrischen Strom umwandeln, mit dem Sie zu Hause ein Schnitzel in der Pfanne braten können.

Solche Gefälle existieren überall. Wenn beispielsweise der Potenzialunterschied zwischen Himmel und Erde zu groß ist, dann zucken Blitze zwischen beiden und gleichen den Unterschied mit einer massiven Elektronenlieferung wieder aus. Genau das passiert ständig, in jeder Sekunde, in minimalster Ausprägung in Ihrem Kopf. In den bis zu 1 000 Milliarden Neuronen in Ihrem Gehirn werden ständig Potenziale erzeugt, die sich mit kleinen Blitzen elektrisch durch die Nervenfasern, die Axone, entladen. Mit jeder Entladung wird eine Information transportiert, die am Ende der Axone, an den Synapsen, an die nächste Nervenzelle übertragen wird. Jedes Neuron bildet bis zu 10 000 Synapsen-Schaltstellen mit anderen Neuronen. Insgesamt werden in einem Gehirn bis zu einer Billiarde, also eine Million Milliarden winzig kleine elektrische Schaltungen gebildet, die zusammen das neuronale Netzwerk Gehirn bilden. All diese kleinen Potenzialänderungen addieren sich auf und ergeben das, was wir Gehirnströme nennen. Mit einem Elektroenzephalographen, der über mehrere Elektroden, die am Kopf angebracht werden, die Abweichungen der elektrischen Felder misst, können wir unsere Gehirnströme messen. Sie schwanken stark – sowohl zeitlich als auch von Ort zu Ort im Gehirn. Diese Schwankungen werden auf einem Bildschirm als Kurvenverläufe angezeigt. Typisch sind dabei rhythmisch auf- und niederschwingende Kurven. Versierte Neurologen können darin Muster erkennen.

Weil die Informationen so zahlreich sind, teilen sie die Neurologen traditionell in so genannte Frequenzbänder ein. Da gibt es die Delta-Wellen mit einer niedrigen Frequenz von ein bis vier Schwingungen pro Sekunde. Messen kann man sie sowohl bei Säuglingen im Wachzustand als auch bei Erwachsenen im Tiefschlaf. Sollten Sie als Erwachsener einmal Delta-Wellen im Wachzustand haben, sind Sie kurz vor dem Ableben, denn dann haben Sie mit hoher Wahrscheinlichkeit eine schwere Hirnverletzung mit einer Hirnblutung oder Sie haben einen Schlaganfall oder einen epileptischen Anfall.

Theta-Wellen zwischen vier und acht Schwingungen pro Sekunde kommen vermehrt vor, wenn Sie sehr müde oder gerade eingeschlafen sind. Bei Kleinkindern sind sie auch tagsüber ganz normal.

Es gibt auch noch höherfrequente Beta- und Gamma-Wellen, aber besonders interessant sind die im Frequenzbereich oberhalb der Theta-Wellen, nämlich zwischen acht und 13 Schwingungen pro Sekunde, da heißen die Signale Alpha-Wellen. Sie werden vor allem gemessen, wenn ein Mensch sehr entspannt ist. Es ist ein merkwürdiger Zustand, nicht wach und aufnahmebereit nach außen, aber auch nicht schlafend, entrückt oder abgeschaltet. Dieser Alphazustand ist keine dumpfe, weggedämmerte Verfassung, sondern trotz allem In-sich-gekehrt-sein ein merkwürdig intelligentes Stadium, in dem man zum Beispiel sehr fantasievoll sein oder schwierige Probleme lösen kann. Einerseits sehr entspannt und ausgeglichen. Andererseits hellwach und beweglich, aber irgendwie nach innen gerichtet.

Ich kenne dieses Alpha-Gefühl auch vom Autofahren über lange Strecken. Sie kennen das vielleicht auch. Ich komme plötzlich irgendwo zwischen Adelzhausen und Odelzhausen schlagartig zu der Erkenntnis, dass ich von den letzten 100 Kilometern A8 nichts mehr weiß, das Bewusstsein war wie weggeknipst, aber trotzdem war ich wach, habe funktioniert. Immerhin sitze ich noch angeschnallt im fahrenden Auto und habe keine anderen Autos, Leitplanken oder Bäume touchiert. Und irgendwie habe ich außerdem klar vor Augen, dass ich das teure Angebot, das im Büro auf dem Schreibtisch liegt, annehmen sollte, obwohl es doppelt so teuer ist wie das Vergleichsangebot des Konkurrenten. Es ist sonnenklar: Teurer aber gleichzeitig preiswerter. Schlagartig ist das Angebot kein Problem mehr, sondern eine Lösung.

Mit Meditation können Geübte sich schnell jederzeit in einen solchen Zustand versetzen, den jeder von uns auch kurz vor dem Einschlafen automatisch durchläuft. In diesem Zustand können wir Menschen und Situationen besonders trennscharf einschätzen. Wenn sich gerade Chancen im Leben bieten, dann erkennen wir sie in diesen Momenten. Es tut sich ein kleines Fenster zwischen unserem mächtigen Unterbewussten auf und wir können die Erkenntnis ans Tageslicht in unser Bewusstsein holen, dass wir eine Chance erkannt haben. Denn wir alle erkennen permanent Chancen, wir sind uns dessen nur nicht bewusst. Dumm nur, wenn wir dann nach so einem hellsichtigen Moment einschlafen und alles wieder vergessen. Oder wenn wir tagsüber aus einem Alphazustand auftauchen und uns mit hektischer Betriebsamkeit die erkannte Chance wieder aus dem Bewusstsein drücken.

Die meisten Menschen nehmen die täglichen Alpha-Zustände nicht wahr. Ich auch oft nicht. Aber manchmal kapiere ich, dass ich gerade »alpha« war, und dann gelingt es mir bisweilen, eine Chance am Schwanz zu packen, bevor sie wieder in irgendeinen Spalt davongewuselt ist. Das sind visionäre Momente des Glücks.

Spielerischer Alpha-Amor

Um visionär denken zu können, darf uns die »realistische Realität« oder was wir dafür halten, nicht im Weg stehen, wir brauchen vielmehr ein hohes Maß an Realitätsanzweifelung oder Realitätsignoranz. Um Wege zum Ziel zu erkennen, die außerhalb des üblichen Alltagstrotts liegen, eben Chancen zu erkennen, müssen wir die

Signale, die wir über die Realität empfangen, mit unseren nichtrealen Vorstellungen verbinden. Deshalb können Sie ein Brainstorming sofort verlassen, wenn jemand sagt: »Jetzt aber mal realistisch!«

Es gibt eine ganz bestimmte Verfassung, da spielt die Realität in der Tat keine Rolle. Das ist der Zustand, wenn ich in der Liebe bin. In der tiefen Liebe zu mir, den Mitmenschen, der Umgebung, der Welt. Dieser Zustand ist zumindest bei mir sehr selten. Das sind die Momente, in denen man mit sich und allem drumherum im Reinen ist, den Flow spürt, ja, die Energie des Lebens mit jedem einzelnen Atemzug geradezu inhalieren kann. Wenn Sie die tiefe Dankbarkeit spüren, das Leben zu leben, wenn Sie Gänsehaut haben.

Nicht so tiefgreifend, dafür sehr kreativ ist der ausgeprägte Spieltrieb. Wenn ich mich gehen lassen würde, wäre ich – da bin ich ziemlich sicher – ein notorischer, spielsüchtiger Casinobesucher. Ich kenne mich gut genug, um mich in dieser Hinsicht unter Kontrolle zu behalten. Aber mein Spieltrieb ist ja Gott sei Dank auch nicht auf das Glücksspiel um Geld am Roulette-Tisch begrenzt. Ich probiere insbesondere in meinen Unternehmungen manchmal planfrei und spontan herum, alleine aus Freude über das Spielen, nicht an einen bestimmten Zweck gebunden. Natürlich will ich dabei gewinnen, also ein gutes Geschäft machen, das meine Spielräume weiter vergrößert, das mich auf meinem Weg zu meinen Zielen voranbringt. Das ist Teil des Spiels.

Die Herangehensweise des Spielers ist im Leben deshalb so interessant, weil ein Spieler agiert. Er reagiert nicht auf Reize, sondern er setzt sie. Er ist offensiv, tut Dinge freiwillig und unvorhersehbar. Ein Spieler begründet nicht, er macht einfach. Es geht dann beispielsweise auch nicht mehr ums Geld. Es ist doch egal, wie viel es kostet, der Erfolg ist wichtiger als der Gewinn. Das ist der Moment, in dem die Realität mit unseren bewussten, also eingebildeten Zwängen und Beschränkungen keine Rolle mehr spielt. Genauso wie beim Alpha-Zustand oder in der Liebe sind wir beim Spielen frei. Und innere, geistige Freiheit ist die Voraussetzung für den Chancenblick.

Interessanterweise habe ich oft die Erfahrung gemacht, dass die Geringschätzung des finanziellen Einsatzes zu Beginn dann am Ende zu einem umso größeren Rückfluss an finanziellen Mitteln geführt hat, denn wenn die Kosten im Spiel nicht wichtig sind, trauen wir uns, groß zu denken. Und wer groß denkt, vergrößert seine Chancen auf den Erfolg erheblich.

Alpha-Entspannung, Liebe und Spiellaune. Diese Zustände sind in ihren Extremen eher selten. Aber ich glaube, dass es auch einen Dauerzustand gibt, der vielleicht so etwas wie eine Mischung aus diesen drei Zuständen ist, ein spielerischer Alpha-Amor sozusagen, den einige wenige Menschen ständig und dauerhaft besitzen. Das sind Menschen, vor deren Lebenswerk wir in Ehrfurcht in die Knie gehen, die wir bewundern, weil sie scheinbar immer alles richtig machen, immer allen eine Nasenlänge voraus sind, zum Teil extreme Lebenswege hinter sich haben, vom Kleinkriminellen zum Milliardär, vom steinewerfenden Taxifahrer zum Außenminister, vom Bedürftigenstipendiaten zum amerikanischen Präsidenten. Diese Glückskinder sehen und nutzen täglich Chancen, die die anderen ein Leben lang suchen.

Und das hat nichts mit König Zufall zu tun. Die Sorte Glück, die ich meine, wenn ich von Glückskindern spreche, ist vielmehr der Zustand des Glücklichseins, der nicht durch einen zufälligen Glückstreffer hervorgerufen wird, sondern durch eine Art zu leben, die einem ermöglicht, dauerhaft Chancen zu entdecken und zu nutzen. Neuerdings sagt man auch Erfüllung dazu. Um diese Glückskinder und ihren besonderen Chancenblick geht es in diesem Buch. Irgendwie machen diese Menschen das ja, irgendwie zwingen sie das Glück, erarbeiten sich ihre Chancen. Machen wir uns nichts vor, keinem fällt der Erfolg dauerhaft in den Schoß. Aber wie genau machen die das?

Eines ist sicher: Planen lässt sich im Leben nichts. Planung ersetzt lediglich Zufall durch Irrtum, denn im Leben kommt es immer anders, als man dachte. Glückskinder haben nicht die bessere Methode oder den besseren Plan. Ich glaube vielmehr daran, dass glücklich werden kann, wer die Fähigkeit herausbildet, seine Chancen im Leben zu erkennen und zu nutzen.

Planung ersetzt lediglich Zufall durch Irrtum

Der beste Deal

Der Magen rutschte mir in die Kniekehlen, wir stiegen auf, 10., 20., 50., 86. Stock. Als ich ausstieg und ins Freie trat, sah ich über mir nur noch die mächtige Antenne, deren Spitze bei schlechtem Wetter in 449 Meter Höhe durch die Wolken sticht.

Ich genoss den Ausblick über die schönste Stadt, die ich kenne, nicht zum ersten Mal, aber wie jedes Mal war ich überwältigt. Beim Anblick von Downtown Manhattan, im Hintergrund die Freiheitsstatue, dahinter Staten Island und dann das Meer, hatte ich wie schon so oft einen Kloß im Hals. Ich liebe diese Stadt.

Als ich vorhin, an diesem brütend heißen Julitag, die Lobby des Empire State Building betreten hatte, da hatte es sich angefühlt, wie in den Glanz und Reichtum des großen amerikanischen Jahrhunderts einzutauchen. Art-Déco-Reliefs, Marmor, ein goldener Schimmer lag über der Halle. Dann hatte ich die mehreren hundert Touristen gesehen, die zum Takt der Wanduhr in den Lift träufelten wie Kochsalzlösung in die Vene eines Infarktpatienten. Ich hatte auch nach oben gewollt.

In gewisser Weise ist all das hier das Werk von George McAneny, 5. Bürgermeister des jungen Bezirks Manhattan. Als sein Amtsfüller am 25. Juli 1916 majestätisch über die »New York Zoning Resolution« glitt, zeichnete er mit einem Federstrich das Gesicht der Stadt, die wir heute kennen. Die Bauvorschrift, in die die Tinte sickerte, verordnete Manhattans Skyline unter anderem ihre charakteristischen Setbacks, die terrassenförmige Verjüngung der Wolkenkratzer gen Himmel.

Eine dieser Terrassen, kaum breiter als eine Tischtennisplatte, ist heute ein Touristenmagnet, der sich nur mit der Chinesischen Mauer und den Pyramiden von Gizeh messen lassen muss: das 86th Floor Observation Deck, die Aussichtsplattform hoch über dem Betondschungel am Hudson auf dem Dach des Empire State Building. Dieses Bauwerk ist eine Legende. Genauso legendär sind die Schlangen an seinen Aufzügen.

Das Ticket in den 86sten kostete 15 Dollar. Zu diesem Preis durfte man sich hinten anstellen. 30 Dollar kostete der Express Pass. Wie schön, ich hatte die Wahl! Ich hatte keinen Augenblick gezögert. Am

Schalter hatte ich meine Kreditkarte durch den Schlitz zwischen Marmor und Panzerglas geschoben, und sie war prompt zusammen mit meinem Express Pass wieder zurückgekommen – inklusive Lächeln der Kassiererin. Ein Ordner hatte die dicke rote Absperrkordel ausgehakt, war zur Seite getreten und hatte mich durchgewunken. Ich war an der Schlange vorbeigegangen und in den Aufzug gestiegen.

Auf dem Rückweg nach unten und hinaus auf die 5th Avenue kam ich jetzt wieder an dieser langen Menschenschlange vorbei, wo dieselben Gesichter wie vorhin darauf warteten, endlich nach oben fahren zu dürfen. An der Tür nach draußen kam mir ein junges Pärchen entgegen, Deutsche. Sie sagte zum ihm: »Oh, schau mal, die stehen alle an, das geben wir uns nicht.«

Er sagte: »So ein Mist!«

Ich sagte wie ein hilfsbereiter New Yorker: »Nehmt doch den Express Pass. Kostet das Doppelte, aber dann dürft ihr sofort nach oben, an der Schlange vorbei.«

Aber an ihren Gesichtern konnte ich ablesen, dass diese Option wohl nicht in die engere Wahl kam. Er sah so aus, als ob er die Investition scheute, sie sah so aus, als könnte sie es nicht mit ihrem Gewissen vereinbaren, wie ein VIP an all den Wartenden vorbeizugehen.

»Oder geht rüber zum Rockefeller Center, 50. Straße, das ist fast noch schöner. Und die Schlangen sind nicht so lang.«

Ich ging weiter und konnte noch sehen, dass die Laune und die Tatkraft der beiden im Keller waren. Warum eigentlich? Was an dieser Situation machte sie denn so verdrießlich? Sie hatten doch alle Möglichkeiten: Kleines Ticket mit Anstehen oder großes Ticket und schnell hinauf oder den eigentlich noch schöneren Blick vom Top of the Rock auf dem Rockefeller Center, wo man sowohl den Central Park viel besser sehen kann als auch obendrein das schönste Gebäude der Stadt bewundern kann, weil man nämlich nicht gerade selber draufsteht: das Empire State Building. Oder sie könnten ganz darauf verzichten und einen der unzähligen anderen tollen Plätze aufsuchen, die es in dieser Stadt der wahrlich unbegrenzten Möglichkeiten gibt. Aber miese Laune bekommen? Wohl die schlechteste Option. Warum sehen sie die Chancen nicht? Warum sind sie so fixiert auf das Eine, das sie geplant hatten, und das sich jetzt als ein wenig problematisch herausstellt?

Als ich draußen nach einem Taxi winkte, drehte ich den Gedanken im Kopf anders herum: Warum habe ich als Einziger von allen Besuchern weit und breit diesen Express Pass gekauft? Was genau war es, was mich ohne mit der Wimper zu zucken, ja, ohne es groß zu bemerken, den Sonderweg gehen ließ, der für mich aussah wie der einzig vernünftige Weg? Und was genau war es, was denen da unten den Weg nach oben versperrt hatte? 15 Dollar Aufpreis? Geschenkt! Bei geschätzten 1 500 Dollar Invest in einen Wochenend-Trip nach New York kosten drei Stunden Warten zehnmal so viel wie ein Express-Ticket. Es kann nicht das Geld sein, jedenfalls stünden die gesparten 15 Dollar in keinem vernünftigen Verhältnis zum Preis, der dafür stattdessen zu berappen wäre: drei Stunden Erleben einer grandiosen Stadt verloren und diese wertvolle Zeit in einer Warteschlange verplempert! Oder so gesehen: Stellen Sie sich vor, es gäbe einen Beam-Apparat, der Sie mit einer Raumschiff-Enterprise-Technologie völlig ungefährlich und innerhalb eines Sekundenbruchteils von Ihrem Wohnzimmer nach New York befördern könnte. Drei Stunden Aufenthalt in Manhattan würden 10,40 Euro vierzig Cent kosten, nach dem aktuellen Kurs 15 Dollar. Guter Deal? Was für eine Frage! Der Preis eines Kinotickets. Der beste Deal, den ich mir vorstellen kann, ich würde wahrscheinlich versuchen, ein Abo auszuhandeln, um jeden Tag rüberzubeamen. Das Expressticket ist eines der besten Geschäfte, die ich kenne. Aber so sehen das die Leute nicht. Nur: Wie sehen sie es denn?

Ist es Zugehörigkeit? – Die da oben, wir da unten. Unsereins stellt sich eben in die Reihe. Hm. Ist es Angst? – Der Weg nach vorn, vorbei an allen andern. Allein. Wer will sich derart exponieren? Warum ausscheren? Nach dem Gesetz der Herde ist immer der Ausreißer Schuld. »Fürchte den Zorn der Menge!«, sagt der Mann im Ohr. »Sie packt dich und zertrampelt dich. Also lass es!« Naja. Oder ist es schlicht Mittelmäßigkeit der Gedanken? Unflexibilität im Geiste? Ungewohntheit der Optionen? Das will ich alles kaum glauben. Also will ich der Sache auf den Grund gehen.

Chance oder nicht?

Chancen sehen zweitens oft nicht wie Chancen aus, drittens haben sie nichts mit Visionen zu tun, viertens fallen sie einem nicht in den Schoß, fünftens liegen sie nie in der Zukunft, sechstens gehorchen sie keinen Regeln. Und erstens sind Adventskalender todlangweilig.

Jeden morgen im Dezember die Frage: Was mich heute wohl erwartet? Uuuiii, Schokolade. Das ist zwar einerseits fantastisch verlässlich, andererseits aber auch sehr gewöhnlich, alltäglich, banal. Und genau da liegen sie, die Chancen: im Alltäglichen nämlich. Das Prinzip des Adventskalenders ist nämlich eine wunderbare, zeitlose Idee. Man muss nur den Glaubenssatz streichen, dass an jedem Tag Schokolade drin sein muss.

Man muss nur den Glaubenssatz streichen, dass an jedem Tag Schokolade drin sein muss.

Deshalb bastele ich meine seit Jahren selbst, mit großem Vergnügen. Ich fülle Stoffsäckchen, Filzhütchen und Flanellläppchen je nach Vorliebe meiner Lieben. Letztes Jahr habe ich mir was ganz Raffiniertes einfallen lassen. Da mein (damaliger) Schatz Häagen-Dazs-Eis fast noch mehr liebte als mich, bin ich in die nächste Filiale gegangen und habe mir 24 leere Dosen inklusive Deckel zugelegt. (Nach kurzem Diskurs über Markenhygiene zum Preis einer Eisportion. Die Leute dort sind nicht auf den Kopf gefallen.)

Die Becher habe ich mit allerlei Schnickschnack gefüllt, von der Mozartkugel über den Massagegutschein bis fast zum Zwölfkaräter an Nikolaus. Die Überraschung zu Heiligabend verrate ich natürlich nicht. Meine Adventskalender erfreuen sich von Jahr zu Jahr wachsender Beliebtheit und das nicht nur bei meiner Partnerin, sondern vor allem auch bei meinen Freunden. Denn die wollen (es werden Jahr für Jahr mehr Bestellungen) genau so einen Kalender für ihre Frauen. So bekomme ich schon im Oktober die ersten Anrufe: »Hermann. Hör mal. Du machst das doch eh. Ist doch egal, ob ein-, zwei- oder dreimal!?«

So und dann kommt es, ich kann nicht anders: Ich bin angesichts dieser Erfahrungen der festen Überzeugung, dass mit einem kleinen feinen Premium-Adventskalender-Shop im Internet und der nötigen Pressearbeit in den Society-Titeln unter dem Motto »Make your own Adventskalender« ein gutes Geschäft zu machen wäre. Das ist keine *rocket science*. Im Gegenteil, es ist sogar ziemlich banal. So banal, dass mittlerweile Porsche Design damit begonnen hat, Adventskalender zu vertreiben, momentan limitiert auf fünf Stück weltweit zum Einzelpreis von 1 000 000 Euro. Inklusive Motorboot und übrigens ohne Porsche. Den hat man ja schon. Das ist die gleiche, schlichte, alltägliche Idee, nur sehr konsequent umgesetzt. Chancen sind so alltäglich wie das Leben. Sie sind weder zahlreich noch selten. Sie sind so hundsgewöhnlich wie ein Teebeutel, ein Schmetterling, ein Fliegenpilz. Das ist der erste Punkt.

Sie sind so hundsgewöhnlich wie ein Teebeutel, ein Schmetterling, ein Fliegenpilz.

Jede Chance ist nur eine Betrachtungsweise des Alltags. Wir halten sie für selten, weil Menschen mit der Fähigkeit zur ganz speziellen Betrachtungsweise so selten sind. Menschen, die die Frequenz des Tarnschildes kennen, mit denen sich die Chancen überall im Leben verbergen. Sie sehen auf den ersten Blick nicht aus wie Chancen, das ist Punkt zwei.

An Irrtümer und Gefahren trauen sich erst recht die wenigsten heran. Dort lauern die echten, fetten Chancen, gut verborgen. Und oft sehen sie sogar wie Niederlagen aus.

So wie am 12. April 1961, als ein Mann mit rot-weiß gestreifter Krawatte und Seitenscheitel in ein Mikro spricht, das aussieht wie eine Kreuzung aus Toaster und Rasierapparat. Seine Rede klingt wie eine Predigt. Aber das erwarten die 200 Millionen Zuhörer an den Radio- und Fernsehgeräten von einer »Special Message to the Congress on Urgent National Needs«. Juri Gagarin hat vor wenigen Stunden als erster Mensch im All die Erde umrundet. Die Sowjets triumphieren. Sie haben den Amerikanern zum dritten Mal in Folge einen empfindlichen Schlag versetzt. Und das in nur fünf Jahren. 1957 der Sputnikschock. 1961 das Desaster in der Schweinebucht. Und jetzt das. Kein Punktsieg, sondern ein Knock-out. Voll auf die Bretter geschickt, vor den Augen der ganzen Welt, von einem System, dem man sich wirtschaftlich und moralisch um Lichtjahre überlegen wähnt. Nur einer fliegt zum ersten Mal ins All. Der erste Amerikaner hätte erst in drei Wochen abheben sollen. Das konnte man sich jetzt sparen. MISS – »Man in Space soonest«, das amerikanische Programm ist gescheitert.

Der Herr mit der Fönwelle, auf dessen Lippen sich nun die Augen der Welt heften, heißt John Fitzgerald Kennedy. Aufrecht steht er im Kongress vor dem Sternenbanner. Vor allem aber steht er mit dem Rücken zur Wand. Er hat eine Überraschung mitgebracht für die geschundene amerikanische Volksseele. »Die Zeit ist gekommen, einen Sprung voran zu machen. Zeit für ein großes, neues amerikanisches Unternehmen. Unsere Nation sollte sich das Ziel setzen, noch vor dem Ende dieses Jahrzehnts einen Menschen auf dem Mond zu landen.« Der Trick kommt zum Schluss: »Es wird nicht nur ein Mann zum Mond fahren. Sondern eine ganze Nation. Denn wir alle müssen mithelfen, ihn da hoch zu bringen.«

Mit diesem Geniestreich sichert Kennedy sich alle Systemvorteile. Er vereint Politik, Wirtschaft und Gesellschaft hinter sich. Das bleibt nicht ohne Folgen. Das Wirtschaftswachstum steigt, die Stundenlöhne auch. Die Arbeitslosigkeit sinkt, die Scheidungsrate und die Selbstmordrate auch. Sogar die Zahl der Alkoholiker geht in den folgenden Jahren messbar zurück. Die Nation hat ein leuchtendes Ziel. Jeder Amerikaner kann es sehen. Beim Aufstehen, beim Zubettgehen, im Autokino, beim verliebten Spaziergang durch die Nacht. Der Mond. Nicht mehr und nicht weniger. Ein Ziel aus kaltem politischem Kalkül. Denn fünf Stunden vor seiner Rede war der Mond für Kennedy noch aus grünem Käse.

Chancen sind eben keine Visionen. Das ist der dritte Punkt. Politiker, Sportler, Banken, Joghurts, Baumärkte – alle haben heute Visionen. Aber was sollen das für Visionen sein? Da liegt eine Verwechslung der Begriffe vor. Lieber mal Probleme haben, finde ich! Ein handfestes Problem ist immer ein guter Anfang. Kennedy war ein abgekochter Hund. Er hatte Marilyn Monroe in einem Hinterzimmer des Weißen Hauses. Aber hatte er eine Vision? Ich weiß

Ein handfestes Problem ist immer ein guter Anfang.

es nicht. Ich weiß nur, dass er ein großes Problem hatte: Die Russen hatten drei Jahre Vorsprung. Doch weil JFK ein ziemlicher Hasardeur war, witterte er dahinter die Chance.

Das ist nichts weiter, als ein Differenzierungsfenster im Wettstreit der Ideen zu öffnen. Wer ein Problem löst, erwirbt für einen bestimmten Zeitraum eine Alleinstellung. Einen Selektionsvorteil. Das ist ein Prinzip der Wirtschaft, weil es ein Prinzip der Welt ist: Wer zentrale Probleme sichtbar besser löst als andere, der regt einen kybernetischen Kreislauf an, mit dem er seinen Erfolg am Ende nicht verhindern kann! Mit ein wenig Glück währt dieser Vorteil ein Leben lang. Doch vielleicht kopieren ihn auch morgen schon die Chinesen. Und so wie der Fisch nicht an den Haken springt und das Reh nicht vor die Flinte läuft, will auch die Chance gejagt sein, Punkt vier.

Wer zentrale Probleme sichtbar besser löst als andere, der regt einen kybernetischen Kreislauf an, mit dem er seinen Erfolg am Ende nicht verhindern kann!

»Der Zivilisation ist es gelungen, das Raubtier im Menschen auszuschalten. Nicht aber den Esel«, wusste Churchill. Raubtiere müssten eigentlich Chancentiere heißen. Sie sind Fleisch gewordene Initiative. Mit jeder Faser ihres Körpers erzwingen sie die Entscheidung. Würden wir mit dem Blick des Jägers auf Gewohntes, Gewöhnliches, auf das Tagesgeschäft schauen, wären überall Chancen sichtbar. Gerd Müller, wahrscheinlich das größte Chancentier in der Geschichte des Fußballs, hat das so formuliert: »Wenn'st denkst, is' eh zu spät«

Denn Punkt fünf: Chancen liegen nie in der Zukunft. Sondern immer vor der Nase. Alle warten auf den einen Job, das eine große Ding. Dabei ist es die Hingabe an das Jetzt und Hier, die aus nichts die Chance schafft. Der Schlüssel ist Initiative. Erst in der Rückbetrachtung reihen sich die Gelegenheiten wie Perlen auf der Schnur. Denn Chancen bilden Ketten, Cluster. Und wie das immer ist: Hinterher sieht alles ganz einfach aus. So zwingend, so logisch.

Und wie das immer ist: Hinterher sieht alles ganz einfach aus. So zwingend, so logisch.

Einer, der das meisterhaft beherrscht, fing als Witzfigur an und wird die ganz Großen im deutschen TV beerben: Stefan Raab. Als Metzger fehlt ihm schon von Berufs wegen jeder Skrupel. Er hatte schon früh ein Problem entdeckt. Ralf Siegels Würgegriff hatte eines der größten TV-Events der Welt, den »Grand Prix de la Chanson d'Eurovision«, in Deutschland zu einer Lachnummer verkommen lassen. Nur noch für Omakränzchen und die Gay-Community konsumierbar, die sich mit einem Augenzwinkern an der Paradiesvogelei erfreute. Dann kam der Fernsehmetzger. Mit »Wadde hadde dudde da« veralberte er die Veranstaltung auf ihrem Hochaltar. Und viele Entertainer hätten eine Grand-Prix-Teilnahme schon als Höhepunkt ihrer Karriere gefeiert. Doch Raab hatte Blut geleckt. Das war erst seine Lehrlingsarbeit.

Mit so einer großen, alten Marke wie dem Grand Prix musste mehr machbar sein in Deutschland. Er baute eigene Kandidaten auf und schickte sie in den Wettbewerb. Mit überraschenden Ergebnissen. Sein Gesellenstück war der »Bundesvision Song Contest«. Hier spielte er mit den Möglichkeiten seiner hauseigenen Produktionsfirma die Veranstaltung auf nationaler Ebene nach. Und machte so die Granden des öffentlich-rechtlichen Rundfunks neugierig. Gemeinsam richteten sie den nationalen Vorentscheid aus. Das Ergebnis ging hoch wie ein Satellit, setzte sich in Oslo die Krone auf und singt sich seitdem durch die Charts: Lena – Raabs Meisterstück.

Chance ist *Reframing*. Ein Prozess wird in einen völlig neuen Kontext gestellt. Das gelingt nur wenigen. Weil nur wenige anarchisch genug denken. Die Regeln, denen die Mehrheit ihre Gehirne oft bestürzend vollständig überantwortet hat, löschen jeden Zündfunken. Chancen pfeifen nämlich auf Regeln. Punkt sechs.

So sind also Chancen. Und wie sind die potenziellen Chancenverwerter? Vor allem eines: voller Hoffnung!

Gehofft, geplant und abgehakt

Als das Lebensmittelgeschäft meines Vaters vor dem Aus stand, hatte er in seiner höchsten Not einen Brief an Otto Wiesheu geschrieben, damals Bayrischer Wirtschaftsminister. Als rechtschaffener Bürger, Steuerzahler, Respektsperson mit tadellosem Leumund, als verantwortungsvoller Brötchengeber und Stütze des öffentlichen Lebens in Gemeinde und Partei bat Vater um Hilfe und hoffte, der Wiesheu würde ihn da raushauen. Er hätte auch an Superman oder das Sandmännchen schreiben können. Das war mir von Anfang an klar. Und ich konnte Vaters kindlichen Versuch innerlich nur mühsam mit seiner Verzweiflung rechtfertigen, den Totengräbern seines Lebenswerkes ins Auge blicken zu müssen. Monatelang kam gar nichts. Ich sehe ihn noch heute mit leerem Blick am Briefkasten stehen. Irgendwann kam ein Brief mit lauwarmen Worten und den besten Wünschen für die Zukunft.

Die Hoffnung, dass andere etwas bewegen, ist Selbstaufgabe. Medien, Parteien, manche antiquierten Verbände – sie schläfern die Menschen ein. Sie betäuben uns mit Hoffnung. Damit alles so bleibt, wie es war, vor allem ihnen ihr Posten erhalten bleibt. So wie der Fortschritt der Medizin mit einer stetigen Verschlechterung der Volksgesundheit einhergeht, so erhöht die Politik mit stetig steigenden Steuern und Abgaben die Unfähigkeit zur Selbstverantwortung. Das ist aus Sicht der Mediziner und Politiker und aller von ihnen Abhängigen ein durchaus logisches und sinnvolles Konzept, das ganz offensichtlich dauerhaft funktioniert, denn es erhält sich selbst am Leben. Es ist nur für die Behandelten und Regierten nicht ganz so sinnvoll wie für die Behandler und Regierenden.

Warum sollte jemand anderes meinen Interessen nachgehen? Was mich betrifft, nehme ich lieber selbst in die Hand. So einfach. Das kann man mit Egoismus verwechseln, mit Härte oder gar sozialer Kälte. Ich nenne es Selbstdisziplin und Verantwortung. Und ich weiß, dass meine Art, mit Verantwortung umzugehen, mich in einer komplexen Welt handlungsfähig hält. Mir ist aber auch klar, dass es für viele Menschen, je nach Wertesystem, ein Rätsel ist, wie man so leben kann wie ich: ganz ohne Netz und doppelten Boden. Ganz ohne Hoffnung.

> **Die Hoffnung, dass andere etwas bewegen, ist Selbstaufgabe.**

Als ich das Geschäft meines Vaters übernommen hatte, arbeiteten wir hart an Sanierungsplänen. Die Banken waren dabei gelinde gesagt keine große Hilfe, ich war aber sowieso zu beschäftigt, um die Situation hoffnungslos zu finden, und zwar beschäftigt mit einer zu treffenden Entscheidung. Es ging um zwei Alternativen, ich war nicht sicher... und fragte meinen Coach und Mentor. Ausführlich erklärte ich ihm alle Details. Ich weiß noch, mit welcher Ruhe er sich den Schwall meiner Pros und Contras anhörte. Ohne eine einzige Nachfrage. Danach blieb er erst mal stumm. Ich wartete auf seine Antwort, ungeduldig und gereizt.

»Mach das Zweite da... Mit dem Dings...«, sagte er nach einer gefühlten Ewigkeit.

»Wie? Das Zweite da? Mit dem Dings!?« Mir platzte der Kragen. »Hast du mir überhaupt zugehört?«

»Nö«, sagte er, »ich höre dir nie zu, wenn du so rumsabbelst. Aber ich habe gesehen, wie bei Alternative Nummer zwei deine Augen angefangen haben zu leuchten...«

Er hatte, wie immer, völlig recht.

Auf Vernunft kommt es meistens nicht so sehr an, wie wir glauben. Ich glaube an Business-Pläne genauso wenig wie an die Hoffnung, weil ich abertausende gesehen und gehört habe. Alle sind irgendwie falsch und richtig zugleich. Wichtig ist am Ende nur das Augenfunkeln. Die Vernunft plant. Und plant sich damit von der Wirklichkeit weg. Natürlich ist die Wahrscheinlichkeit eintretender Kosten höher als die Wahrscheinlichkeit eintretender Umsätze. Also trifft der Planer im entscheidenden Moment die vernünftigste, nämlich die mutloseste Wahl. Der Bauch dagegen weiß nichts, er will einfach. Und er gewinnt völlig ungeplant.

Natürlich ist die Wahrscheinlichkeit eintretender Kosten höher als die Wahrscheinlichkeit eintretender Umsätze.

Ich kenne mich. Ich bin kein Außerirdischer. Ich bin ein ganz normaler Mensch. Und ich weiß, es geht immer was. Um so unverständlicher ist mir, warum andere Menschen glauben, dass so oft nichts geht. Wie sie so trotzig und unbelehrbar darauf hoffen, dass von irgendwo Hilfe kommt, oder wie sie die Wunschergebnisse planen und vor lauter Zukunftsplanung vergessen, so schnell wie möglich das Beste aus der Gegenwart herauszuholen. Ich habe lange Zeit fast jedes Jahr eine neue Firma gegründet – keine mit mehr als 2 500 Euro. Mehr ist meistens auch nicht nötig, manchmal sogar schädlich, denn Geld tötet Kreativität.

Was ich gemacht habe, hätte jeder gekonnt. Ich komme nicht aus behütetem Elternhaus mit Sondervorteilen. Im Gegenteil. Ich habe einen riesigen Berg von Schulden übernommen. Ich habe nie gewartet oder gebeten oder Pläne geschmiedet. Sondern immer gehandelt. Und die Schulden restlos abgetragen. Es ist die Hoffnung auf die helfende Hand, genauso wie die Planung der kommenden Gelegenheit, die die Menschen lähmt. Hoffnung und Planung sind Mauern und Gitter.

Geld tötet Kreativität.

Die Entscheidung mit dem Funkeln in meinen Augen betraf die Chance, dass ich als Vortragsveranstalter mich selbst für Vorträge engagieren könnte, und als Vortragsredner nicht nur meinem Mitteilungsbedürfnis Rechnung tragen könnte. Nicht dass ich als Redner von vornherein mit großem Talent gesegnet war, aber darauf kommt es letztlich ja auch nicht an. Übung ist effektiver als Talent. Ich habe mich nie auf meine Talente verlassen, das Risiko war mir zu groß.

Ich habe mich nie auf meine Talente verlassen, das Risiko war mir zu groß.

Also habe ich meine Firma »Unternehmen Erfolg« gegründet, die als Vortragsveranstalter schnell Marktführer im ganzen Bundesgebiet wurde.

Ich fand weiter neue Chancen. Zum Beispiel die Intransparenz: Welche Redner sind gut und welche nicht? Ein echtes Problem für jeden Veranstalter. Daraus wurde das Deutsche Rednerlexikon. Und die Redneragentur vortragsimpulse.de. Eine Chance zieht die nächste nach sich. Trainerlexikon, Beraterlexikon, Coachlexikon. Redner brauchen Räume, sprich Hotels oder Veranstaltungsorte: Hotellexikon. Aber ich will Sie nicht langweilen. Sie wissen, worauf ich hinaus will.

Das ist nicht normal, ich weiß das wohl. Normal ist dagegen mein Freund aus Grundschultagen: 47, Elektrikerlehre, zweiter Bildungsweg, Fachinformatiker. Hat 20 Jahre Computer zusammengelötet, bis der Wettbewerb seinen Arbeitgeber nach fünf Jahren Todeskampf erlegt hatte. Ein paar Monate lang hat er noch Bewerbungen geschrieben. Heute sitzt er zu Hause, bemalt Zinnsoldaten und geht früh zu Bett.

Jetzt aber wird es spannend. Zinnsoldaten – er ist wirklich gut darin! Seit eh und je haben ihn alle um seine Sammlung beneidet. Inzwischen ist die Qualität seiner Figuren einmalig. Er ist sozusagen der Zinnsoldatexperte. Ständig wird er von Bekannten um Stücke gebeten. In Zeiten des Onlinehandels könnte er mit dieser Handarbeit ein kleines Vermögen machen. Und das mit purem Vergnügen. eBay, Facebook, Xing – innerhalb eines Tages stünde ihm die Welt offen, eine Riesenchance, nach einiger Zeit mit Freude mehr zu verdienen als jemals zuvor in seinem Leben. Doch statt seine Armeen in Marsch zu setzen, stellt er sie in den Schrank. Und kassiert Hartz IV.

Doch statt seine Armeen in Marsch zu setzen, stellt er sie in den Schrank.

Ich habe ihn nach dem Grund gefragt. »Warum nicht?«, war seine Antwort. »Das ist mein gutes Recht. Schließlich hab ich 25 Jahre lang eingezahlt.«

Menschen entscheiden sich konsequent und trotzig gegen die Chance. Sie sehen sie nicht, weil sie nicht danach suchen. Sie hoffen lieber, sie planen lieber. Oder sie entscheiden sich dafür, den ganzen Stress mit den Chancen ein für allemal abzuhaken.

Das geht doch nicht!

Kyle McDonald hatte keine Hoffnungen. Er hatte auch keinen Geschäftsplan, ja er hatte nicht einmal eine Geschäftsidee, als er in seiner Einzimmerbude saß und langsam eine rote Büroklammer zwischen Daumen und Zeigefinger drehte. Außer einem speckigen Laptop besaß er nicht viel, was deutlich mehr wert gewesen wäre als das gebogenes Stück Kupferdraht mit Weichplastik-Überzug. Was Kyle aber hatte, war ein Gedanke: Ein Tausch von zwei unterschiedlichen Gegenständen kann für beide Seiten ein lohnendes Geschäft sein. Tauscht man den eingetauschten Gegenstand wiederum mit einem guten Geschäft ein, erhöht sich der erzielte Wert ein weiteres Mal. Und wenn man dann weitertauscht? Und weiter und weiter und weiter? Wie oft muss man diese schlichte rote Büroklammer »hochtauschen«, bis daraus ein Haus geworden ist? Hm. Ausprobieren!

»Tausche Büroklammer gegen Haus.« Diese Idee bloggte er kurzerhand auf oneredpaperclip.blogspot.com. Der Gedanke war in der Welt. Dann ging alles überraschend schnell.

Die Büroklammer tauschte er gegen einen fischförmigen Stift. Den gegen einen Türknauf aus Keramik. Bald besaß er eine Instant-Party – ein leeres Fass Bier, Gutschein für eine Füllung und Budweiser-Leuchtreklame. »One red paperclip« wurde so rasend schnell so berühmt, dass sich Prominente darum schlugen, mit Kyle zu tauschen. Radiomoderator Michel Barrette tauschte das Fass Bier gegen seinen Motorschlitten. Schockrocker Alice Cooper einen Nachmittag mit sich selbst. Der US-Schauspieler Corbin Bernsen vermittelte eine Filmrolle. Und die Stadt Kipling veranstaltete im September ein Casting für eben diesen Film.

Diese Werbung war der Stadt ein Haus wert. Nach genau einem Jahr seit dem Start der Tauschaktion war der Handel perfekt: Am 12. Juli 2006 fand die Schlüsselübergabe statt. In Kipling Saskatchewan, Hauptstraße 3 – gut 3200 Kilometer westlich von Montreal, wo Kyle bis jetzt gewohnt hatte. Als erstes wurde das Haus nun rot gestrichen. So rot wie die Büroklammer, mit der alles angefangen hatte. Kyle: »Fragt mich bitte nicht, warum. Das muss wohl einfach sein.« Und auch auf die Frage der BBC, wie er so viel internationale Aufmerksamkeit für seine Aktion erreichen konnte, antwortete Kyle mit der reinen Wahrheit: »Ich habe absolut keine Ahnung.«

Dieser Mann hat zweifellos eine Chance genutzt. Hatte er das geplant? Nein, er war einfach nur herzerfrischend naiv. Und die reine Schönheit seiner Idee war so selten und außergewöhnlich, dass sie von der ganzen Welt belohnt wurde. Aber die meisten Menschen, zumindest die, die ich kenne, haben so gut wie nie schöne Ideen, denn sie haben irgendwann in ihrem Leben ihre Naivität verloren, sie wurde stillgelegt, aufgegeben, eingemottet und ersetzt durch: Wissen. Brav gelernt in Kindergarten, Schule und im Elternhaus, an der Uni und im ersten Job. Statt herzerfrischenden Ideen haben sie die beruhigende Gewissheit, aus welchem Grund etwas nicht funktionieren kann.

Wir sind Studenten des Misserfolgs geworden. Wir studieren, warum etwas nicht geht, sehen die Möglichkeiten nie ohne unsere Meinung darüber – und die ist meistens nicht positiv. Mein Ex-Steuerberater war so einer. Immer, wenn ich ihn bezüglicher neuer Projekte fragte, ob diese funktionieren würden, meinte er: Das geht nicht! Ich fragte ihn dann mal, warum seiner Meinung nach alles nicht geht. Er meinte, er hätte das studiert. Nun habe ich einen neuen Steuerberater, und es geht. Glücklicherweise habe ich das nie studiert, das, warum es nicht geht. Komisches Studienfach.

Wir sind Studenten des Misserfolgs geworden.

Eine Wissensgesellschaft ist eben noch lange keine Innovationsgesellschaft. Neue Ideen entstehen nicht aus gesichertem Wissen, sondern aus der Rekombination von vorhandenem Wissen. Ihre potenzielle Zahl wächst exponentiell mit der Zahl der Erfahrungen. Das ist simple Stochastik. Also braucht es möglichst viele verschiedene Erfahrungen. Und neue Erfahrungen macht man nicht durch die Anwendung dessen, was man ohnehin schon weiß. Warum jeden Tag den gleichen Weg zur Arbeit nehmen? Warum die Maus immer mit rechts bedienen? Wer wirklich Chancen im Leben erkennen will, muss Chancen jagen: beispielsweise, indem er am laufenden Band neue Erfahrungen macht.

Warum kriegen 99,9 Prozent der Menschheit nur 0,01 Prozent des Planeten zu sehen? »Australien? Unendlich weit weg. Ja, muss man mal gesehen haben im Leben. Aber wenn ich schon hinfahre, dann richtig.« Diesen Satz habe ich schon von 20-, 30-, 40-, 50-, 60- und 70-Jährigen gehört. Nach 70 bewegt sich aber nicht mehr allzu viel, das werden Sie zugeben, weshalb es meist bis zum Schluss beim Vorsatz bleibt. Ich bin da einfach mal hingeflogen. Es war überraschenderweise weder besonders teuer noch besonders kompliziert – noch besonders aufregend. Das weiß ich aber nur, weil ich dort war. Und ich war dort, weil ich reise, seit ich denken kann. Wer mit 14 schon dreimal New York gesehen hat, hat es im Leben leichter als Heiner, den Muttern mit 28 zum ersten Mal ins Sauerland mitnimmt. Nur wer die Welt bereist, sieht sie differenziert. Die einzige gefährliche Weltanschauung ist die Weltanschauung derer, die sich die Welt nicht angeschaut haben.

Entscheidend ist dabei nicht das nackte Wissen über ferne Länder und andersartige Lebensentwürfe, sondern die dazu passenden Erfahrungen, die man nur selbst machen kann. Je reicher die Erfahrungen, umso reicher das Selbstverständnis und umso detaillierter der Blick auf den Alltag. Wer Chancen sucht, muss immer wieder neue Sichtweisen finden, insbesondere auf die Details. Auch bei sich selbst. Dazu muss man neugierig sein. Doch das wurde den meisten von uns schon als Kind abtrainiert. Denn wir wollen verständlicherweise, dass unsere Kinder auf der sicheren Seite bleiben.

Die einzige gefährliche Weltanschauung ist die Weltanschauung derer, die sich die Welt nicht angeschaut haben.

Ein zwölfjähriger Junge aus Louisville war so neugierig. Vor allem aber hatte er eine Stinkwut im Bauch, weil ihm jemand das Rad geklaut hatte. Er wusste genau, wer. Doch die Kentucky State Police scherte sich nicht um das Rad eines kleinen schwarzen Jungen. Deshalb stand er 1954 mit Schaum vorm Mund in einem Box-Gym und bat um Unterricht. Er wollte die sichere Seite verlassen. Irgendwann kurz darauf, da bin ich sicher, hatte Clay zu seinem ersten großen Fight den Fahrraddieb gestellt. Und ich wette, er hatte ihn gewonnen. Zehn Jahre später stand er in seinem ersten Weltmeisterschaftskampf gegen Sonny Liston. Die *New York Times* schrieb vor diesem Kampf um den Thron im Olymp der Boxwelt: »Der auf lästige Weise selbstbewusste Clay bestreitet diesen Titelkampf mit nur einem unbedeutenden Nachteil. Er kann nicht so gut kämpfen, wie er reden kann.«

Clay antwortete im Ring und schlug Liston 7 : 1. So weit so gut. Doch dann legte er eine überraschende Volte hin: Statt sich im Erfolg von der amerikanischen Historie vereinnahmen zu lassen, brach er in spielerischem Alpha-Furor mit Kultur und Namen. Er erfand sich neu. Er bekannte sich zur Nation of Islam und wurde als Muhammad Ali der, den wir heute kennen – einer der größten Sportler des 20. Jahrhunderts. Es spielt keine Rolle, ob es nun der Islam oder der Buddhismus oder sonst eine religiöse Spielart war, es ist egal, ob er sich Ali, Isaac, Tenzin oder Franziskus nannte. Entscheidend ist die Einstellung zum Leben, die sich daraus erschließt. Warum bei den meisten anderen der erste Erfolg auch der letzte ist? Weil sie sich konservieren wollen, statt sich immer wieder neu zu erfinden.

Weil sie sich konservieren wollen, statt sich immer wieder neu zu erfinden.

Kein Wunder, Sicherheit ist nun einmal ein Grundbedürfnis des Menschen. Kein Mensch kann vernünftigerweise von allen Menschen verlangen, dass sie sich ständig neu erfinden. Auch ich nicht. Aber es gibt eben einige wenige solche verrückten Menschen, bei denen das Grundbedürfnis nach Sicherheit klar und deutlich übertroffen wird von dem Grundbedürfnis nach neuen Erfahrungen. Und mich interessiert einfach, was die einen von den anderen unterscheidet. Die einen, das sind wir alle. Die anderen, das sind die Glückskinder. Und die Glückskinder sind die, die die Chancen sehen.

Die Glückskinder sind die Trash-Kometen. Mit ihrem Schweif von Chaos ziehen sie über den Himmel. Ihr Schwerefeld saugt alles an, wirbelt es durcheinander und setzt es neu zusammen. Sie sind mehr oder weniger Besessene, Aufsässige, Freaks. Kein Wunder, dass sie vor ihrem Durchbruch oft Außenseiter sind. Sie kennen kein Benimm, kein Pardon und keine Verwandten. Sie platzen überall rein, sie fassen alles an, sie stellen alles auf den Kopf. Sie sind verrückt, so verrückt, dass sie sogar glauben, die Welt ändern zu können. Genau deshalb gelingt es ihnen. Manchmal.

Und wir? Wir wollen feiern, zufrieden sein, bequem leben im goldenen Käfig, innerhalb der Grenzen. Wir verschließen die Augen vor den Chancen. Weil wir sie nicht sehen, nutzen wir sie nicht. Weil wir sie nicht nutzen, glauben wir keine zu haben. Weil wir glauben, keine zu haben, sind wir frustriert. Und beneiden die, die welche haben und sie nutzen. Wir benutzen den Expresslift im Empire State Building ganz einfach deshalb nicht, weil wir zufrieden sind.

Wir wählen die warme, abgestandene Luft, nicht die kühle Brise. Wir gehen nicht voran, wir stellen uns an. Wir wählen die Sicherheit und mit ihr die Blindheit. Wir wählen den Spatz in der Hand. Und mit vollem Recht. Das ist eine legitime Wahl. Denn der Preis, den die Glückskinder bezahlen, ist bisweilen hoch, und den zu bezahlen, das kann keiner verlangen. Als Marcel Reich-Ranicki in einem Interview anlässlich seines 90. Geburtstages sein Leben resümierte, fiel das so aus: »Ich bin nicht glücklich. Ich war es nie.«

ZWECK-OPTIMISMUS

Warum die Menschen nicht loslassen

Wir bitten Sie, auch im Haus und während des Essens zu schweigen. Wenn Sie sich auf die Stille einlassen, werden Sie erleben können, wie wohltuend dies sein kann.«

Einfacher gesagt als getan … Ich bin mal wieder im Benediktushof in Würzburg, beim Zen- und Kontemplationsmeister Willigis Jäger. Das Schweigegebot hat mich schon auf der Website des Klosters empfangen, und hier auf dem Klostergelände ist es allgegenwärtig. Immer. Überall. Aber ich bin ja hier, um mich auf die Stille einzulassen, genau deshalb. Meine einzige Aufgabe ist es, sitzen zu bleiben und den Mund zu halten. Den ganzen Tag. Eine ganze Woche lang.

> **Meine einzige Aufgabe ist es, sitzen zu bleiben und den Mund zu halten.**

Um 6:00 Uhr morgens geht es los. Ich sitze gemeinsam mit ein paar anderen in einem schlichten Raum auf den Knien. Unterm Hintern habe ich ein kleines Meditationskissen, damit ich das überhaupt so lange aushalte, ohne große Schmerzen. Schmerzen hat hier jeder, der es nicht gewohnt ist. Schmerzen davon, dass man sich einfach nicht bewegt. Was macht man mit den Schmerzen? Sich bewegen, sich anders hinsetzen, aufstehen, sich kratzen? Nichts, einfach nichts. Noch nicht einmal an den Schmerz denken. Geht gar nicht, gar nicht denken. Was macht man mit Gedanken? Meine Gedanken toben in der Regel nur so in meinem Kopf. Meine Gedanken sind wie ein Red-Bull-getränkter Wirbelsturm. Immer, überall, bis in den Schlaf. Mein Antrieb, mein Motor, mein Taktgeber. Was soll ich nun mit meinen Gedanken machen – im Kloster? Ich könnte ein neues Business-Modell entwickeln, mir eine neue Firma ausdenken, ein Buch in Gedanken schreiben – doch nein, nichts dergleichen. Wir sollten, so meinte der Meister in der Einführung, die Gedanken einfach weiterziehen lassen. Meine Aufgabe ist, sie nicht etwa zu verdrängen oder gegen sie anzukämpfen, sondern ich übe mich darin, sie vorbeiziehen zu lassen wie eine Wolke am blauen Himmel. Wie einen Zug. Der Zug nähert sich, ist da und beginnt wieder zu verschwinden. Da kommt er, da ist er, da war er. Oh Gott, wie viele Züge fahren denn eigentlich durch mein Hirn?! Der Münchner Hauptbahnhof scheint mir gegen meinen Kopf eine Hundehütte zu sein, naja, ist ja auch ein Kopfbahnhof.

Da ist der Schmerz, er ist gekommen, er ist da, er ist da, er ist immer noch da. Wie kann man Schmerzen ziehen lassen, wenn man an Schmerzen denkt? Wie kann man nicht an Schmerzen denken, wenn es schmerzt? Irgendwann scheint er weg zu sein. Jetzt bloß nicht dran denken, sonst kommt er ja wieder.

Nach 30 Minuten klopft der Meister zweimal auf Holz. Hier wird nur mit Klopfen kommuniziert. Wir stehen auf und gehen ein wenig im Kreis herum. Ich kann kaum gehen, so sehr sind meine Beine eingeschlafen, habe Angst das Bein nicht belasten zu können, zu fallen. Ich spüre mein Blut in den Extremitäten pulsieren. In meinen Ohren ist irgendein komisches Geräusch. Meine Fußsohlen kribbeln. Nicht einfach gehen, nein, Schritt für Schritt für Schritt, jeden einzelnen Schritt extrem bewusst. Den Fuß heben, ihn nach vorn führen, mit der Ferse aufsetzen, mit dem Vorderfuß aufsetzen. Angekommen sein. Jetzt und hier. Den Boden durch meine Socken spüren. Hier stehen, nun, hier, jetzt genau hier sein. Ich bin hier. Ich stehe da und bin. Und weiter. Gedankenfetzen rasen durch meinen Kopf.

Klack, klack. Fünf Minuten sind um, nun klopft es wieder. Wir verbeugen uns vor unserem Platz, knien uns wieder hin und ich schaue wieder die Wand an. Stille. Der Maler hat die Wand schlecht gestrichen, denke ich mir, jetzt wo ich viele Ewigkeiten lange diese Wand ansehe und jeden einzelnen Pinselstrich und Farbverlauf tiefgehend untersuchen könnte. Gedanken – der Zug fährt wieder. Ich schaue die Wand an. Stille.

Sitzen. Atmen. Sitzen. Klopfen. Gehen. Atmen. Klopfen. Sitzen. Atmen. Sitzen. Klopfen. Gehen. Atmen. Klopfen. Dann Frühstück. Schweigend. Auch Blickkontakt ist verboten. Stille.

Am Vormittag leiste ich meine Stunde Hausarbeit, die hier dazugehört. Ich putze den Speisesaal. Gott sei Dank den Speisesaal. Ich habe gestern sehr spät hier eingecheckt – sofern man in einem Kloster von einchecken reden kann. Jeder muss sich beim Check-in für Hausarbeit eintragen und sich eine noch nicht vergebene Hausarbeit aussuchen. Es gab gestern noch Speisesaal oder Toilette putzen zur Auswahl. Gut, dass ich nicht der Letzte war.

Sitzen. Atmen. Sitzen. Klopfen. Gehen. Atmen. Klopfen. Sitzen. Atmen. Sitzen. Klopfen. Gehen. Atmen. Klopfen.

Mittagessen, schweigend.

Sitzen. Atmen. Sitzen. Klopfen. Gehen. Atmen. Klopfen. Sitzen. Atmen. Sitzen. Klopfen. Gehen. Atmen. Klopfen.

Abends gehe ich auf mein Zimmer, alleine, langsam, in meiner farblich neutralen, bequemen, ungemusterten Kleidung und meinen Hausschuhen, so wie es die strenge Vorschrift verlangt, der ich mich eine Woche lang freiwillig unterwerfe. Jedes Muster auf der Kleidung könnte ja ein Zug im Kopf des anderen sein.

An diesem Abend schlafe ich nicht sofort ein. Für einen Hektiker wie mich ist diese Stille, dieses Schweigen, diese Ruhe zu Beginn eine unklare Sache. Ständig kommen die Gedanken und drängen sich nach vorn. Es ist aufregend, nicht aufgeregt zu sein. Habe mein iPhone einfach mit reingeschmuggelt – stand da überhaupt was in der Hausordnung? Eine SMS ist erlaubt, denke ich, immerhin, eine SMS geht ja auch schweigend vonstatten, sage ich zu mir und schreibe kurz einige Zeilen über das klösterliche Leben.

Das ganze Jahr versuche ich, so effizient wie möglich so viel Umsatz wie möglich mit so vielen Terminen und Reisen wie möglich zu machen. Machen, machen, machen. Und hier mache ich nichts, aber auch gar nichts – außer Speisesaal putzen. Hier bin ich nur. Ich habe das Gefühl, beim nächsten Mal noch länger im Kloster bleiben zu müssen, um noch tiefer hineinzutauchen in mein Da-sein. An keinem anderen Ort wird deutlicher, wie wenig wir zum Leben brauchen, wie viel wir im Gegensatz dazu haben, und wie sehr es gilt, loszulassen.

Wer loslässt, hat zwei Hände frei

Das Geld ist da, der Platz zum Horten auch. Und sie sind ja schön, die Möbel, das Auto, die Klamotten. So füllt sich der Rucksack des Lebens. Und unter ihrem wuchernden Hausstand schleichen die Menschen langsamer und langsamer dahin. Bis endlich alle Bewegungsenergie verbraucht ist und sie zu Archivaren im Museum ihres eigenen Lebens geworden sind.

Machen Sie einmal Bestandsaufnahme. Wie oft haben Sie dieses Hemd in den letzten zwölf Monaten getragen? Wie oft haben Sie jenes Buch in den letzten zwölf Monaten in die Hand genommen? Wie oft haben Sie in den letzten zwölf Monaten auf diesem Stuhl gesessen? Wie oft haben Sie jene Lampe in den letzten zwölf Monaten angeknipst? Wann haben Sie dieses Paar Schuhe zum letzten Mal getragen? Wann haben Sie jene Vase zum letzten Mal benutzt? Wann haben Sie all die Fotos zum letzten Mal angeschaut? Wann waren Sie das letzte Mal auf dem Dachboden und haben etwas geholt, das Sie gebraucht haben?

Schauen Sie mal, was Sie alles in den Regalen in Ihrem Haus aufbewahren. Die Regale sind Ihre Vitrinen, was darin ist, sind Ihre Ausstellungsstücke, Sie sind Kurator, Museumswärter und Besucher in einem. Sie gehen täglich durch Ihre Ausstellung und leben mit dem ständigen Blick zurück. An jeder Schlaghose hängen Erinnerungen. Und Sie sagen: »Ja, ich will das alles. Ja, das ist schließlich mein Leben. Ich kann doch mein Leben nicht wegwerfen!«

Wir halten an den Dingen fest, weil wir an unserem Leben festhalten wollen.

Wir halten an den Dingen fest, weil wir an unserem Leben festhalten wollen.

Dabei ist das ein Irrtum. All die Dinge halten uns in Wahrheit fern von unserem Leben, sie machen uns schwer, sie fesseln uns an unsere Vergangenheit.

Ich habe losgelassen. Ich lasse jeden Tag los. Zuerst die Dinge. Ich besitze eine Armbanduhr. Eine wirklich schöne. Außerdem ein gutes Bett. Ich habe einen Tisch und ein paar Stühle. Nein, keine Fotos, die habe ich gescannt und somit immer dabei. Ja, ich gebe es zu, ein Auto habe ich auch. Noch. Ich bin noch nicht so weit, darüber bin ich auch ein wenig unglücklich. Es ist ein schönes Auto. Das ist alles, was ich besitze. Aber ich sitze mehr in den Autos von Sixt als in dem Auto, das ich besitze. Mit meiner Sixt-Abo-Card bekomme ich ohne Vertrag an jedem Flughafen, Bahnhof und noch so manchem Ort der Welt ein Auto, wenn ich eins brauche.

Meine Kleider sind ein durchlaufender Posten. Wenn ich verreise, und das tue ich oft, verschenke ich sie. Entweder lasse ich sie im Hotel liegen, oder ich gebe sie den Homeless auf den Straßen von New York oder sonst wo. Schon vor der Abreise nach New York suche ich mir die Kleidungsstücke aus, die nicht mehr mit nach Hause kommen werden. Sei es, weil sie alt sind, mir nicht mehr gefallen, nicht mehr so passen, diese trage ich dann in meiner Zeit in New York. Ich sehe in New York oft ganz fürchterlich aus. Dann lege ich sie täglich neben die Müllsäcke auf der Straße. Sie sind schnell verschwunden. Am Abend vor der Abreise ziehe ich mich dann vor dem Mülleimer aus. Nach einer Woche New York komme ich dann mit nichts außer den Kleidern, die ich trage, und dem Reisepass und der Kreditkarte wieder zurück. Nur in Hongkong hat es nicht funktioniert. Da lagen die Hemden, die ich abends im Hotel in den Mülleimer geworfen hatte, am nächsten Tag gewaschen, gestärkt und gebügelt wieder im Schrank.

Natürlich habe ich immer ein paar gute Anzüge, das ist ja für mich ein Arbeitsmittel. Ich brauche auch Krawatten. In einem Supermarkt sah ich einmal ein innovatives, praktisches Produkt – ich bin ein Fan von innovativen, praktischen Produkten: Dies war ein extrem platzsparender Krawattenhalter. Ich hatte ihn schon in der Hand, um ihn in den Wagen zu legen, als mir ein Licht aufging. Ich habe ihn zurückgehängt, bin nach Hause gefahren und habe alle Krawatten weggeworfen, bis auf drei. Freiheit ist nicht, zu jedem Anlass den passenden Schlips von Louis Vuitton kaufen zu können. Freiheit ist, keinen kaufen zu müssen.

Ich habe auch keine Bücher. Zwar liebe ich Bücher und lese gerne und viel. Habe ich ein Buch gelesen, spende ich es, verschenke es, verkaufe es im Internet oder werfe es weg. Ja, man darf Bücher wegwerfen, zumindest die eigenen. Wo sollte ich es auch hinstellen, ich habe ja kein Regal.

Ich besitze auch kein Haus. Das hat den Vorteil, dass das Haus mich nicht besitzen kann. Und es rech-

Ich besitze auch kein Haus. Das hat den Vorteil, dass das Haus mich nicht besitzen kann.

net sich ja auch gar nicht. Ein Haus ist ein Loch im Boden, durch das das Geld verschwindet. Sie wissen sogar nie genau, wie groß das Loch ist, weil Sie nicht wissen, welche Reparaturkosten noch auf Sie zukommen und wie der Wert von Grundstück und Immobilie sich entwickeln wird. Fragen Sie mal einen guten Steuerberater, der wird mir vermutlich beipflichten. Ich habe lieber das Vermögen auf meinem Konto und zahle meine Miete von den Zinsen. So bleibt mir beides: das Geld und die Flexibilität. Häuser sind Freiheitsräuber. Die Gründe, die es rechtfertigen, ein Eigenheim zu besitzen, habe ich losgelassen. Je kleiner das Ego, desto leichter das Leben.

Wenn ich davon erzähle, glauben mir viele nicht, dass ich so extrem bin. Aber es ist wirklich so. Mein letzter Umzug hat 55 Minuten gedauert. Bett abbauen, Bett aufbauen, noch paar Kleinigkeiten. Das war's.

Das Wegwerfen geht auch ganz einfach, wenn man es wirklich will. Nehmen Sie einfach alle schönen Erinnerungsstücke, an die Sie ein Andenken bewahren möchten und fotografieren Sie sie. Dann beauftragen Sie einen Freund mit dem Verkauf der Dinge und bezahlen ihm eine Provision, unter der Bedingung, dass auch die unverkäuflichen Dinge entsorgt werden. Markieren Sie alles, was Sie behalten wollen (Bett, Tisch, Stuhl et cetera), geben sie alles andere zum Verkauf frei und fahren Sie weg. Nach einer Woche kommen Sie wieder und Sie können endlich durchatmen.

Oder Sie gehen zuweilen durch Ihr Haus und sortieren genau hundert Dinge aus. Nicht mehr und nicht weniger. Nehmen Sie einen großen Sack und hören Sie nicht eher auf, bis Sie nicht 100 einzelne Stücke gezählt haben. Das kostet erst mal Überwindung.

Aber dann gewöhnen Sie sich daran und wundern sich, wie problemlos die Sachen verschwinden. Und wie wenig Sie sie hinterher vermissen. Den Sack mit Dingen sortieren Sie: wegwerfen, verschenken, eBay. Das machen Sie so lange, bis Sie Ihren Setzkasten des Lebens geleert haben. Dann verkaufen Sie den Setzkasten.

Viele Leute schütteln den Kopf, wenn sie hören, dass ich genau das gemacht habe. Vor allem, wenn sie hören, wie viele teure Sachen ich in den Müll geworfen oder billig weggegeben habe. Ich sage aber: Wegwerfen ist nicht teuer. Aufheben ist teuer. Unbezahlbar teuer.

Als ich noch meine Lebensmitteleinzelhandelsgeschäfte hatte, habe ich oft meine Geburtstagsfeste abends im Geschäft gefeiert. Logisch, näher können Sie gar nicht an der Quelle sein. Dort gab es natürlich immer einen Geschenketisch. Am nächsten Tag ging ich immer an den Tisch, nahm die Geschenke, klebte einen Preis drauf und ab ins Regal. Ich habe all meine Geschenke verkauft. Heute wissen das meine Freunde und bringen gar nichts mehr mit.

Ich brauche nichts. Mehr noch, ich will nichts! Sachen haben zu müssen, die ich nicht will, ist für mich viel schlimmer, als möglicherweise unsympathisch zu wirken, weil der Schenkende sich durch mein Desinteresse an seinem Geschenk brüskiert fühlen könnte. Die Schwierigkeit für die Leute ist, zu verstehen, dass ich nicht am Schenkenden desinteressiert bin, sondern an dem Ding, das ich nicht haben will. Ich weiß, dass das gelinde gesagt unkonventionell ist. Aber all die Sachen interessieren mich eben nicht.

Sie können mich mit 100 000 Euro auf der Maximilianstraße aussetzen, ich würde mir einen Cappuccino kaufen, eventuell noch ein Glas Champagner, aber das war es dann. Ein neuer Geldbeutel? Nur, wenn der alte kaputt ist. Eine neue Uhr? Alle paar Jahre gerne eine schöne, aber dann verkaufe ich vorher die alte.

Und bitte glauben Sie nicht, dass ich im Verzicht lebe. Sie können mir glauben, dass ich versuche, das Leben in vollen Zügen genießen. Ich will Sie auch ermutigen, sich schöne Sachen zu kaufen und zu besitzen. Aber bitte nur die, an denen Sie wirklich Spaß haben. Ich habe keine asketischen Ambitionen, ganz im Gegenteil. Ich will nur die Sekundäremotionen, die an den Dingen hängen, nicht mehr in meinem Leben dulden.

Wir spüren doch längst, dass Konsumgüter keine Glücksgüter sind. Rund 2000 Jahre vor der Einführung des iPhones kam Plinius dem Älteren die ernüchternde Erkenntnis: »Dinge, die wir besitzen, bewahren selten den Zauber, den sie hatten, als wir sie erstrebten.«

Mit der Antwort »Nein!« auf die Frage, ob wir all das Zeugs brauchen, wird nicht die Forderung nach Selbstgeißelung errichtet. Der Lohn für den Verzicht folgt unmittelbar: Freiheit, Unbeschwertheit, wahre Mobilität. Und der zu entrichtende Preis ist viel niedriger als wir glauben, denn die Freude, die uns die Sachen schenken, ist so gering und so kurzfristig, dass das Loslassen dieses materiellen und geistigen Ballasts immer ein lohnendes Geschäft ist.

Ballast

Denn das Materielle belastet uns nicht auf physische Art, weil es vorhanden ist, sondern durch die Energie, die es uns kostet, die Sachen in unseren Köpfen zu beachten, zu verwalten, die Verantwortung dafür zu übernehmen, das Zeugs zu ordnen, wiederzufinden. Dazu die Emotionen, die an diesen Alltagsreliquien hängen: Durch die Anwesenheit des Dings, an dem sie haften, kommen uns die Emotionen permanent in den Sinn, obwohl das im Moment vielleicht völlig sinnlos ist, und dann müssen wir uns damit auseinander setzen, obwohl wir das gar nicht wollen. Also reine Kopfsache.

Hinzu kommt der immaterielle Ballast. Das sind die Handlungen, die als offene Posten auf ihre Erledigung warten und uns am Hals hängen wie ein Mühlstein. Außerdem die Hoffnungen und Erwartungen an unsere Umwelt, die wir aber nur bedingt beeinflussen können.

Dazu gibt es eine Geschichte von einem Mönch in Thailand, der, wie es dort ja üblich ist, durch die Straßen ging und sich das Mittagessen zusammenbettelte, und das häufig bei den immer wieder gleichen Menschen. So kam der Mönch von seiner Tour immer ganz beseelt zurück, weil von einer Spenderin ein besonders lecker zubereitetes Stück Hühnchen mit dabei war. Es war einer seiner täglichen Höhepunkte, sich immer genau auf dieses Hühnchen zu freuen. Und eines Tages, als er wieder in die Stadt ging, war die Spenderin mit diesem leckeren Hühnchen nicht da. Und auch am nächsten Tag und am übernächsten Tag war sie nicht da. Was den Mönch zu vielen Gedanken führte, wo sie denn sei, ob sie verstorben sei, oder ob sie möglicherweise ihre Speise einem anderen Mönch schenken würde. Er war vollkommen fixiert darauf, endlich dieses Hühnchen wieder genießen zu können. Er machte sich Sorgen und ließ zu, dass das Hühnchen ständig in seinem Kopf war und ihn nicht mehr losließ. Bis er eines Tages wieder in die Stadt ging und endlich die Dame mit diesem Hühnchen sah – und da wurde ihm klar, wie sehr mittlerweile das Hühnchen ihn hatte, weil er es haben wollte, wie abhängig er von ihm geworden war. Sodass er beschloss, es nie wieder in seinem Leben zu essen.

Die geistigen Anhängsel all der Sachen, damit verbundene Sekundäremotionen, Unerledigtes – manche Köpfe sehen von innen aus, wie die Messi-Wohnung in den Doku-Soaps auf RTL II. Die Psychologin Bluma Zeigarnik beschrieb als erste einen in der Folge nach ihr benannten Mechanismus. Der Zeigarnik-Effekt besagt grob, dass unerledigte Handlungen besser erinnert werden als erledigte, wir beschäftigen uns andauernd mit ihnen. Unerledigtes lässt uns nicht los.

Das ist ja auch sinnvoll. Auf die Weise vergessen wir sie nicht, vergessen nicht Wichtiges zu erledigen. Problematisch wird es nur, wenn Sie allzu viel Unerledigtes mit sich herumschleppen. Das sind selten große Sachen. Meistens nur die Steuererklärung, der kaputte Fahrradreifen, das Aufräumen der Garage, den Chef endlich auf die Gehaltserhöhung ansprechen und so weiter. Zeigarnik fand heraus, das unser Gehirn wie eine riesige Kommode funktioniert. Immer, wenn wir etwas anfangen, aber nicht zu Ende führen, bleibt eine Schublade offen. Über diese Schublade stolpern wir bei jeder Gelegenheit. Je mehr Schubladen offen stehen, desto weniger können wir uns auf neue Aufgaben konzentrieren. Zu viel Energie fließt ab.

Und es ist unglaublich, wie lange manche Menschen eine Schublade offen stehen lassen. Die Teilnehmer meiner Vorträge fordere ich immer auf, mich gerne auch auf Xing oder Facebook zu adden, oder meinen Vortrag oder meine PowerPoint-Präsentation auf diese Weise anzufordern. Ich bin oft geradezu erschrocken, wenn sich Teilnehmer erst nach vielen Monaten melden. Nicht weil mich das stört. Ich denke immer nur, wie viel Energie muss das kosten, diese – wenn auch kleine – Schublade so lange geöffnet zu halten.

Mit den Schubläden ist es wie mit der Wasserleitung, wenn im Haus alle Hähne offen stehen: Es kommen überall nur noch Rinnsale heraus. Diese verlorene Energie gilt es, zurückzugewinnen. Indem Sie alles erledigen. Oder einen fixen Termin machen, an dem Sie es erledigen. Oder sich von dem Gedanken endgültig trennen, es jemals zu erledigen. Machen, Termin, Vergessen. Das sind drei Optionen. Keine vierte Option, die heißt: »Aufschieben«. Die müssen Sie streichen.

Der Rucksack mit den Erledigungen, die das Verfallsdatum »Sanktnimmerleinstag« tragen, ist zu schwer.

Sonst werden Sie die zukünftigen Taten nicht los, die Sie schon heute belasten. Der Rucksack mit den Erledigungen, die das Verfallsdatum »Sanktnimmerleinstag« tragen, ist zu schwer. Es lohnt sich nicht, ihn zu schleppen, er macht nur Sorgen. Er regt uns auf, er zieht Energie.

So ging es mir beispielsweise am 4. April 1989. Damals versammelten sich im Herzen Pekings unweit der Verbotenen Stadt Hunderttausende Studenten, die gegen die grassierende Korruption und für Demokratie demonstrieren wollten. Die Begeisterung der jungen Leute steckte alle an, Bauarbeiter schlossen sich den Demonstranten an, Anwohner versorgten sie mit Lebensmitteln. In die anfänglich noch harmlosen Forderungen mischten sich immer mehr die Rufe nach grundlegenden politischen Reformen. Die Demonstration dauerte immer länger und wurde immer größer. Sie war so friedlich, dass sie Angst und Schrecken in den Parteibüros verbreitete. Nach sechs Wochen ließ die Kommunistische Partei rund 200 000 Soldaten rund um Peking stationieren, in der Nacht vom 3. auf den 4. Juni gab sie den Befehl, Panzer auf den Tiananmen-Platz zu schicken. Die Soldaten begannen, auf die friedlichen Demonstranten zu schießen.

Damals, als diese schrecklichen Morde auf dem Platz des himmlischen Friedens stattfanden, fuhr ich mit einem Kollegen im Auto und lauschte erschüttert den Nachrichten. Ich regte mich fürchterlich auf. Mitten in meiner Erregung schaltete er das Radio ab und sagte: »Du hast jetzt zwei Möglichkeiten: Wenn du handeln willst, dann bringe ich dich direkt zum Flughafen. Dann flieg nach Peking und halte die Panzer auf. Oder du lässt jetzt los.«

In Gewissensfragen gibt es keine Verhandlungslösung. Keinen Kompromiss. Entweder Sie wollen etwas tun oder nicht. Ich habe losgelassen. Nicht dass mir die Menschen egal waren und ich dieses Vorgehen nicht zutiefst verurteile. Aber wenn ich mich selbstkritisch hinterfrage, war es mir wohl nicht wichtig genug zu handeln, sonst hätte ich es ja getan.

Ich musste in meinem Leben auch häufig loslassen, weil mich die Sehnsucht nach Neuem dazu getrieben hat. Loslassen, weil ich gezwungen war, es zu tun. Loslassen aus vielen Gründen. Als junger Mann führte ich das Lebensmittelunternehmen meiner Eltern weiter. Leider hatte sich mein Vater bei einem Immobiliengeschäft gehörig verspekuliert und er hatte mit mittlerweile knapp 70 Jahren einige Millionen Minus auf dem Konto. Die operativen Geschäfte liefen zwar immer besser. Jedoch lassen sich mit den Margen des Lebensmittelhandels auch bei hohen Umsätzen nicht schnell große Schuldenberge abbauen.

Nachdem ich mittlerweile relativ erfolgreich gearbeitet hatte, kam einmal die Hausbank zu einem Gespräch. Man wollte zu den signifikanten Verbesserungen gratulieren, und ich wurde freudig darauf hingewiesen, dass ich – wenn ich noch 137 Jahre so weiterarbeiten würde – die Schulden abbezahlt haben würde. 137 Jahre? Sind dann meine Urururenkel schuldenfrei? Das war einfach nur zum Lachen. Ich hatte gar keine Wahl: Also schmiedete ich einen Plan, wie ich in knapp zehn Jahren mindestens 5 Millionen Euro verdienen kann. Und setzte ihn um. Doch dazu musste ich das Lebensmittelgeschäft aufgeben und wieder einmal loslassen. Entgegen all den Emotionen, die an dem von meinen Eltern gegründeten Lebensmittelgeschäft hingen, gab es nur eine vernünftige Entscheidung, so hart sie auch war.

Der Gegner des neuen Glücks scheint mir das Festhalten am alten zu sein. Wer Chancen entdecken will, wer Neues erobern will, der muss Altes Loslassen. Die reinste Form des Wahnsinns ist es, alles beim Alten zu lassen und gleichzeitig zu hoffen, dass sich etwas ändert – sagte Albert Einstein.

Der Gegner des neuen Glücks scheint mir das Festhalten am alten zu sein.

Doch wir wollen immer beides, das Neue bekommen und das Alte bewahren. Wir wollen den neuen Job, ohne die Sicherheit des alten Jobs aufzugeben, die Rendite einer risikoreichen Anlage, ohne auf die Sicherheit zu verzichten, wenn wir das Geld unterm Kopfkissen haben. Wir wollen neue Länder kennenlernen und dabei das Haus nicht verlassen. Wir wollen die neue Frau erobern, ohne die alte zu verlassen, wir wollen die Zukunft ansteuern und dabei die Gegenwart festhalten.

Um Freiheit zu erreichen, müssen wir unsere Sicherheit aufgeben. Doch uns ist die Sicherheit so wichtig, dass wir dafür unsere Freiheit aufgeben. Mit unserem Wunsch nach Sicherheit sind wir Gefängniswärter geworden und ketten uns ein Leben lang an, auch an ein Reihenhaus. So streben wir nach einer Sicherheit, die wir wahrscheinlich nie wirklich erlangen, opfern Freiheit und Selbstbestimmung für ein höheres Einkommen. Und kaufen damit Dinge, die wir nicht brauchen, um Leute zu beeindrucken, die wir nicht mögen, mit Geld, das wir nicht haben.

Und kaufen damit Dinge, die wir nicht brauchen, um Leute zu beeindrucken, die wir nicht mögen, mit Geld, das wir nicht haben.

Menschen sind deshalb nicht in der Lage, Chancen zu ergreifen, weil sie die Hände und Herzen voll haben mit alten Sachen, alten Gewohnheiten, alten Vorgehensweisen, alten Sichtweisen, alten Werten, alten Verletzungen, alten Vorstellungen. Wir halten fest, weil wir den Vergleich mit den anderen, mit der Vergangenheit, mit der vorgestellten Zukunft nicht aushalten. Wir halten fest an Vorsätzen, die wir nicht einhalten. An Vorurteilen, die wir nicht bestätigen können. An Gewohntem, das sich nicht bewährt hat. An Gewöhnlichem, weil der Spatz wenigstens in der Hand kauert und die Taube noch auf dem Dach hockt. An Traditionen, obwohl das bedeuten würde, ein Feuer weiterzugeben – und nicht die Asche anzubeten, um mit Gustav Mahler zu sprechen. Wir halten fest am Weg durch den morgendlichen Stau. An Gewohnheiten, die uns nicht lieb sind. An Uhren, die nachgehen. An geflickten Socken. An Tassen mit Sprung. An langweiligen Leben. Tag für Tag. Und die Zahl der Tage ist endlich. Wir halten fest.

Ich habe das Gefühl, dass viele Menschen immer mehrere Dinge gleichzeitig in der Hand haben wollen, und oftmals verlernt haben, loszulassen. Nur, wer loslässt, hat zwei Hände frei. Wer an alten Dingen festhält, braucht sich nicht zu wundern, dass er keine Hände für das Neue frei hat. Wenn kleine Kinder in jeder Hand ein Spielzeug haben und eines sehen, das ihnen noch besser gefällt, dann lassen sie die alten sofort fallen.

Wir müssen es machen wie die Kinder. Oder wie Agathokles von Syrakus, der im Krieg gegen die Karthager seinen Mannen befahl, die eigenen Schiffe hinter sich zu verbrennen, um jeden Gedanken an einen Rückzug von vornherein auszuschalten.

Wenn Sie an unrealistischen Vorhaben, ungetanen Taten und dauerhaften Vorstellungen festhalten, dann oft deshalb, weil Sie es allen oder vielen recht machen wollen. Das scheint sicherer, als sich mit jemandem anzulegen. Heraus kommt die Fortführung des unguten Zustands, die Perpetuierung des Ungelösten, der Unfrieden auf Dauer, das ewige Unentschieden.

Kompromisse sind ein aufgedrehter Wasserhahn, der vergessen wurde zu schließen, während wir den Boden aufwischen. Manchmal klingt der Kompromiss ganz vernünftig. Aber irgendwie lässt die Sache uns nicht los: Haben wir einen Fehler gemacht?

Kompromisse sind ein aufgedrehter Wasserhahn, der vergessen wurde zu schließen, während wir den Boden aufwischen.

Sunk Costs

Oft steckt hinter den Vernunftentscheidungen und Kompromissen pure Irrationalität, schön verpackt und verschnürt von uns selbst, damit wir an unvernünftigen Zuständen festhalten können, ohne dass es uns und anderen bewusst werden muss. Manchmal ist es aber auch andersherum: Wir sind zu krassen, offensichtlichen Irrationalitäten fähig, und zwar dann, wenn unsere Bedürfnisse von uns einfordern, einen unvernünftigen Pfad zu begehen.

Das hat Martin Shubik experimentell bestätigt. Er ist Wirtschaftsmathematiker an der Yale Universität und einer der Väter der Spieltheorie. Und das Experiment geht so: Ein Euro steht in einer Auktion zum Verkauf. Das Anfangsgebot steht bei 10 Cent, geboten wird in Schritten zu 10 Cent. Der erste Bieter gibt sein Gebot ab: 20 Cent. Gewinnt er, erhält er dafür den Euro. Macht unterm Strich einen Gewinn von 80 Cent. Aber er gewinnt nur, wenn kein weiterer Bieter ein Gebot abgibt. Der nächste Bieter zieht nach: 30 Cent! Und so geht es weiter. Der normale, rationale Auktionsverlauf wäre, dass der letzte Bieter 90 Cent bietet, damit bekommt er den kleinstmöglichen Gewinn: 10 Cent. Ein Gebot von 100 Cent macht keinen Sinn, denn so hat niemand etwas gewonnen.

Nun kann man, wenn man die Menschen ein klein wenig kennt, leicht voraussagen, dass ein guter Teil der Menschen es nicht ertragen könnte, wenn ein anderer als sie selbst für 90 Cent einen Euro bekäme: Sie würden lieber dem Vorbieter mit dem letzten sinnlosen Gebot den kleinen Gewinn aus der Hand schlagen. Aber diese Form der Niedertracht interessierte Shubik gar nicht so sehr. Er baute eine Zusatzregel in die Auktion ein, die das Geschehen spannender macht: Nicht nur der Bieter mit dem höchsten Gebot, sondern auch der Bieter mit dem zweithöchsten Gebot muss den von ihm gebotenen Betrag an den Auktionator zahlen. Das erhöht schlagartig die Spannung und das Risiko des Bietens: Wird man kurz vor Schluss noch überboten, muss man trotzdem blechen.

In der Regel läuft eine solche Auktion, die ich manchmal in meinen Vorträgen durchführe, dann so ab: Die Gebote steigen bis zum Erreichen der 50-Cent-Grenze, dann bis zu 90 Cent. Und dann geht es weiter! Die Gebote steigen im Durchschnitt bis über 1,30 Euro bis einer den Zuschlag erhält. Dann bekomme ich immer die 1,30 Euro vom Meistbietenden und noch 1,20 Euro vom Zweitmeistbietenden. Warum ist es – für den Moment rational betrachtet – einleuchtend, für einen Euro sogar 1,10 Euro zu bieten? Versetzen Sie sich in die Lage des Bieters von 90 Cent, der gerade von einem anderen Bieter mit einem Euro überboten wurde. Der Bieter von 90 Cent muss nun 90 Cent bezahlen und bekommt nichts. Der Bieter des Euros erhält den Euro. Wenn der 90-Cent-Bieter nun den Bieter des Euros mit 1,10 überbietet, dann hat er zwar 10 Cent Verlust, dafür aber den Euro. Das ist besser als 90 Cent Verlust und nichts zu haben. So denkt natürlich auch der, der gerade den Euro geboten hat und nun mit 1,10 überboten wurde, und bietet 1,20 Euro, und so weiter. Am Ende überbieten sich regelmäßig zwei Bieter, die bereit sind, für einen Euro mehr als einen Euro zu zahlen. Man wirft verlorenem Geld noch mehr Geld hinterher, in der Hoffnung, die Verluste zurückzugewinnen. Wie die Glücksspieler, die noch das letzte Hemd versetzen, in dem Glauben, damit die Verluste wieder zurückzugewinnen.

Auch in der Wirtschaft gibt es dieses Phänomen. Dem bereits verlorenen Geld wird noch mehr hinterhergeworfen, obwohl eine solche »Nach-Investition« in ein bereits sinkendes Schiff geringere Chancen auf Refinanzierung hat als die Investition desselben Gelds in eine andere Geschäftschance. Diese irrationalen Kosten sind alleine dem auf Festhalten spezialisierten menschlichen Geist geschuldet, sie heißen »Sunk Costs« – Kosten, die sich nie refinanzieren können, die von vornherein unabwendbar verloren sind und die dennoch freiwillig geleistet werden, weil sich das immer noch besser anfühlt, als die Niederlage frühzeitig einzugestehen und sofort etwas anderes zu tun. Auch so sind wir. Wir investieren, obwohl wir wissen, dass das keinen Sinn macht. Wir schaden uns und anderen alleine deshalb, weil wir halt nun einmal damit angefangen haben.

Die Concorde war so ein Fall. Irgendwann zwischen Reißbrett und Montagehalle war klar, dass sie nie wirtschaftlich fliegen wird. Hätte das englisch-französische Konsortium einen realistischen Flugpreis verlangt, wäre es jeden einzelnen Kunden billiger gekommen, ein Flugzeug alleine für sich zu chartern. Eine halbwegs tolerable Auslastung erreichten die Fluggesellschaften nur, indem sie die Tickets subventionierten. Vernünftig wäre gewesen, dieses verrückte Ding nicht zu bauen, Klappe zu, Vogel tot. Aber die Welt wollte den Vogel fliegen sehen. Das kostet dann halt. Ich fand die Entscheidung übrigens wunderbar. Wer einmal mit Überschallgeschwindigkeit über den Teich gekachelt ist, wird mir zustimmen, dass sich der Bau gelohnt hat. Für den englischen und französischen Steuerzahler geht diese Rechnung natürlich nicht ganz so gut auf.

Jedenfalls: Wir halten an zahllosen Dingen fest, obwohl es keinen Sinn ergibt. An wie vielen Mitarbeitern halten Unternehmer fest, nicht weil sie gut sind, sondern weil sie schon so viel in sie investiert haben? An wie vielen Prozessen halten Unternehmen fest, nicht weil sie gut sind, sondern weil der Aufwand, alle daran zu gewöhnen, so groß war? An wie vielen Technologien halten Konzerne fest, nur weil sie bei der Anschaffung Unsummen verschlungen haben? An wie vielen Gesetzen halten Staaten fest, nur weil sie so aufwändig erkämpft wurden? Jeden Tag, im Großen wie im Kleinen: Wir halten fest. Vor kurzem habe ich eine Auktion bei eBay verfolgt: IKEA-Gutschein: 50 Euro. Erfolgreiches Gebot: 64 Euro! Wir halten fest.

Sunk Life

»Scherer, gilt das mit den Sunk Costs auch im Privatleben?«, werde ich nach einem Vortrag gefragt.

»Wie meinen Sie das?«, frage ich zurück.

»Na, dass man in einer Beziehung drin ist, in der man eigentlich gar nicht mehr drin sein will, aber man hat schon so viel investiert.«

Ich sage ganz aufrichtig: »Tut mir leid, im Privaten kenne ich mich nicht so aus. Bin eher Spezialist für Neuakquise.«

Da erinnere ich mich an das Gefühl dieser besonderen Urlaubsstimmung an diesem Tag in unserer Suite mit Blick über halb Las Vegas.

Sie stellt die Frage: »Schatz, liebst du mich?«

Die Sonne steht am Himmel und taucht unser Schlaf- und Wohnzimmer in weiches Licht. Eigentlich müsste ich jetzt der glücklichste Mensch auf der Welt sein. Hier in diesem schillernden Glückstempel, nach einem wunderschönen Abend, nach dieser Nacht, mit dieser wunderschönen Frau. Ich liebe diese Frau. Wirklich. Oder zumindest tue ich das, was ich für lieben halte. Ich will ohne diese Frau nicht sein. Wirklich nicht. Ein selbstverständliches, überzeugtes und lautes »Ja« wäre die einzig richtige Antwort gewesen. Es wäre die Wahrheit gewesen. Andererseits…

Sie steht auf, geht zum Fenster.

Andererseits lässt mich das Leben nicht zufrieden sein, die Sehnsucht reißt an meinem Herz. Wartet nicht doch noch eine andere Option auf mich? Gibt es in der Liebe wirklich nur ja und nein, so wie es zwischen schwanger oder nicht schwanger nichts gibt? Waren nicht auch viele der gemeinsamen Tage nicht nur bunt, nicht nur froh, sondern auch grau, langweilig, vertan? Habe ich meine Zeit falsch verbracht, die Zeit auf dem Sofa, vor dem Fernseher, die kostbaren Stunden, die nie wiederkommen? Und tue ich dieser Frau überhaupt gut? Gab es da nicht auch unerfüllte Wünsche, Trauer, ja sogar schwere Krankheit? Manches lässt mein Herz zweifeln.

Wie oft habe ich auf ihre Frage mit »Ja« geantwortet? Es war immer die Wahrheit. Warum sollte ich auch lügen? Aber gibt es in Herzensangelegenheiten überhaupt eine Wahrheit? Und wenn ja, wie sieht die aus? Oder ist der Glaube an das Glück bereits das ganze Glück? Und der Zweifel am Glück schon des Glückes Grab? Und jetzt, im Licht der Sonne in der Suite im Prunkhotel in Las Vegas kann ich plötzlich nicht mehr »Ja« sagen. Doch schon, aber auch nicht, mein Kopf dröhnt, Züge fahren durch meinen Kopf. Ich will festhalten. Oder auch nicht. Ich will nicht mehr festhalten, ich weiß nicht mehr. Es entgleitet mir, ich kann es spüren.

Die Zeit läuft. Ich lasse sie warten und zweifle. Und lasse sie zweifeln. Es ist ein schrecklicher Moment. Sie steht am Fenster und senkt den Kopf, ich schaue sie an, genieße sie und ihre Schönheit. Ich liebe sie in diesem Moment. Das ist die Wahrheit.

»Manchmal«, sage ich.

Sie geht ans Telefon und bucht den Rückflug.

Vier Tage später war unser Haushalt aufgelöst. Vier Tage später war von einem gemeinsamen Heim, von einer großen Liebe nur noch ein Trümmerhaufen übrig. Und einige Fotos.

Ich habe losgelassen! Fragen Sie mich nicht, wie weh das tut.

Es ist gut so, wie es ist, solange uns das Wörtchen »besser« nicht heimsucht. Beziehungen werden nach der Hitze der jungen Liebe oft zum täglichen Balanceakt zwischen gut und besser. Am Ende entscheidet sich die unauffällige Mehrheit für die emotionale Grundversorgung. Ja, es gibt sie, die Sunk Costs im Privatleben. Böse Zungen behaupten, dass die Prozentzahl der privaten Fehlentscheidungen durch Festhalten vergleichbar hoch ist wie in der Wirtschaft: 80 Prozent. Sunk Cost – Sunk Life.

Ich habe losgelassen! Fragen Sie mich nicht, wie weh das tut.

Vergeuden Sie nicht Ihr Leben durch Festhalten an scheinbar Vernünftigem oder an offensichtlich Unvernünftigem! Hören Sie auf Ihren Bauch und wenn es sinnvoll scheint oder Sie nichts mehr erreichen können – lassen Sie los. Drehen Sie sich um, lassen Sie es sein, gehen Sie, ganz ohne Groll. Dabei geht es nicht nur um materielle Dinge. Lassen Sie los. Egal, worum es geht. Menschen, Dinge, Vorhaben, Hoffnungen.

All die Ansprüche ans Leben aufrechtzuerhalten, die nicht erfüllt werden können, für deren Erfüllung wir nicht bereit sind, den Preis zu bezahlen, diese permanente Anstrengung nimmt uns täglich die Kraft, die wenigen klaren Ziele zu verfolgen, für die es sich lohnt, zu leben und zu sterben. Was Sie nämlich niemals loslassen sollten, sind die wenigen Ziele, die Sie wirklich erreichen wollen, die Sie wirklich ins Tun bringen!

Es gibt diesen Reiz-Reaktions-Mechanismus, was uns anscheinend vom Tier vollkommen unterscheidet. Ein Tier reagiert in der Regel auf einen Reiz, das heißt, auf den Reiz folgt unmittelbar eine Reaktion. Ohne darüber nachzudenken, welche Reaktion auf diesen

Reiz die sinnvollste, richtigste oder beste wäre. Wir Menschen sind vermutlich das einzige Lebewesen auf dieser Erde, das genau diesen Mechanismus steuern kann. Wir können, wenn wir wollen, und wenn durch den Reiz keines unserer Notfallprogramme (Flucht oder Kampf) angeworfen wird, direkt nach einem Reiz erst mal überlegen, mit welcher Reaktion wir darauf antworten möchten. Das sind die Momente, in denen wir unser Leben wirklich gestalten können. In genau diesen Momenten brauchen wir ein Ziel vor Augen, damit wir wissen, wie wir antworten sollen.

Insofern bestimmen wir sehr wohl die Realität durch unsere Gedanken, weil unsere Gedanken unsere Reaktion bestimmen und unsere Reaktionen die Realität. Hm, ist das richtig? Es klingt arg simpel: Wir denken zum Beispiel negativ über die Selbstständigkeit und machen uns darum nicht selbstständig, wenn sich eine Gelegenheit bietet, ja wir sehen die Gelegenheit erst gar nicht. Wir denken positiv über die Selbstständigkeit und machen uns dann auch bei nächster Gelegenheit selbstständig, weil wir ständig Gelegenheiten sehen.

Oder wir denken negativ über unsere Erfolgschancen bei der Partnersuche und sprechen einen potenziellen Partner gar nicht an. Resultat: keines. Wir denken positiv über die Erfolgschancen und sprechen den Partner an und haben zumindest eine Chance, dass das von Erfolg oder Teilerfolg oder zumindest von einem gestärkten Selbstbewusstsein gekrönt werden könnte.

Egal, was wir denken, wir haben immer Recht. Egal, was wir denken, wir haben immer Recht. Das macht es möglich, dass wir die Ansprüche ans Leben, die sich nicht erfüllen, die sich niemals erfüllen werden, aufrechterhalten. Diese vielen kleinen ewig unerfüllten Ansprüche sind die Projektionsflächen unserer Hoffnungen. Und »der Mensch gibt ebenso schwer eine Furcht auf als eine Hoffnung«, wie der deutsche Schriftsteller Otto Ludwig treffend schrieb.

Kleindenken, großreden, schönrechnen

Wieder draußen aus dem Kloster in der Betriebsamkeit wirkt alles anders. Ich sehe die Welt glasklar. Jedes Detail. Ich steige ins Auto, der Motor springt an – was für ein Lärm! Was für ein hässliches Geräusch! Das Autoradio geht an, ich schalte das Geplärr sofort wieder aus. Unerträglich! Ich öffne das Fenster, um die Luft draußen riechen zu können. Ich fahre los und tauche ein in die verrückte, verdreckte Welt, die mir an den ersten Tagen nach dem Kloster vorkommt wie eine Dauervergewaltigung meiner Sinne.

Und dann treffe ich Menschen und sehe sie mit anderen Augen. Ich sehe ihren Kleinmut, ihre Unzufriedenheit, den Zweckoptimismus, wie sie sich ihre klägliche Situation schönreden, den Postrationalismus, wie sie sich die Welt zurechtrechnen. Und ich halte das kaum aus. Ich bin auch einer dieser Menschen.

Was mich fruchtbar schmerzt: Egal, wie schlecht sich die Menschen fühlen, Hauptsache, es geht ihnen besser als dem Nachbarn, dem Kollegen oder dem besten Freund. Dinge haben, Status haben, Menschen haben, zum Beispiel als Angestellte oder Ehefrau – ja so etwas gibt es, das steht für die meisten 168 Stunden die Woche im Vordergrund. Ja, wenn sie wenigstens zufrieden damit wären, was sie haben! Aber ihre Bewertung all der Sachen und Menschen ist so relativ wie die Größe des Vollmonds: Steht er kurz überm Horizont, sieht er riesig aus, wie aufgequollen, steht er hoch am Himmel, ist er klein, kompakt.

Die »Mondtäuschung« ist ein wahrnehmungspsychologisches Phänomen. Obwohl sich kluge Köpfe wie Leonardo da Vinci oder Johannes Kepler und neuerdings die Wahrnehmungspsychologen seit vielen hundert Jahren damit beschäftigen, ist die Ursache für diese optische Täuschung noch immer nicht endgültig geklärt. Fest steht, dass sie keine physikalischen Ursachen hat. Es ist also nicht so, dass das Bild vom Mond, das auf die Netzhaut des Beobachters trifft, beim Mondaufgang oder -untergang tatsächlich größer ist, weil die Atmosphäre wie eine Linse wirkt oder bestimmte Lichtanteile herausfiltert. Maßgeblich für die nachträgliche Verfälschung der Wirklichkeit durch unser Gehirn scheint vielmehr eine ganz bestimmte psychologische Fehlleistung zu sein: die verfälschte Tiefeninformation.

Durch die vielen anderen Objekte im Sichtfeld – Häuser, Bäume, Berge – glauben wir, dass der Mond, der nahe über dem Horizont steht, relativ weit weg ist. Wenn doch so viel Zeugs zwischen uns und dem Mond ist, dann muss ja auch viel Platz zwischen uns und dem Mond sein, damit all die Objekte dazwischenpassen. Denkt unser Gehirn. Schauen wir dagegen nach oben, sehen wir nichts als den Himmel. Nichts dazwischen, das braucht nicht so viel Platz. Der Himmel wirkt deshalb nach oben flacher, am Horizont wirkt er weiter. Diesen Eindruck haben wir tagsüber auch ganz ohne Mond. Na und dann ist es eine einfache subjektive Bewertung: Weil wir als Kleinkinder gelernt haben, dass Gegenstände, die weit weg sind, kleiner aussehen, korrigiert unser Gehirn die Wahrnehmung und lässt uns die eine Mondscheibe am Horizont, die wir weiter weg wähnen, größer erscheinen als die in der Realität gleich große Mondscheibe, die wir über uns als deutlich näher empfinden.

Halten Sie einmal den Daumen der ausgestreckten Hand neben den Mond: Sein Durchmesser ist ungefähr ein Viertel so breit wie Ihr Daumennagel, egal wo der Mond steht.

Es ist also der Größen- und Tiefenvergleich, der die optische Bewertung von Objekten ausmacht. Oder anders gesagt: Wir messen die Welt immer relativ, nie absolut. So funktioniert unsere Wahrnehmung, bei jedem von uns. Nach diesem Relationsprinzip bewerten wir nicht nur Mondscheiben, sondern alles Mögliche. Auch die Dinge, die wir haben.

Ende der 90er Jahre untersuchte ein Team von Soziologen entscheidungsrelevante Faktoren von Käufern am US-Immobilienmarkt. Unabhängig von Platzbedarf und Budget wurde ein 400 Quadratmeter großes Grundstück in einer Siedlung mit durchschnittlich 300-Quadratmeter-Parzellen wesentlich attraktiver beurteilt als ein 700-Quadratmeter-Grundstück in einer Siedlung mit Parzellen von 1000 Quadratmeter Größe.

Dabei ist es schlicht falsch. 700 Quadratmeter sind nicht nur ein bisschen, sondern deutlich mehr als 400 Quadratmeter. Aber ein kleines Grundstück ist für die Menschen nicht so schlimm, solange es größer ist als das der Nachbarn. Und ein tolles, großes Grundstück ist nichts Berauschendes, wenn die anderen

Aber ein kleines Grundstück ist für die Menschen nicht so schlimm, solange es größer ist als das der Nachbarn.

Leute drum herum größere Flächen besitzen.

Wir Menschen versuchen unter dem Einsatz unserer Mittel nicht das Ergebnis zu maximieren, sondern wir versuchen immer, uns an einem gefühlten, subjektiv wahrgenommenen relativen Standard zu orientieren. Die Erklärung ist genauso simpel wie entlarvend für unser Verhalten. Wir befriedigen mit diesem Vergleichsmechanismus zwei Grundbedürfnisse gleichzeitig: Das Grundbedürfnis nach Zugehörigkeit – ich bin Teil einer Gruppe – und das Grundbedürfnis nach Signifikanz – ich bin etwas Besonderes in dieser Gruppe. Was dabei herauskommt: Lieber in der Hölle regieren, als im Himmel dienen! Wir leben in der reichsten Gegend der Welt, genießen den größten Wohlstand aller Zeiten, besitzen im Durchschnitt ungefähr 10 000 Gegenstände, aber sind unzufrieden. Wir streben nicht die schmucke kleine Villa in Hollywood an, sondern sparen für das mondäne Reihenhaus in Herne. Wir sind lieber 1 Prozent überm Durchschnitt, als 1 Prozent hinter der Spitze. Ich habe Betriebe bei der Sanierung beraten, in denen Mitarbeiter einer Gehaltskürzung erst dann zu-

Wir sind lieber 1 Prozent überm Durchschnitt, als 1 Prozent hinter der Spitze.

stimmten, wenn es andere noch härter getroffen hatte!

Die relative Einschätzung unseres Lebensstandards ist schon im Kindesalter spürbar: He, der Bruder hat ein viel größeres Lego-Paket zu Weihnachten bekommen! Das ist ungerecht! Und dann macht es schon keinen Spaß mehr, weiter auszupacken und sich über den Zusammenbau des kleinen Baggers zu freuen. Heiligabend ist gelaufen.

Die Eltern und Großeltern schütteln die Köpfe. ›Undankbarer Kerl!‹, denken sie und belehren den Trotzkopf: Sieh mal, es gibt Kinder in Afrika, die dürfen nicht mal Weihnachten feiern und bekommen gar keine Geschenke!

Und dann prosten sich die gleichen Erwachsenen zu: Erstaunlich, wie gut dieser Wein vom Aldi doch ist. Die haben gar keine so schlechten Angebote da. Der Müller, der Kollege aus dem Controlling, der muss ja immer so angeben mit seinen importierten Neue-Welt-Weinen und seiner Feinschmeckerei. Das war auf der Weihnachtsfeier doch wieder oberpeinlich. Dabei schmeckt der Aldi-Wein doch viel besser. Und kostet nur ein Zehntel...

Ob wir uns nun den Mond über uns beziehungsweise das Lego-Paket kleindenken oder den Mond am Horizont beziehungsweise den Aldi-Wein großdenken – in jedem Fall sind wir unzufrieden, neidisch, ungerecht, missgünstig und kleingeistig. So sind wir.

Doch, und das ist das Schlimme, wir rechnen uns damit das Leben schön. Wir suchen nichts Besseres, weil wir uns das Gute, das wir haben, besser reden, und das Bessere, das wir nicht haben, schlechter reden. Das ist Zweckoptimismus, ein auf eine bestimmte Wirkung zielender, demonstrativ zur Schau getragener Optimismus. Und wenn wir das im Nachhinein tun, wenn der Kopf schönreden oder schlechtreden muss, was der Bauch mal wieder angerichtet hat, dann ist das Postrationalität. Zweckoptimismus und Postrationalität, das ist die Wahl, die wir treffen, ja die wir vielleicht immer wieder treffen müssen, damit wir nicht verzweifeln.

Der Glaube an die Unmöglichkeit schützt die Berge vor dem Versetztwerden.

Der Glaube an die Unmöglichkeit schützt die Berge vor dem Versetztwerden. Wir glauben daran, dass die Berge nicht versetzt werden können. Weil wir daran glauben, wagen wir es nicht, und weil wir es nicht wagen, findet es nicht statt. Zumindest nicht in unserem Leben. Wir haben also Recht. Recht damit, dass die Berge nicht versetzt werden können. Wir haben immer Recht – und genau das ist unser Problem.

Wenn der Bauer nicht schwimmen kann, liegt es immer an der Badehose.

Wenn der Bauer nicht schwimmen kann, liegt es immer an der Badehose. Wir entwickeln unser eigenes System der Begründungen. Und durch dieses

System lernen wir, dass wir die richtigen Entscheidungen getroffen haben. Immerhin, wir hatten ja mit der letzten Entscheidung doch »Recht«. Und schon sind wir im Wunderland der Postrationalität, dem Ort, an dem wir unsere Entscheidungen immer begründen können, vor allem unsere Fehlentscheidungen. Welch schöner Land kann es geben?

Nicht umsonst werden die meisten Autoprospekte erst nach dem Kauf vom Kunden geholt, um die Entscheidung im Nachhinein vor sich selbst und anderen zu rechtfertigen. Wir kaufen Dinge ein, die statt 100 Euro auf 30 Euro reduziert wurden und rechtfertigen uns für die Ersparnis. Keiner spricht darüber, dass dennoch 30 Euro ausgegeben wurden. Man hat ja Geld gespart – wer denkt da ans Ausgeben?

Das ist wie bei einer Aufgabe der modernen Mengenlehre, die mir vor kurzem in die Hände gefallen ist: Fünf Personen sind in der Bäckerei, sieben gehen raus. Wie viele müssen reingehen, damit der Laden leer ist?

Hallo? Das ist ja so, als würde ein Kunde in der Bäckerei sagen: »Die Brötchen sind ja von gestern, ich hätte gerne eines von heute!« – Darauf die Verkäuferin: »Dann müssen Sie morgen kommen.«

So machen wir das auch mit unserem Leben. Zuerst wagen wir nicht das Neue, weil der Zweckoptimismus uns hindert, dann machen wir unseren alten Trott weiter. Wenn dann die Zweifel kommen, dann werden sie von der Postrationalität im Keim erstickt. Das ist schlimm. Das Schlimme am Schlimmsein ist, dass man weiß, dass man schlimm ist, und trotzdem schlimm ist.

Wenn ich mitten in der Welt herumwühle, so wie die meiste Zeit im

Das Schlimme am Schlimmsein ist, das man weiß, dass man schlimm ist, und trotzdem schlimm ist.

Jahr, dann nehme ich dieses normale Leben mal mehr, mal weniger stark wahr. Ich merke auch immer wieder, dass ich eigentlich auch selbst so ticke. Aber nach einer Woche im Kloster, wenn mein Bewusstsein neu geeicht ist, ist die Relativität und das damit verbundene kleingeistige Mittelmaß um mich herum eine Folter für mich. Hässlich!

Das hält ein paar Tage an, wenige Wochen. Dann langsam nimmt die geistige Vermüllung wieder zu, die Wahrnehmung verwischt. Dann ist alles nicht mehr so schlimm.

FIRST LIFE

Warum das Leben keine Generalprobe ist

Ich bin fast mein ganzes Leben lang immer Economy Class geflogen. Meistens bekommen Sie ja gar nicht mit, dass es noch andere Plätze gibt. Aber nach der Landung, beim Aussteigen, da laufen Sie dann durch die bereits geleerte Business Class und dann vielleicht noch durch die First Class und sehen die tollen Sitze mit dem vielen Platz vorn und links und rechts. Die Sitze lassen sich in Betten umwandeln. Die haben da richtig gewütet. Und wie die da gegessen haben müssen! Und Champagner getrunken! Und ich armes Würstchen mit meinen zwei Metern habe mich da hinten acht Stunden in den Sitz gefaltet und mit den Ellenbogen um den Platz auf der Armlehne gekämpft und Pappe mit Soße gegessen …

Was mich immer umtrieb: Wer fliegt denn eigentlich in der First Class? Die ganz Reichen nicht. Die haben ihren eigenen Jet. Die mittelmäßig Reichen auch nicht, denn sie sind ja genau deshalb reich geworden, weil sie nicht das Geld zum Fenster rauswerfen, also zum Beispiel über 10 000 Euro ausgeben für einen schlichten Retour-Flug nach New York. Na gut, es gibt ein paar Stars und Sternchen, die es sich leisten können. Und ein paar Firmen, die es sich leisten wollen, damit ihre Topmanager optimal gepflegt, ausgeschlafen und gut gelaunt in die Verhandlung gehen. Aber wie kommt man als einfacher Privatmann da rein?

Hier ist die Grenze. Bis hierher denken viele. Sie spüren dann die Spannung zwischen den eigenen Ansprüchen (First Class) und der Realität (Economy). Diese Spannung verursacht ein unangenehmes Ziehen in der Selbstwertgefühlgegend, kurz unterhalb der Schmerzgrenze. Dem geben sich die meisten nicht lange hin. Um dieses Unwohlsein nicht länger ertragen zu müssen, das sich durch Ablenkungstaktiken und Berieselungsmethoden nur kurzfristig betäuben und verscheuchen lässt, greifen die Menschen im Allgemeinen zu einer simplen Methode: Sie senken ihre Ansprüche. Genau! Das kostet doch unmäßig viel Geld! Dafür kann ich mir ein Auto kaufen! Das steht doch in keinem Verhältnis zur Leistung! Die Leute kommen doch auch nur in New York an, wie wir auch! So ein Flugzeug ist letztlich doch auch nur ein Transportmittel, um von A nach B zu kommen! Die brauchen das wahrscheinlich für ihr Ego! Reines Statussymbol! Das habe ich nicht nötig...

Ich denke da anders. Ich denke: Das kann doch nicht sein, dass ich Economy fliege, wenn es eine First Class gibt! Wenn ich ehrlich zu mir selbst bin: Ich möchte auch in der First Class sitzen. Ich schätze, es genügt meinen Ansprüchen nicht, in der dritten Liga zu spielen und von der Champions League ausgeschlossen zu sein, diese Regel akzeptiere ich nicht, das spüre ich genau. Woran liegt es, dass ich nicht First Class fliege? Na ja, ich will definitiv nicht gute 10 000 Euro ausgeben, ich bin schließlich auch Kaufmann, und das ist einfach zu teuer. Aber das ist nur eine Bedingung, kein hinreichender Grund. Woran also liegt es?

Alles, was ich bis zu diesem Zeitpunkt gemacht hatte, erzielte *in puncto* Transatlantikflug das Ergebnis: Economy. Das schien nicht die richtige Strategie gewesen zu sein. Die richtige Frage lautete: Was muss ich stattdessen tun, um in der First Class zu fliegen?

Den ganzen Rückflug hatte ich Zeit zum Nachdenken. Seitdem fliege ich immer First Class. Und ich zahle dafür immer nur Economy.

Das Leben im Wartesaal

Das ist das Grundmuster. Die meisten Menschen sind bereit, ihre Ansprüche zu senken, wenn sie damit vor Wände laufen. Und weil das oft passiert, bis wir erwachsen sind, sind die Ansprüche meistens sehr, sehr niedrig, gemessen an den Möglichkeiten.

Der Junge wollte noch zum Mars fliegen, bereits der Jugendliche bereitet sich innerlich auf die Banklehre vor. Das Mädchen wollte

Wimbledon gewinnen wie Steffi Graf, bereits die junge Frau hat mit Sport wenig am Hut und büffelt Jura an der Feld-Wald-und-Wiesen-Uni. Das andere Mädchen wollte einmal in einem Schloss leben und einen reichen Prinzen heiraten, die erwachsene Frau schlägt sich allein oder

Der Junge wollte noch zum Mars fliegen, bereits der Jugendliche bereitet sich innerlich auf die Banklehre vor.

als alleinerziehende Mutter durchs Leben. Und wenn Sie sie darauf ansprechen, wie sie nun Astronaut, Tennisprofi und Prinzessin werden wollen, ernten Sie nur ein Stirnrunzeln. War da noch was? Warum fragen Sie das jetzt? Was hat das mit mir zu tun? Es ist erschreckend, wie groß unsere Potenziale sind und wie wenig davon wir leben.

Beileibe habe ich nichts gegen Banker, Studierende, Juristen oder alleinerziehende Mütter, bitte legen Sie mir das nicht falsch aus. Wenn sich ein Mensch leidenschaftlich gerne wünscht, Banker zu werden, die Hand am Puls der Geldströme dieser Welt zu haben, den frei fließenden Milliarden nahe zu sein, Menschen zu helfen, ihr Vermögen zu mehren und zu schützen, jungen Unternehmern zu helfen, auf die Füße zu kommen, Familien das eigene Dach über den Köpfen zu ermöglichen, die Wirtschaft am Kreiseln zu halten – ja, dann sage ich: Vorwärts! Werde Banker!

Wenn eine die Heldin des Gerichtssaals werden will, unschuldige Menschen aus der Zwickmühle hauen, solide Unternehmen vor perfidem Betrug schützen, gerissene Verbrecher überführen und hinter Gitter bringen, Millionenbetrügern den weißen Kragen wegreißen, das Recht und den Souverän und die Ehre verteidigen, für weise Gerechtigkeit und damit für die Stabilität des Gemeinwesens sorgen will, dann sage ich: Mach's! Werde Anwalt oder Richter!

Und wenn eine Frau sagt, ich schaff's allein, und nur, wenn ich es selbst mache, kann ich dafür sorgen, dass meine Kinder eine offene Zukunft haben, lernen, sich entwickeln und Gutes in der Welt tun, dann sage ich: Das ist dein Weg, gehe ihn zu Ende, erziehe deine Kinder allein! Allen und gerade alleinerziehenden Müttern gehört mein voller Respekt.

Nur leider: Wenn ich mich so umschaue, habe ich höchst selten das Gefühl, dass die Banker, Anwälte und Alleinerziehenden das tun, was sie tun, weil ihre Ansprüche so hoch sind. Ich glaube eher, dass die meisten ihre Ansprüche angesichts der Schwierigkeiten, die sich ihnen entgegenstellen, so stark gesenkt haben, dass sie sich dreinfügen und eben Banker, Jurist oder Alleinerziehende werden, eine Mischung aus mittelmäßigen Ambitionen, Weg des geringsten Widerstands und schierer Hilflosigkeit.

Und ich glaube, sie haben es noch nicht einmal versucht! Mag ja sein, dass es nicht geklappt hätte, aber ein Versuch! Versuchen muss man es, mehr als ein Mal. Das Unmögliche ist das, was man nie versucht hat. Doch wir haben gelernt, Kompromisse zu machen, das ist unser Versteck. Und wenn Sie sagen, Sie haben es für Ihre Verhältnisse doch schon ganz passabel weit geschafft, wenn Sie realistisch bleiben, dann ist das immer noch eine Ausrede, nur auf hohem Niveau. Das Unrealistische zu versuchen, damit dürfen Sie nie aufhören.

Es ist nämlich oft leichter, das Unrealistische zu erreichen, als das Realistische. 99 Prozent der Menschen auf dieser Welt glauben nicht daran, dass sie in der Lage sind, etwas Großes zu vollbringen, und streben nur nach dem Mittelmaß. Folglich ist gerade bei den realistischen Zielen der Wettbewerb am schärfsten. Deshalb ist es paradoxerweise besonders zeit- und energieaufwändig, solche vermeintlich einfachen oder normalen Ziele zu erreichen. Es ist beispielsweise heute oft leichter, eine Finanzierung für fünf Millionen aufzubringen, als eine Finanzierung für eine halbe Million. In einer Bar ist es leichter, die seltene, perfekte 10-Punkte-Traumfrau anzusprechen, als eine der vielen 6-Punkte-Frauen,

In einer Bar ist es leichter, die seltene, perfekte 10-Punkte-Traumfrau anzusprechen, als eine der vielen 6-Punkte-Frauen, um die die meisten Männer herumscharwenzeln, weil sie sich mehr nicht zutrauen.

um die die meisten Männer herumscharwenzeln, weil sie sich mehr nicht zutrauen. Das gleiche gilt auch für den Rest der Welt, Ihre beruflichen Ambitionen zum Beispiel. Sie dürfen nicht den Fehler machen, die Konkurrenz zu über- und sich selbst zu unterschätzen. Es sind die gewöhnlichen Menschen, die außergewöhnliche Dinge machen – und damit vielleicht sogar außergewöhnlich werden.

Ich behaupte nicht, dass es einfach ist. Im Gegenteil. Ich halte trotzdem das Senken der Ansprüche angesichts des Widerstands des Lebens für einen Betrug. Einen der schlimmsten überhaupt. Einen Selbstbetrug aus niederen Beweggründen, ein Kapitalverbrechen am eigenen Leben. Denn wer seine Ansprüche aufgibt, der schränkt sein Sichtfeld ein, der senkt aus freien Stücken seinen Blick und sieht den Horizont der Chancen nicht mehr, sondern nur noch den Acker der Realitäten vor seinen Füßen, den er umzupflügen hat.

Mit dem Blickfeld schränkt er auch seinen Aktionsradius ein, er wird vieles in seinem Leben nicht mehr tun, was er sonst vielleicht getan hätte, hat es in dem Moment aus seinem Leben ausgeschlossen, als er den Kopf dieses kleine weitere Stückchen gesenkt hat. Ja, so ist das. Und ganz besonders schlimm ist es, weil die Areale des Lebens, die dadurch ausgeschlossen werden, unwiederbringlich verloren sind. Vom Werden zum Nichts verwandelt. Denn jeder Tag, den Sie nicht auf das Ziel zulaufen, ist vorbei und verloren, er kommt nie wieder. Während wir das Ziel aus den Augen verlieren, bummeln und trödeln wir durch die Gegend, sind ständig beschäftigt, aber schaffen nichts. Wir tun so, als ob wir noch ganz viel Zeit hätten. Aber das Leben ist endlich!

Das ist jetzt für viele eine grausame Nachricht: Das Leben ist endlich. Ich muss Sie an dieser Stelle mit Ihrem Tod konfrontieren, so leid es mir tut. In der wunderbaren Experimentierküche des Lebens ist unser Aufenthalt von begrenzter Dauer. Und anstatt die Zeit zu nutzen und ernsthaft zu experimentieren, spielen die meisten von uns nur so rum. Als ob die Zeit, die wir dort verbringen dürfen, aus dem Füllhorn der Amaltheia käme, das nie versiegt. Aber die Zeit ist knapp bemessen, und sie hört auf. Sie sterben! So viel ist sicher. Die Reise des Lebens schließt den Tod mit ein. Die Menschen sind sich dessen nicht bewusst. Manche leben ihr Leben als hätten sie ein zweites

Ich muss Sie an dieser Stelle mit Ihrem Tod konfrontieren, so leid es mir tut.

Manche leben ihr Leben als hätten sie ein zweites Leben in Reserve. Leben in Reserve. Sie verbannen den Tod aus ihrem Leben und tun so, als wäre es nicht schlimm, wenn sie einen weiteren Tag im Wartesaal vertrödelt haben.

Ich habe noch kein Kind gesehen, das einen Tag vertrödelt hätte! Da wird gespielt und gelernt auf Teufel komm raus. Und am Abend kommt das große Heulen, weil es ins Bett muss und die ganze Nacht verpasst! Ich kann diesen allabendlichen Abschiedsschmerz vom Leben, diese Traurigkeit, schlafen gehen zu müssen, die kleine Kinder noch haben, gut verstehen – wohl im Gegensatz zu vielen Eltern. Es ist schrecklich, wie viele Stunden wir bis zu unserem Tod verpennen! Auch ich könnte manchmal heulen, wenn ich nicht weiterspielen darf, nur weil der Körper seinen Schlaf will.

Third Life

Schlimmes zieht Schlimmes nach sich: Das bewusstlose Vertrödeln ist nur ein Aspekt. Weil uns der einzelne Tag nichts wert ist, verschieben wir außerdem ständig Wichtiges auf morgen. Aber morgen ist der einzige Tag, der niemals stattfindet. Das ist so wie in dieser Kneipe in Essen, wo eine Tafel über dem Tresen hängt, auf der steht: Morgen gibt's Freibier. Und wenn Sie am nächsten Tag durstig ankommen, hängt die Tafel noch immer über dem Tresen: Morgen gibt's Freibier.

Wie viele Abende leben Sie wirklich und wie viele Abende träumen Sie davon, zu leben? Der Aufschub ist der Dieb der Zeit. Da vertagen wir unser Leben tagtäglich auf morgen und merken es nicht einmal. Zwischenzeitlich gehen wir in Rente. Dann sind die Rosen längst verblüht, die Freunde, mit denen wir feiern wollten, sind schon tot, und nach **Dieses Leben ist keine Generalprobe.** Australien können wir nicht mehr reisen, weil wir zu gebrechlich sind. Wir tun so, als ob wir dann noch ein Knöpfchen hätten, auf das wir klicken könnten: *Next Level.* Oder: Neustart. Dieses Leben ist keine Generalprobe. Es ist die einzige Gelegenheit.

Bei der Bundeswehr nehmen viele Menschen ein Maßband, um zu messen, wie viel Tage sie noch haben, bis die Pflicht ein Ende hat. So könnten Sie ein Maßband des Lebens für ihre durchschnittliche Lebenserwartung nehmen und jeden Tag einen Tag abschneiden. Das würde Ihnen täglich bewusst machen, dass das Band täglich kürzer wird. Wenn Sie den abgeschnittenen Zentimeter zu Boden fallen sehen, denken Sie: ›Aus. Ende. Das Stück ist endgültig abgeschnitten, der Tag kommt nie mehr zurück.‹

Wir merken immer erst am Ende, dass wir am Anfang schon zu viel Zeit verloren haben. Aus der Projektplanung ist bekannt, dass wertvolle Zeit immer am Anfang verloren wird, weil man ja »noch so viel Zeit« hat bis zum Ende. Dabei ist jeder einzelne Tag, egal ob am Projektanfang oder am Projektende, gleichwertig und gleich wichtig. Genauso ist es im Leben, egal ob als Twen oder als Rentner. Wir sterben täglich. Der Todestag ist nur der letzte Tag unseres Lebens. Jeder einzelne Tag zuvor ist schon genauso vergangen und war ebenso wie der letzte vielleicht ein 25000stel Tod.

Der Todestag ist nur der letzte Tag unseres Lebens.

Außer dem Vertrödeln und dem Verschieben auf morgen werden wir auch immer besser im Verschieben des Lebens in eine virtuelle Realität. Überlegen Sie mal: Sie sagen und glauben, Sie seien gerade in Facebook, aber in Wahrheit sind Sie nicht in Facebook, das ist nur eine Illusion. In Wahrheit sitzen Sie auf einem Stuhl. Sie sitzen ziemlich still und bewegen sich kaum. Was sich bewegt sind ihre Hände und Finger und Ihre Augen. Sie starren auf einen Flachbildschirm, auf eine leuchtende Fläche, die ungefähr 50 Zentimeter vor Ihren Augen steht. Was Sie sehen, wenn Sie sehen, sind Buchstaben und Fotos von Menschen. Was Sie fühlen, wenn Sie fühlen, sind die Tasten unter Ihren Fingerkuppen und das Sitzpolster unter Ihrem Hintern. Was Sie hören, wenn Sie hören, ist das Klackern der Tastatur. Das ist alles. Sie sind da, am Schreibtisch. Nicht in Facebook. Facebook ist nicht da. Ihr Geist ist nicht da. Sie sehen und fühlen und hören meistens gar nichts. Sie sind außer sich. Manchmal stundenlang.

Überlegen Sie mal wie die Bilanz am Ende Ihres Lebens aussehen wird: Wie viele Stunden werden Sie insgesamt vor dem Fernseher verbracht haben? Wie viele Stunden im Internet bei Facebook und Co? Und Sie glauben, Sie haben auch in diesen vielen Stunden das Leben gelebt und gespürt. Dabei haben Sie unmittelbares Lebensgefühl durch Mittelbares ersetzt, durch Tastatur, Touchscreen und Fernbedienung. – Ja, ich bin auch in Facebook! Und ich freue mich, wenn Sie mich adden, Sie finden mich leicht, wenn Sie wollen, aber bitte: Lassen Sie uns auch noch was anderes machen!

Diese zweite Realität kann unsere Sehnsucht in der ersten nicht ersetzen. Sie ist eine flüchtige Ersatzbefriedigung wie eine Zigarette, wie ein Rausch, wie Fernsehen. Bei Facebook, Twitter, Foursquare und Xing sind Sie zwar durchaus noch ein Stück Sie selbst, also grob die Person, die Sie sind. Eben das, was Sie von sich zeigen wollen, das Foto, auf dem Sie attraktiv aussehen, die Angaben über Ihre Person, die Sie auswählen, die Sätze, die Sie schreiben, um damit etwas Bestimmtes zu bewirken. Aber das ist nur ein gradueller Unterschied zu den Avataren in den Online-Rollenspielen wie »World of Warcraft«. Ein Avatar ist ein künstlicher Stellvertreter in der virtuellen Realität, der mit beliebigen Eigenschaften ausgestattet werden kann. Da kann der picklige, schmächtige Junge mit 3,4 Dioptrien ein muskelbepackter Drachentöter sein, und das verhuschte Mädchen eine schlachtenumtoste Jeanne d'Arc. »World of Warcraft« ist das kommerziell wohl erfolgreichste Spiel aller Zeiten und eines der lukrativsten Unterhaltungsmedien überhaupt. Die kalifornische Computerspieleschmiede Blizzard erlöst alleine mit diesem Rollenspiel derzeit 1 Milliarde US-Dollar pro Jahr von seinen über zwölf Millionen Abonnenten.

Sie müssen aber nicht unbedingt in der Fantasy-Welt Azeroth als Alchemist mit Ihrer Gilde am Strand der Uralten mit einer Belagerungsmaschine Verteidigungsanlagen durchbrechen und in eine Schatzkammer einbrechen, um ein Zweitleben zu führen. Sie können das auch schon am Samstag zur Sportschauzeit machen. Wenn Fußball meine Leidenschaft wäre, dann könnte ich es nicht ertragen, zu Hause am Fernseher zu sitzen. Ich müsste unbedingt ins Stadion. Denn Fußball im Fernsehen ist Economy Class.

Und mit mir es ist noch extremer als Sie jetzt gerade denken, denn es würde mir nicht genügen, auf der Tribüne zu sitzen. Fußball im Stadion anschauen ist Business Class. Nein, wenn Fußball meine Leidenschaft wäre, müsste ich unten auf dem Rasen mit dabei sein, in jungen Jahren als Spieler, später als Trainer am Spielfeldrand. Das und nur das wäre First Class. Und wie ich mich kenne, wären meine Ansprüche so, dass ich mit einem Stammplatz in einer Zweitligamannschaft nicht zufrieden wäre, es müssten schon Champions League und Weltmeisterschaft sein. Alles andere empfände ich wie eine Niederlage. Ich ertrage es nicht, ein Leben zweiter oder dritter Klasse zu führen, ein Abklatsch eines tollen Lebens. Das ist meine Tragik, denn Sie können sich vorstellen, dass ich diesem Anspruch leider nur zu selten genüge. Die Ansprüche jedoch zu senken, das kommt nicht infrage! Übrigens habe ich von Fußball keine Ahnung.

Dekorateure

Im Wartesaal des Lebens gibt es nach Vertrödeln, Verschieben und Verdaddeln noch eine weitere, ganz abscheuliche Unart, sein Leben zu vergeuden. Zur Unart wird dieses Verhalten deshalb, weil so Mitmenschen benutzt und verbraucht werden. Die Ironie dabei ist, dass auch die Täter selbst benutzt und verbraucht werden können. Wovon ich rede? Von den Menschen, die ihre Familie, ihre Freunde, ihre Fans als Statisten zur Selbstinszenierung benutzen und selbst Zuschauer im eigenen Theater der Selbstinszenierung geworden sind.

...Zuschauer im eigenen Theater der Selbstinszenierung geworden sind.

Dieser Egotrip kommt in den buntesten Verkleidungen daher. Ich kannte beispielsweise eine Frau, die kam mir vor wie aus einem Werbespot – zack, mein erfolgreicher Mann, zack, mein freistehendes Haus, außen 1 000 Quadratmeter, innen Putzfrau, zack, mein Zweitwagen für den Sommer, zack, meine Vorzeigekinder in Markenklamotten, zack, mein Boot, damit sich, zack, der Meeresspiegel vor Sardinien in meiner, zack, Gucci-Sonnenbrille spiegeln kann.

Auf den ersten Blick hätten Sie vielleicht gedacht, holla, die Frau ist doch auf einem guten Weg, die hat's zu etwas gebracht. Ihr selbstsicheres Auftreten täuscht aber über die Winzigkeit ihres Selbstwertgefühls hinweg. Zunächst sehen Sie noch nicht, dass der schöne Teint nicht Gesundheit, sondern Selbstbräunungscreme signalisiert. Sie bemerken noch nicht, dass ihre Gedanken den Tiefgang eines Wasserflohs haben. Aber irgendwann erkennen Sie plötzlich, dass die Kinder und der Ehemann nur Marionetten für die Puppenkiste dieser Frau sind, Teil einer Inszenierung von Glück. Und plötzlich klappert die ganze glamouröse Fassade wie Leichtmetall.

Die Opfer dieses Schauspiels sind die Statisten. Denn die Kinder und der Ehemann und die Freunde bemerken nicht, dass sie Staffage eines starken Egos mit geringem Selbstwert sind, und verstehen nicht, worunter sie eigentlich leiden und warum der Friede, die Freude und der Eierkuchen so schal schmecken.

Dann gehen diese Freunde zusammen ins In-Lokal, in den Schickimickitreff, der nur toll ist, weil man selbst drin ist. Es gibt keine besseren Speisen und Getränke als nebenan, die Einrichtung ist nicht einmal besonders gediegen, die Atmosphäre stammt aus den gleichen Konserven wie überall, alles ist steif und schick und teuer, es ist in Wahrheit, ganz entgegen den Beteuerungen der Gäste, kein toller Abend. Alle sind nur dort gewesen, um erzählen zu können, dass sie dort gewesen sind. Und die Kasse klingelt. Denn nichts ist einfacher, als Schickimicki-Publikum auszunehmen, wenn man es schafft, Illusionen zu stärken und auf den Preis aufzuschlagen.

Wenn die eine von diesen Freunden dann alleine unterwegs zum Einkaufen ist, geht sie in die Würstchenbude neben dem Einkaufszentrum und genießt eine wunderbare Currywurst mit Pommes und Ketchup auf speckigen Plastiktischen, freut sich darüber wie ein kleines Kind und schmeckt endlich mal wieder ihr Lieblingsessen. Nur erzählt sie niemandem im Freundeskreis von ihrer Leidenschaft! Das wäre nicht schick. Das wäre ein Stilbruch in der Deko des Lebens.

All diesen Ansprüchesenkern, den Vertrödlern, Verschiebern, Verdaddlern und Verleugnern im Wartesaal des Lebens ist gemein, dass ihr Selbstwertgefühl kleiner und kleiner wird, sie reduzieren sich zur Marionette der Erwartungshaltung der Menschheit. Sie leben immer weniger von innen nach außen, sondern lassen sich bestimmen von der Welt um sie herum, von den Widerständen, den Ablenkungen, den Ersatzbefriedigungen und der Angst, was andere von ihnen denken könnten. Die meisten von ihnen sind Statisten im eigenen Leben, weil sie die Regie an das Umfeld und deren Erwartungen oder jemand anders abgegeben haben. Und dann gehen wir ins Kino und schauen uns das wahre Leben an, die Helden, die es schaffen, die stark sind und das Wunderbare machen.

Die meisten von ihnen sind Statisten im eigenen Leben, weil sie die Regie abgegeben haben.

So gehen wir auch ins Kino rein, durch die hell erleuchtete, glamouröse Eingangshalle, die breite Treppe hinauf – durch den glanzlosen, schmalen, dunklen Hinterausgang gelangen wir hinterher dann wieder hinaus auf die Straße, hinaus zu unserer Nebenrolle in unserem Leben. Gehen Sie ruhig ins Kino und träumen Sie! Träumen Sie Ihr Leben. Aber leben Sie dann auch Ihren Traum!

Nein, das Senken der Ansprüche ist nicht der richtige Weg. Er führt in die Fremdbestimmung, wir werden zu Zaungästen unseres Lebens. Nein, wenn es schwer wird im Leben, dürfen wir unsere Ansprüche nicht senken. Besser ist es, regelmäßig an den eigenen Ansprüchen zu scheitern. So mache ich es. Ich scheitere oft.

Besser ist es, regelmäßig an den eigenen Ansprüchen zu scheitern.

Umständehalber

Ich weiß, viele glauben, der Scherer ist verrückt. Das stimmt ja auch, aber aus der Perspektive des Verrückten sind interessanterweise ganz viele andere Menschen verrückt. Ein Zweit- oder Drittleben zu führen, ist aus meiner Sicht verrückt. All die Fernseher, Popstars, Statussymbole und In-Lokale sind vermutlich eine Versuchung Gottes, um uns zu beweisen, dass wir unser Leben verschwenden. Ich frage mich, warum wir Menschen so leben. Angst ist der Grund, glaube ich. Die Angst lähmt uns und friert das First Life ein. Zu viele Menschen scheinen vor dem Leben mehr Angst zu haben als vor dem Tod.

Angst? Wovor bloß?

Zu Tode gefürchtet ist auch gestorben. Zu Tode gefürchtet ist auch gestorben. Vielleicht ist uns ja ein gewisses Quantum Angst angeboren, und wenn wir keine Angst mehr vor Gewittern, Höhlenbären und kriegerischen Nachbarsippen haben müssen, dann entwickeln wir moderne Ängste. Zum Beispiel die absurde Existenzangst angesichts der Tatsache, dass in unserer Gesellschaft niemand verhungert, jeder Geld und ein Dach über den Kopf bekommt, auch wenn er sich nicht mehr selbst darum kümmern will oder kann. Angst vor Armut ergibt in Westeuropa nur noch bedingt Sinn. Oder die Angst, in Misskredit zu fallen, der Gruppenzwang, der Druck, es so zu machen, wie »man« es eben so macht. Und das in einem Umfeld, in dem Individualismus groß geschrieben wird und die Menschen bejubelt werden, die am meisten aus der Rolle fallen, sich zum Beispiel

Wir lieben Stars nicht weil sie positive Vorbilder sind, sondern weil sie das nicht sind. auf der Bühne in den Schritt fassen, während sie sich Rinderblut über den halbnackten Körper schütten. Wir lieben Stars nicht weil sie positive Vorbilder sind, sondern weil sie das nicht sind. Stars leben alles aus, was das Belohnungssystem hergibt. Heute kann jeder machen, was er will, solange er niemandem schadet; der Entfaltung sind im Prinzip keine Grenzen gesetzt. Und doch haben Menschen Furcht vor den Gedanken der anderen, und deshalb wird ein Buch mit dem Titel *Ich weiß, was du denkst* zum Bestseller.

Könnte es sein, dass hinter diesen merkwürdigen, konformistischen Ängsten die alttestamentarische Angst vor Gott verborgen ist? Die Angst, für unseren Übermut bestraft zu werden? Die Hybris? Daraus wird dann allgemeine Lebensangst im Land der Überversicherten, im Land der Weltmeister im Sparen. Und daraus wird dann auch eine Finanzkrise. Eigentlich waren wir ja dankbar für die Krise.

Denn sie hat es uns erlaubt, ein nicht ganz so schönes Leben zu leben, zumindest nach außen. Das hat unser Gewissen enorm erleichtert. Die Krise hat uns gestattet, nicht zu tun, was wir hätten tun
müssen, um wirtschaftlich erfolgreich zu sein. Es war eine der
schönsten Ausreden, um unseren Misserfolg zu rechtfertigen und so
weiterzuleben wie zuvor. Wir können dann sagen: Die Umstände!
Alle Verkäufer, die nicht verkaufen können, haben dann eine wunderbare Begründung. Es gibt ja nur fünf Ausreden für Misserfolg:
Frühjahr, Sommer, Herbst, Winter und eine Krise. So eine Krise ist
ein Segen für die Menschen! Und wenn wir gerade keine haben,
dann machen wir uns eine.

In der Krise sind wir dann auch sicher, dass wir nicht für unseren
Übermut bestraft werden. Dann trifft uns nicht der Blitz. Aber oh,
oh, vielleicht trifft er uns ja
doch noch. Schaut in die Zeitungen: Krebs, Armut, Ter-
rorismus, Klimakatastrophe,
Arbeitslosigkeit – Demut ist

**Dabei glaube ich eher,
dass das Leben uns bestraft, weil
wir aus ihm nichts machen!**

gefordert! Dabei glaube ich eher, dass das Leben uns bestraft, weil
wir aus ihm nichts machen!

Jetzt sind wir schon auf dieser Erde und haben keinen anderen
Auftrag als unser Leben zu genießen. Es ist völlig egal, was wir machen, es ist irrelevant, ob wir den Teller brav aufgegessen haben.
Nichts, was wir tun, ist letzten Endes wichtig. Das letzte Hemd hat
keine Taschen. Das einzige, was mir Rechenschaft vor mir selbst
abnötigt: Habe ich alle Stunden meines kurzen Lebens voller Leidenschaft und Ernsthaftigkeit wirklich mein First Life gelebt? Habe
ich mich weiterentwickelt? Habe ich was gelernt? Bin ich nicht nur
körperlich, sondern auch seelisch und geistig gewachsen? Habe ich
jeden Tag gelebt, als ob es der letzte wäre? Sonst war es sinnlos.

Damit wir uns richtig verstehen: Ich versuche das tatsächlich tagtäglich. Und bleibe weit, sehr weit hinter diesem Anspruch zurück.
Ich lebe sicherlich ein Leben, das viele toll finden. Wenn ich an
meinen Rotary Club denke – manche Leute dort sagen: »Der Scherer,
Mann, das ist eine Wildsau, der verrückteste Hund von allen!« Dabei
tue ich aus meiner Warte genau das nicht, was alle von mir denken.

Mein Ideal ist, dass man sich in jeder Sekunde nichts Besseres vorstellen kann, als diesen einen Moment. Leider kann ich mir aber ständig und immer etwas Besseres vorstellen. Ja, natürlich habe ich diese seltenen Glücksmomente. Wenn ich in New York, der schönsten Stadt der Welt, lande und mir dabei das Wasser in die Augen schießt vor Freude. Oder wenn ich total verliebt bin. Aber das sind nur Momente. Diese Momente des Glücks erlebe ich wie ein Berserker. Nur weiß ich, dass es diese Momente nur deshalb gibt, weil fast alle anderen Momente nicht glücklich sind. Warum kann man einen schwarzen Strich sehen? Weil die Tafel weiß ist. Sie sehen diesen Strich, weil er einen Kontrast zum Blatt hat. Wäre der Strich schwarz und das Blatt auch, würden Sie einen Strich nicht sehen. Manche Momente sind sogar sehr, sehr unglücklich. Auch diese Momente erlebe ich wie ein Berserker. Ich heule dann so laut, dass ich denke, gleich kommen die Nachbarn rüber.

Ich weiß nicht, auf welchem Gebiet der Landkarte Ihres Lebens Sie diese emotionale Intensität haben. Jeder kann so eine Gegend haben, wo das möglich ist. Bei mir ist es das Reisen. Verrückte Reisen. Einmal, als ich noch 5 Millionen Euro Schulden hatte, hatte ich die schwarze Centurionkarte von American Express, das ist die absolute Elite der Kreditkarten, man bekommt sie nur auf Einladung oder Empfehlung und muss exorbitante finanzielle Voraussetzungen erfüllen. Umso weniger war mir klar, warum der Wert und Status meiner Kreditkarten mit der Höhe der Schulden korrelierten. Aber egal, für mich war das – nach dem Abbau meiner Schulden – die ultimative Spaßhabekarte, denn der Concierge-Service, der mit ihr verbunden ist, ist grandios: Ich rief einfach bei Amex an und sagte der freundlichen Dame, ich hätte gerne die geilste Woche meines Lebens in New York. Solche Sachen mache ich. Leider viel zu selten.

Ein Eis hat man sich immer verdient. Ein Eis hat man sich immer verdient.

Ich weiß ja, dass das falsch verstanden wird. Die Menschen werden das immer falsch verstehen. Sie vielleicht nicht, denn sonst hätten Sie das Buch vielleicht schon längst weggeworfen und würden das hier gar nicht mehr lesen.

Die Leute sagen immer, der Scherer, der kann das ja, der hat gut reden, der hat Geld! Blablabla! Das macht mich wütend! Es ist nicht der Fall, dass ich das mache, weil ich Geld habe. Das ist schlicht falsch. Richtig ist es umgekehrt: Ich habe das Geld, um so etwas zu machen!

Die wahre Scherer-Story geht so: Meine Eltern waren Flüchtlinge und als ich ins Teenie-Alter gekommen bin, ist meine Schwester nach einem langen Leidensweg verstorben. Da sich meine Eltern jahrelang um sie kümmerten, war ich praktisch ab dem 12. Lebensjahr auf mich allein gestellt. Mit 14 bin ich dann ausgezogen und war recht orientierungslos. Damals habe ich nicht einmal einen ordentlichen Schulabschluss geschafft. Ich war auf dem Gymnasium mit einem IQ von 137 und habe so lange rebelliert, bis ich rausgeflogen bin. In der Realschule war meine Motivation so groß, dass ich gleich durchgefallen bin. Den Schulabschluss habe ich mit einem Schnitt von 4,8 herausgewürgt. Das sind die Umstände! Meinen Abschluss und das Studium habe ich später auf tausend Umwegen bis zu akademischen Graden nachgeholt.

Im Gemüseladen meines Vaters habe ich den Müll weggefahren und Tomaten gewogen. Mein erster Job außerhalb des Ladens war mit 14 in der Disco, im Lindenkeller in Freising, bis 22:00 Uhr Gläser einsammeln. Als Gläserwäscher war ich noch zu wenig qualifiziert. Von meinen Eltern habe ich kein Vermögen geerbt, sondern Schulden und ein defizitäres Unternehmen. Nicht ein paar hunderttausend Euro Schulden, ein paar Millionen Schulden!

Wenn ich höre: Ach, Herr Scherer, Sie können das doch nicht so sagen, ist nicht jeder von uns auch von den Umständen abhängig? Dann treibt mich das bis zur Weißglut. Waren es also die Umstände, die mir mein Leben so gestaltet haben, wie es heute ist?

Nein, es sind nicht die Umstände. Es sind bei niemandem die Umstände, die einen dazu nötigen, sein Erstleben auszukosten. Wir haben uns so sehr an unsere eigenen Geschichten gewöhnt, dass wir sie am Ende selbst glauben. Es sind nie die Umstände. Warum kommen die einen pünktlich an und die anderen nicht? In einem Hotel beobachtete ich eine Szene, in der sich der Zuspätkommende mit den Worten »Ich hatte einen Stau« entschuldigte, worauf der Wartende antwortete: »Ich auch.«

Die, die pünktlich ankommen, haben einfach alles getan, um es zu tun, und dafür gesorgt, dass die Uhr stimmt, dass sie das Haus rechtzeitig verlassen, haben einen Stau und sonstige Unwägbarkeiten einkalkuliert. Wenn man pünktlich ist, dann sagen die Leute: Ich war pünktlich. Sie sagen dann nicht, meine Armbanduhr hat funktioniert, das Auto ist angesprungen, viele Autofahrer sind zu Hause geblieben, damit ich in keinen Stau komme. Diejenigen, die in der Welt vorankommen, gehen hin und suchen sich die Umstände, die sie brauchen. Und wenn sie sie nicht finden, dann machen sie sie sich selbst. Das ist im Großen wie im Kleinen so: Es hat trotzdem funktioniert. Es ist immer ein Trotzdem, das die Menschen weitergebracht hat.

Es ist immer ein Trotzdem, das die Menschen weitergebracht hat.

First Class

Also, jetzt verrate ich Ihnen, wie ich es in die First Class geschafft habe, zum Preis der Economy: mit Meilen. Wenn das Leben keine Generalprobe ist, und ich es mir in den Kopf gesetzt habe, First Class zu fliegen, einfach, weil sie da ist, dann ergibt es keinen Sinn, abzuwarten und Tee zu trinken, dann ergibt es keinen Sinn, eines Tages 10 000 Euro übrig zu haben und für einen Flug durch den Schornstein zu jagen. Es muss noch einen anderen Weg geben, ich muss ihn nur entdecken. Das Trotzdem treibt mich an. Es muss eine Chance geben, ich muss sie nur sehen. Ich brauche eben einen Chancenblick.

Und was ich gesehen habe, hätte jeder sehen können: Frankfurt – New York, Economy, kostet ungefähr 600 Euro. In Prämienmeilen: 60 000 Meilen. Fliegen Sie Business Class, dann bezahlen Sie für den Flug ungefähr 5 000 Euro. Fast zehn Mal so viel wie für die Holzklasse. Oder Sie bezahlen in Meilen: 105 000 Meilen kostet die Business Class. Also nur eindreiviertel Mal so viel wie Economy. Das ist doch interessant. Es gibt also zwei Währungen. In der einen Währung kostet Produkt A zehnmal so viel wie das Produkt B. In der anderen Währung ist der Faktor nur 1,75. Da stellt sich mir sofort die Frage: Wie kann ich günstig die Währung umtauschen? Aber es geht noch weiter: Die First Class nach New York kostet knapp 12 000 Euro. Faktor 20 gegenüber der Economy. Und in Meilen? Sie kostet 170 000 Meilen. Faktor 2,83 gegenüber der Economy. Das heißt, ich bezahle für die First Class nach New York nur knapp drei Mal so viel wie für die Economy, wenn ich nicht mit Euro, sondern mit Meilen bezahle.

Ein Flugticket in Euro zu bezahlen, ist also für manche Flugklassen völlig unvernünftig. Das einzige, was ich brauche, ist eine Meilenquelle, wo ich zu einem vernünftigen Kurs Euros in Meilen tauschen kann. Zum Beispiel zum Kurs 1 : 20 – 1 Euro für 200 Meilen. Dann würden mich 120 000 Meilen 600 Euro kosten, oder anders gesagt: Ich würde First Class zum Preis für Economy Class fliegen.

Nun, ich gebe es zu, ich habe nicht lange genug gesucht und habe diesen Kurs nicht ganz geschafft. Aber ich habe eine Tauschbörse mit einem Kurs von 1 : 143 gefunden, was doch schon ganz passabel ist. Das geht so: Sie kaufen zwölfmal ein Mini-Abo der *Welt* oder einer anderen Zeitung oder Zeitschrift mit einem guten Meilen-Bonusprogramm. Das Abo läuft minimal drei Monate, Sie müssen es natürlich rechtzeitig wieder abbestellen. Diese drei Monate Zeitungsabo verschenken Sie an Freunde oder Familie oder an Kunden. Vielleicht können Sie das sogar so machen, dass Sie es ganz legal von der Steuer absetzen können und das Geschenk sogar einen Beitrag zur Kundenbindung leistet. Jedenfalls bezahlen Sie zwölfmal 99 Euro, macht 1 189 Euro. Für jedes Abo bekommen Sie 15 000 Meilen gut geschrieben. Macht 180 000 Meilen beziehungsweise einen Flug nach New York in der First Class und wieder zurück, zuzüglich Steuern und Flughafengebühren, und Sie haben noch 10 000 Meilen für den nächsten Flug übrig. Und bis vor kurzem war es noch günstiger, da brauchte man nur 120 000 Meilen. Das konnte ich gut nutzen.

Wenn Sie mich jetzt einigermaßen kennen, dann wissen Sie, dass ich Ihnen das nicht erzähle, weil ich vor Ihnen angeben möchte. Das wäre lächerlich. Es geht auch nicht darum, Geld zu sparen und Schnäppchen zu machen. Alles, was ich mit diesem Beispiel will: Ihnen zeigen, dass Sie die Welt durch eine besondere Brille anschauen können, die Ihnen die Chancen zeigt. Sie müssen immer nur eins und eins zusammenzählen. Es gibt tausende solcher Gelegenheiten. Es gibt sicher auch eine Meilentauschbörse mit einem besseren Kurs. Wenn Sie sie finden, verraten Sie sie mir, so wie ich Ihnen meine verraten habe?

Die nächste Stufe

Sollten Sie jetzt denken: ›Naja, da hat der Scherer eben mal eine gute Idee gehabt!‹, dann haben Sie noch nicht verstanden, was ich mit dem Chancenblick meine. Es geht nämlich immer noch weiter. Ich habe mich schon nach kurzer Zeit gefragt: Warum fliege ich eigentlich noch immer in der First Class, während andere mit dem Privatjet um die Welt düsen? Was für ein Loser bin ich eigentlich? Wie komme ich zum Jet?

Nun, ich arbeite noch daran. Innereuropäisch allerdings hat das schon geklappt. Letzten Mai war ich zum Kaffeetrinken in Mailand mit dem Jet. Und es hätte im Prinzip nichts gekostet, wenn ich nicht freiwillig etwas beigesteuert hätte. Leider ist diese Chance jetzt vorbei, und da Reisen meine Leidenschaft ist, muss ich weiter darüber nachdenken.

Gut, ich verrate Ihnen auch das, sonst glauben Sie mir nicht. Lufthansa Private Jet hatte fünfjähriges Jubiläum und darum ein Promotion-Programm aufgelegt: 12 000 Euro kostet der Privatjet nach Mailand, morgens hin, abends zurück. Dafür bekommen Sie 105 000 Meilen gut geschrieben – pro Person. Und sechs Personen können mitfliegen, also fünf außer Ihnen selbst. Wir haben ja gerade eben schon gerechnet: 120 000 Meilen waren vor der Erhöhung circa 10 000 Euro wert, wenn Sie eine Langstrecke in der First Class buchen. Also sind 105 000 Meilen ungefähr 8 750 Euro wert. Das ist doch ein Verkaufsargument! Sie sagen Freunden und Bekannten: Ich gebe euch die Möglichkeit, für 2 400 Euro Meilen im Wert von 8 750 Euro zu kommen. Damit bekommt Ihr fast eine Reise nach New York und außerdem dürft ihr mit mir in Mailand einen Kaffee trinken.

So ein Angebot ist für überraschend viele Menschen sehr attraktiv und ein guter Deal. Das war meine Erfahrung, ich habe gleich zwei Flüge voll gemacht, einmal nach Mailand und einmal nach Pisa, denn den schiefen Turm hatte ich noch nie gesehen. Ich wollte nicht auf Kosten der anderen reisen, das hätte mir die Stimmung verhagelt. Also habe ich den Preis für alle gesenkt auf 2000 Euro und habe meine eigenen 2000 Euro auch bezahlt.

Man findet immer einen Weg, wenn man will. Allerdings: Das Angebot der Lufthansa gilt nicht mehr, das Jubiläum ist vorbei. Aber es gibt immer wieder neue Gelegenheiten in dieser bunten Welt. Mein neuer Plan: mit einem Private Jet in zehn Tagen um die Welt, New York, Rio, Tokio und so weiter, zehnmal Party nachts, tagsüber schlafen im Jet, dann vollkommen erschöpft, verarmt und glücklich wieder zurück. Die größte Sause meines bisherigen Lebens. Die nächste Steigerung.

Ich weiß, das finden die meisten durchgeknallt. Aber ich habe ja auch nicht behauptet, dass ich normal bin. Ich weiß sogar sehr gut, dass ich zu radikal bin. Ich müsste hier eigentlich eine Bauchbinde einblenden, auf der der Text durchläuft: *Don't try this at home!* – denn es ist leider so: Da sitze ich dann tatsächlich da unten in Mailand im Restaurant und weiß gar nicht,

Ich müsste hier eigentlich eine Bauchbinde einblenden, auf der der Text durchläuft: Don't try this at home!

ob ich mich freuen soll. Nur so den Dom anschauen… fast ein bisserl zu langweilig. Ich tue mich dann schon schwer mit dem Genießen. Um mich herum wohlhabende Leute beim Schmausen im besten Restaurant der Stadt und mir geht im Kopf herum: Na, wenn du jetzt dein iPad da hättest, wäre es nicht blöd. Dann könntest du die Zeit hier irgendwie nutzen… Ich weiß nämlich nicht, was ich da machen soll. Dann dauert es in diesen teuren Restaurants immer so lange bis das Essen kommt. Und danach ist der Magen so unangenehm voll. Und dann bemerke ich, was ich da gerade denke und sage, holla die Waldfee! Grenzgängig!

Ich denke manchmal, ich bin schon ein besonderer Idiot, wenn ich mir beim Reden zuhöre oder lese, was ich geschrieben habe.

Aber es ist nun mal mein Lebenshunger. Ich bin Selbsttherapeut. Ich weiß, dass auch ich mich selbst belüge, so wie alle anderen auch sich selbst betrügen. Beispielsweise schreibe ich Bücher und erkläre anderen, was und wie sie es tun sollen. Während ich eben gerade nicht in Rio oder Tokio bin, sondern hier in Zürich herumsitze. Ich bin vielleicht öfter in New York als die meisten, aber für meine eigenen Ansprüche mache ich, was das Reisen angeht, immer noch zu wenig aus meinem Leben. Und das Reisen ist ja nur ein Teil davon.

Tote Pferde

Verurteilen Sie mich nicht. Jeder hat sein First Life. Ich habe meines, mit dem ich mich herumplage, Sie haben Ihres. Das ist bei jedem was anderes. Bei manchen finanzieller Erfolg. Bei anderen Macht. Sex. Anerkennung. Ein Werk. Was auch immer. Aber jeder hat etwas, bei dem er dieses Gänsehautgefühl bekommt, bei dem er spürt, dass er wahrhaftig lebt. Und darum geht es. Es geht nicht darum, dem Leben mehr Tage zu geben, sondern darum, den Tagen mehr Leben zu geben. Das Leben wird eben nicht daran gemessen, wie viele Atemzüge wir tätigen, sondern an den Momenten, die uns den Atem rauben.

Es geht nicht darum, dem Leben mehr Tage zu geben, sondern darum, den Tagen mehr Leben zu geben.

Wenn das das Einzige ist, was zählt, wie viel können Sie dann wagen und riskieren? Die verbrauchte Stunde ist weg. Woher wissen Sie, dass Sie in die richtige Richtung rennen? So viel steht fest: In der letzten Stunde, sofern wir sie bewusst erleben dürfen, werden wir uns nicht über die Dinge ärgern, die uns misslungen sind, sondern über die, die wir nicht gewagt haben. Es gibt in meiner Vorstellung nichts Bedauerlicheres als dieses Ach-hätt-ichs-doch-getan-Gefühl im Rückblick auf das Leben. Und ich bin sicher, dass mich genau dieses Schicksal ereilen wird, weil ich es versäumt habe, rechtzeitig die Augen für die Chancen zu öffnen.

Also: *No risk, no fun, no life.* Das Problem: Wir wollen Risk null und Fun hundert. Dabei brauchen wir beides: maximales Risiko und maximale Freude. Wir müssen alles auf eine Karte und unser Leben aufs Spiel setzen. Wenn uns völlig klar wäre, was wir wollen, würden wir das tun. Aber wir sind permanent verwirrt: Zum Ziel führt nämlich niemals die gerade Strecke. Es liegen Steine im Weg. Sie wollen uns prüfen: Willst du das wirklich? Wenn ja, dann räum mich weg! Und am Wegesrand locken die Sonderangebote des Lebens. Sie rufen: Nimm lieber mich!

Da ist dann ein Mensch, der etwas werden will: Unternehmer zum Beispiel. Nun, das wird schwierig. Es gibt niemanden, der einem den Weg zeigt, es gibt in Deutschland auch keine Ausbildung zum Unternehmer. Er versucht es also zuerst mit dem Verkaufen von Versicherungen. Schließlich braucht er irgendwo Know-how und außerdem Kunden und ein Grundkapital, um sich selbstständig zu machen. Er zieht los. Nur: Da liegen Steine im Weg herum. Es ist schwer. Andere verkaufen besser. Er kommt nicht voran. Zweifel kommen auf. Nun, wer hat auch gesagt, dass es der richtige Weg ist? Vielleicht steht die Leiter am falschen Baum. Sagt er sich. Er hört vom **Vielleicht steht die Leiter am falschen Baum.** Angebot eines Finanzdienstleisters, das klingt gut. Er kündigt und heuert dort an. Auch da liegen wieder Steine rum. Die nächste Station: Tupperware. Dann Herbalife. Alles wunderbare Unternehmen, aber er rennt von einem Sonderangebot zum nächsten, denn überall gibt es Steine, die es aus dem Weg zu räumen gilt. Gerade aus Steinen, die einem in den Weg gelegt werden, kann man Schönes bauen. Die Angebote sind wirklich billig, aber sie bringen ihn nicht weiter. Das ist so, als würden Sie für ein Sonderangebot im Supermarkt, in dem Sie für 5 Cent billiger einkaufen können, einen Umweg von 20 Kilometern fahren. Sonderangebote sind dazu da, um Leute vom Weg abzubringen und sie zu verführen, mehr zu geben, als zu nehmen. Ich weiß das, ich komme ja schließlich aus dem Einzelhandel.

Es gibt diese berühmte Weisheit von den Dakota-Indianern: Wenn du entdeckst, dass du ein totes Pferd reitest, steige ab!

Diese Geschichte wird derzeit viel vorgetragen und ist in aller Munde – aber sie wird immer falsch verstanden. Sie wird als Ausrede verwendet, um auf ein Sonderangebot des Lebens hereinfallen zu dürfen. Anstatt den Weg, auf dem man ist, zu Ende zu gehen.

Ja, Unternehmer zu werden, ist schwierig. Irgendwann ist das Pferd, auf dem Sie reiten, tot. Aber was genau ist schwierig? Was ist das tote Pferd? Der Weg insgesamt? Oder nur die Wegbiegung? Und woher weiß man eigentlich so genau, ob das Pferd tot ist?

Bei Fort Defiance am Window Rock bemerke ich, dass mein Pferd tot ist. Und dann?

Ich stelle mir vor, ich bin ein Cowboy im Wilden Westen und reite nach Santa Fe. Bei Fort Defiance am Window Rock bemerke ich, dass mein Pferd tot ist. Und dann? Ja, dann will ich doch immer noch nach Santa Fe! Nur weil mein Pferd tot ist, ändere ich doch nicht mein Ziel! Ich tausche das Pferd aus, nicht mein Ziel! Ich senke nicht meine Ansprüche, ich ändere die Strategie.

TRUG-SCHLUSS

Warum die Sonderangebote des Lebens zu billig sind

Aus meiner Zeit als Lebensmitteleinzelhändler weiß ich, dass es immer eine lange Reihe von Menschen gibt, die bereit ist, einen Umweg von 20 Kilometern zu fahren, um zwei Salatgurken in dem Supermarkt zu kaufen, in dem sie 2 Cent billiger sind als im anderen. Dass 20 Kilometer mit dem Auto mindestens einen Liter Super zu 1,50 Euro verbrennen, ist kein Geheimwissen und auf Nachfrage jedem Gurkenkäufer sofort klar. Trotzdem ist die Anziehungskraft von Sonderangeboten auf weite Teile der potenziellen Kundschaft ganz offensichtlich groß genug, dass sie sich für die Anbieter lohnen – ergo: Für die Käufer eben nicht lohnen.

Im Schererschen Laden, der in Freising ziemlich weit draußen lag, haben wir beispielsweise immer mal wieder eine ganz bestimmte lilafarbene Schokoladensorte reduziert angeboten und dabei bewusst in Kauf genommen, 1 000 Mark draufzulegen. Ein guter Deal! Denn an diesen Tagen ist in Freising dann prompt der Verkehr zusammengebrochen, weil jeder meinte, zum Scherer rausfahren zu müssen, um die billige Schokolade zu kaufen. Das hat uns dann ein paar hundert Kunden mehr gebracht, von denen keiner ausschließlich mit Schokolade heimgefahren ist.

Und abgesehen von den Zusatzkäufen: Keiner von ihnen hat genug Schokolade zum reduzierten Preis gekauft, um mit der Ersparnis gegenüber dem regulären Preis die Opportunitätskosten aufzuwiegen, die bei dieser Einkaufstour entstanden sind. Opportunitätskosten, das sind hier die zusätzlichen Minuten in Euro umgerechnet plus die zusätzlichen Benzinkosten plus die Zinskosten für das im Schokoladenvorrat gebundene Kapital, also in Summe die versteckten Kosten, die so nebenbei entstehen.

Das müssen Sie sich mal klarmachen: Wir sind offenbar so gepolt, dass wir sehr leicht dafür zu haben sind, 50 Cent zum Preis für 1 Euro zu kaufen, wenn die Umstände des schlechten Geschäfts nur ein wenig verlockend gestaltet und die Kosten ein wenig versteckt sind.

Im Kleinen fällt es uns noch leicht, solche Fallen zu erkennen. Wir ertappen uns dabei, uns im Zeichen der Sparsamkeit unwirtschaftlich zu verhalten, und lächeln über uns selbst. In komplexen Situationen erkennen wir solche Scheingelegenheiten kaum noch, vor allem, wenn es nicht um Gurken zu 50 Cent oder Schokolade zu 60 Cent geht, sondern um den neuen Job, den neuen Partner, die neue Lebenschance. Da wird es dann ernst, kein Grund mehr, über uns zu lächeln, aber auch da fallen wir auf die Sonderangebote des Lebens herein und verlassen unseren Pfad, um einem neuen zu folgen, der scheinbar attraktiver ist. Der leichter zu begehen scheint, der weniger Umstände verspricht, der so aussieht, als würde er schneller zum Ziel führen: Ist das meine große Chance, die ich auf keinen Fall vergeben darf? Ist das der beste Partner, der mir im Leben über den Weg laufen wird? Ist das das Geschäft meines Lebens? Bringt dieser Job endlich meinen Durchbruch?

Das Blöde daran ist: Die Sonderangebote des Lebens sind Wege, die auf den ersten Metern bis zur ersten Biegung viel versprechen, alles Weitere aber liegt im Dunkeln, sie sind prinzipiell zukunftsoffen, ihre schlechte Bilanz lässt sich nicht nachweisen und aufrechnen wie der Tausch Gurkenpreis-Nachlass gegen Benzinpreis-Aufschlag. Trotzdem sind die Sonderangebote des Lebens genauso oft schlechte Geschäfte wie die Sonderangebote im Supermarkt. – Woran liegt das eigentlich? Und warum fallen wir trotzdem darauf herein, manche immer wieder aufs Neue, ein ganzes Leben lang? Und woran nur soll ich erkennen, ob ein Weg ein Sonderangebot des Lebens ist oder eine echte Chance? Woher soll ich wissen, ob ich mit meinen Lebensentscheidungen richtig liege?

Das Versprechen

Wer sich ein Ziel setzt, tut gut daran, den direkten Weg zu wählen, also auf der kürzesten Verbindung drauf zuzumarschieren. Das Leben ist aber so gestrickt, dass kurz darauf schon der erste Felsbrocken im Weg liegt. Und dann gibt es drei Möglichkeiten.

Da gibt es zum Beispiel den jungen Mann, der kurz nach dem Studium einen Job in einer Unternehmensberatung angenommen hat. Sein nur so halb bewusstes Ziel: Gehalt, Status, Luxus, Frauen beeindrucken. Ein ganz normaler Mann eben. Ihre Ziele mögen andere sein, das Prinzip ist dasselbe.

> **Das Leben ist aber so gestrickt, dass kurz darauf schon der erste Felsbrocken im Weg liegt. Und dann gibt es drei Möglichkeiten.**

Wie sich herausstellt, liegen auf dem Weg, den er eingeschlagen hat, alle paar Kilometer dicke Probleme, die gelöst werden wollen: Der Chef wechselt und der neue ist so gar nicht sein Fall. Die Konkurrenz mit den anderen Juniorberatern ist mörderisch. Die vielen Übernachtungen außerhalb und die vielen Autobahnkilometer gehen an die Substanz. Der wichtigste Kunde ist plötzlich zickig geworden. Und die Freundin nörgelt, dass er zu wenig Zeit für sie übrig hat. Die Problemqualität steigt. Ist das nun ein Zeichen dafür, dass er auf dem falschen Weg ist? Oder ist es ein Zeichen dafür, dass der Weg genau der richtige ist?

Jedenfalls: Immer, wenn wir geradeaus aufs Ziel zugehen und der Weg beschwerlicher wird, stehen links und rechts die Angebotsschilder: Dieser Weg ist besser! Hier geht's lang, hier geht's schneller! Komm, nimm die Abzweigung, dann kommst du leichter ans Ziel! Abzweigungen gibt's in jeder Stadt. Beispielsweise hört der junge Mann von diesem Finanzdienstleister, der attraktive Vertriebsjobs anbietet. Die Abzweigung brüllt: Komm zu mir!

Lange Zeit habe ich in München im Marriott-Hotel Seminare gegeben, jeden Montag. Spannend dabei war der Nebenraum, in dem immer ein Unternehmen Veranstaltungen durchgeführt hat, um neue Vertriebsmitarbeiter zu finden. Schon im Vorfeld parkten die

Menschenakquisiteure ihre Luxuskarossen nebeneinander vor dem Hotel. Sowohl Parkplätze als auch Autos waren gemietet. Das Spiel war jeden Montag das gleiche, die Neuen wurden heiß gemacht auf den Job, und als Höhepunkt ging einer der Veranstalter ans Fenster und zeigte den Anwesenden die Autos: »Schau, da vorn stehen vier Porsche. Siehst du's? Der vordere gehört dem Sepp. Dahinter steht der vom Franz. Der rote ist dem Gerhard seiner. Das sind alles deine Kollegen. Und dahinter steht meiner. Und wenn ihr heute unterschreibt, dann steht eurer auch bald daneben.«

In den Ohren des jungen Mannes klingelt es: Mach mit! Mach mit! Und er unterschreibt, denn er will ja geradeaus auf sein Ziel zumarschieren, und dieser neue Weg scheint viel gerader zu verlaufen als der letzte – der blöde Stressjob mit den vielen Problemen.

Er macht's, der Anfang läuft blendend, und er bestellt sich schon bald seinen Porsche. Und überredet die Oma und die Tante, auch eine Lebensversicherung abzuschließen. Und den Cousin. Dann wird's schon schwieriger. Aber der Porsche ist schon bestellt. Es dauert nicht lange, da sieht der Weg ziemlich ähnlich steinig aus wie damals bei der Unternehmensberatung. Als auch schon die nächste vielversprechende Abzweigung auftaucht...

Das ist die erste der drei Möglichkeiten: Viele verbringen ihr ganzes Leben damit, sich von den Sonderangeboten des Lebens ständig vom Pfad abbringen zu lassen – im Glauben, dabei eigentlich nur immer weiter ihr Ziel zu verfolgen. In Wahrheit fangen sie aber wieder und wieder nur von vorn an und scheuen sich, die Probleme zu lösen, die Widrigkeiten auszuhalten, sich durchzubeißen. Sie bleiben Anfänger.

Die größten Chancenfresser sind die Chancen selbst. Der Anruf eines Headhunters ist meistens auch nur ein Sonderangebot des Lebens. So ein Anruf schmeichelt kolossal der Seele: Oh, da muss ich wichtig sein, wenn ich so gesucht werde! – Wenn Sie schon einmal einen Anruf von einem Headhunter bekommen haben, erinnern Sie sich doch gerade bitte einmal, wie sich das angefühlt hat. Und wenn Sie noch keinen bekommen haben: Das hässlichste auf der Welt ist so ein Anruf in unserer Vorstellung nicht, oder? Seien Sie ehrlich!

Ich habe noch keinen bekommen, denn ich war noch nie im Leben angestellt, und diese Köderausleger und Wegabbringer rufen bei Selbstständigen und Unternehmern nicht an – da sind ihre Chancen zu gering.

Ich hätte mal gern ein Problem!

Verstehen Sie mich bitte richtig: Selbstverständlich kann es sinnvoll sein, den Job zu wechseln, sich vom Partner zu trennen oder auszuwandern. Manchmal bedeutet gerade das den nächsten Schritt auf dem eigenen Weg. Manchmal ist das so eine Art Straßenverbreiterung, eine synergetische Ergänzung. Und manchmal ist es wirklich ein Ausweg, weil wir in der Sackgasse stecken und berechtigterweise unglücklich sind.

Aber meistens ist das gar nicht der Fall. Meistens sind es schlicht die Probleme, vor denen wir zurückschrecken. Wir suchen den leichteren Weg. Den Weg ohne Probleme. Das aber ist immer ein Trugschluss: Es gibt keinen leichteren Weg ohne Probleme. Wir bekommen unser Problem dann nur etwas später in einem anderen Gewand erneut vor die Nase gesetzt.

Davor sitzen bleiben ist aber auch keine Lösung. Das wäre die Möglichkeit Nummer zwei. Auch damit verbringen viele Menschen ihr ganzes Leben. Sie kapitulieren, stagnieren, fügen sich drein, sitzen ihre Restzeit ab. Ob es aber immer nur dasselbe Problem ist, das einen Menschen in seinem persönlichen Wachstum stagnieren lässt oder nur ein gleiches in neuem Gewand, ist letztlich egal. Erstarrung oder Flucht, beides bringt unterm Strich keinen Fortschritt. Da gibt es für die ewig suchenden, aber eigentlich ewig fliehenden Sonderangebotskäufer keinen Grund für Überheblichkeit gegenüber den Untoten unter uns – Problemlösungsverweigerer sind beide.

Nein, das Problem ist, dass wir Probleme im Allgemeinen für etwas Schlechtes halten. Etwas, das umgangen oder vermieden werden muss. Das

> **Das Problem ist, dass wir Probleme im Allgemeinen für etwas Schlechtes halten.**

ist aber der falsche Umgang damit, denn sonst müsste es nicht Problem, sondern Anti-blem heißen. Das Wort »Problem« stammt aus dem Altgriechischen und bedeutet »das, was [zur Lösung] vorgelegt wurde«. Also eine Aufgabe. Ja, die Lösung der Aufgabe ist mit Schwierigkeiten verbunden, sie ist ein echtes Hindernis, das überwunden werden muss, um von einer unbefriedigenden Ausgangssituation in eine befriedigendere Zielsituation zu gelangen. Vom Ist zum Soll. Die Schwierigkeit ist der Preis. Die Belohnung dafür ist, dass das einmal gelöste Problem wirklich gelöst ist und nicht wiederkommt. Wir sind dann tatsächlich einen Schritt weiter.

An Problemen wachsen wir – aber nur, wenn wir sie lösen.

Mit einer anderen Metapher ausgedrückt: An Problemen wachsen wir – aber nur, wenn wir sie lösen. Also sind Probleme doch eine großartige Sache! Sie sind nicht allein mit Ihrem Problem und Sie allein sind nicht das Problem. Das größte Problem der Menschen ist es, kein Problem zu haben. Menschen, die keine Probleme haben, liegen auf dem Friedhof.

Nein, ich bin leider kein positiver Mensch. Ganz im Gegenteil, nicht selten bin ich negativ, pessimistisch, grüblerisch, kritisch und skeptisch. Ich wäre oft froh, wenn ich eine positivere Haltung einnehmen könnte. Denn ich glaube, mit einer positiven Haltung kann man oftmals noch mehr erreichen. Dabei meine ich nicht das Tschakka-Geschwätz, das viele Erfolgs- und Motivationstrainer von sich geben und immer wieder predigen: »Du schaffst es«. Viele Menschen wurden mit solchen Parolen weit über die Grenzen der eigenen Potenziale getrieben, zur Selbstüberschätzung verführt, um sich einen Porsche zu kaufen, weil sie Oma eine Lebensversicherung reingedrückt haben.

Problem folgt auf Problem. Meine Eltern erzählten mir zum Beispiel, dass sie in der Wirtschaftswunderzeit das Problem erkannten, dass das Warenangebot immer größer und unübersichtlicher wurde. Sowohl für ihre Kunden als auch für ihren eigenen Einkauf in ihrem Einzelhandelsgeschäft wurde es immer schwieriger, die richtige Auswahl zu treffen und die Kunden zufriedenstellend zu bedienen. Gar nicht einfach zu lösen. Aber sie hatten zu diesem Problem die richtige Einstellung. Sie rannten nicht davor weg und wechselten die Branche. Sie blieben auch nicht vor dem Problem sitzen und gingen Pleite. Sie wählten die Möglichkeit Nummer drei: Sie lösten das Problem. Und eröffneten einen der ersten Selbstbedienungsmärkte in Süddeutschland. Sie machten die große Auswahl transparent, indem sie zu jeder Warengruppe immer mehrere Alternativen einkauften und anboten. Sie gaben außerdem ihren Kunden die Möglichkeit, die Waren in die Hand zu nehmen und selbst individuell zu entscheiden. Für uns heute nur ein Achselzucken wert, damals eine echte Revolution.

Und schon tauchte das nächste Problem auf: Die Eröffnung des neuen Selbstbedienungsladens war für damalige Verhältnisse riesengroß, es hatte eine Alleinstellung, denn weit und breit gab es kein weiteres Geschäft dieser Art, das Angebot war gut, die Preise waren in Ordnung. Doch die erwarteten Umsätze blieben aus! Warum? Keiner konnte das beantworten.

Aber meine Eltern hatten wieder den richtigen Blick: Sie fragten sich nicht, warum der Laden nicht lief, sondern, welches Problem ihre Kunden jetzt plötzlich hatten. Die Lösung war dann gar nicht schwer: Das Geschäft meiner Eltern war so angelegt, dass es große Schaufenster gab. Da die Bevölkerung so neugierig war, gab es auch viele Passanten, die ihre Nasen an den Scheiben platt drückten. Der Punkt war: Kein Mensch drinnen traute sich, Lebensmittel in sein Körbchen zu legen, weil das von draußen so aussehen könnte, als würde man die Waren stehlen, denn man nahm sie ja selbst in die Hand, noch bevor sie bezahlt waren, was für die damalige Zeit eine völlig neue Erfahrung war. Und da die Kunden nicht als scheinbare Diebe identifiziert werden wollten, traute sich keiner auch nur ein einziges Warenstück in das Körbchen zu legen. Daraufhin ging meine Mutter zum Raumausstatter zwei Häuser weiter, kaufte große Vorhänge, hängte das Schaufenster zu – und das Geschäft florierte.

Eigentlich gibt es kein Unternehmen, das anders entstanden wäre als zum Zweck, Probleme zu lösen. Je größer Ihre Problemlösekompetenz, desto größer Menge,

Eigentlich gibt es kein Unternehmen, das anders entstanden wäre als zum Zweck, Probleme zu lösen.

Marktanteil, Marge. Wer zentrale Marktprobleme sichtbar besser löst als andere, der regt einen Kreislauf an, mit dem er Erfolg nicht verhindern kann! Je größer die Probleme, desto größer ist die Wertschätzung ihrer Lösung. Je größer die Wertschätzung ihrer Lösung, desto größer ist die Wertschöpfung. Die Qualität unseres Lebens hängt davon ab, mit welcher Qualität von Problemen wir umgehen können. Das gilt auch für Individuen. Ich gehe sogar so weit, zu behaupten, dass die besten Mitarbeiter diejenigen werden, denen am Anfang viele Steine in den Weg gelegt wurden. Die besten Chefs bereiten ihren Mitarbeitern Probleme. Den besten Mitarbeitern die größten Probleme, immer schön dosiert, mit ansteigender Tendenz. Gute Mentoren machen ihre Schützlinge fast fertig. Aber nur fast! Das ist echte Persönlichkeitsentwicklung.

Die besten Chefs bereiten ihren Mitarbeitern Probleme.

Meinen Lieblingscoach habe ich einmal gefragt: »Wie kann ich die Probleme meiner Mitarbeiter lösen und ihnen den Einstieg erleichtern?«

Er sagte: »Nie, indem du ihre Probleme löst. Du darfst als Chef niemals den Menschen die Steine aus dem Weg räumen! Das wäre extrem unfair, denn dann sind sie in kürzester Zeit nicht mehr in der Lage, die Probleme selbst zu lösen. Sie stagnieren – und hören auf, ihr Potenzial auszuschöpfen.«

Vielleicht geht es Ihnen jetzt auch so wie mir, dass Sie jedes Mal zusammenzucken, wenn die allzu häufige Wendung »Kein Problem!« fällt. Unser größtes Problem ist nämlich, ständig keine Probleme zu haben. Oder so zu tun, als hätten wir keine. Deshalb ist auch der Spruch vom halbvollen oder halbleeren Glas bei uns so beliebt: Alle behaupten, man müsse das Glas als halbvoll betrachten. Ich halte das für Quatsch, denn wer kommt auf die Idee, bei einem halbvollen Glas nachzuschenken? Wenn wir das Glas bereits als halb geleert betrachten, erkennen wir das Problem, greifen zur Flasche und machen es wieder voll.

Das geht natürlich nicht immer. Jedenfalls, wenn wir ein Problem haben, können wir zwei Dinge dazu ändern: entweder die Situation, in der wir das Problem haben oder die Einstellung dazu. Beides kann das Problem lösen. In der Regel lassen sich selten die Situationen ändern, aber die Einstellung immer. Dale Carnegie hat seinen Lesern in seinem Weltbestseller *Sorge dich nicht – lebe* 30 konkrete Empfehlungen gegeben. Nur neun davon beziehen sich auf die Änderung der Situation, in der das Problem besteht. 21 Empfehlungen beziehen sich auf die Änderung der Einstellung.

Den Kern der richtigen Einstellung zu Problemen bringt das berühmte »Gelassenheitsgebet« auf den Punkt, das der US-amerikanische Theologe Reinhold Niebuhr in den 1940er Jahren dichtete: »Gott gebe mir die Gelassenheit, Dinge hinzunehmen, die ich nicht ändern kann, den Mut, Dinge zu ändern, die ich ändern kann. Und die Weisheit, das eine von dem anderen zu unterscheiden.«

Das System der ewigen Anfänger

Bei jeder Abzweigung beginnt die Straße von vorn. Wer Probleme nicht schätzen gelernt hat und vor ihnen davonläuft, bleibt prinzipiell ein ewiger Anfänger, erreicht niemals einen höheren Grad der Problemlösungskompetenz. Schauen Sie sich um, und Sie sehen einen großen Teil der Menschheit ziellos herumrennen, sie verlassen ständig die Zielgerade, orientieren sich ständig neu. Sie nennen das dann Flexibilität. Oder Sinnsuche. Oder Neuorientierung.

Ein Leben lang suchend, ein Leben lang frustriert, ein Leben lang enttäuscht, und das auch noch auf Anfängerniveau!

Das klingt heutzutage zeitgemäß. Dabei drehen sie nur ständig den Kopf, wenn jemand pfeift. Ein Leben lang suchend, ein Leben lang frustriert, ein Leben lang enttäuscht, und das auch noch auf Anfängerniveau!

Durchhaltevermögen ist der Schlüssel. Aber doch nicht Durchhaltevermögen auf der Anfängerspur! Daraus resultiert nur dauerhafte Resignation, und das Selbstwertgefühl schrumpft von Enttäuschung zu Enttäuschung. Recht schnell glauben die ewigen Anfänger, dass sie es ja gar nicht wert sind, das große Ziel zu erreichen. Ihr Leben scheint den mehrfachen Beweis dafür zu liefern. Es scheint einfach keinen Weg zum Ziel für sie zu geben, denn kaum hat man mal ein wenig Oberwasser, kommt schon das Leben mit dem nächsten Nackenschlag! Sagen sie. Anstatt für jedes Problem dankbar zu sein und die Ärmel hochzukrempeln.

Ich vermute, dass viele die Anfängerspur insgeheim tatsächlich gar nie verlassen wollen. Denn auf ihr können Sie keine schweren Fehler machen. Die großen Böcke werden im unbekannten Terrain geschossen. Wer immer, wenn es schwierig wird, den dunklen Hinterausgang benutzt, während er sich einredet, das wäre jetzt das goldene Portal zum Paradies, der muss tatsächlich nie einen großen Preis im Leben bezahlen. Der amerikanische Physik-Nobelpreisträger Frank Wilczek hat gesagt: »Wenn du keine Fehler machst, dann sind die Probleme, an denen du arbeitest, nicht schwierig genug. Und das ist ein großer Fehler.«

Dieser Kleinmut hat nicht nur für den einzelnen Problemflüchtling sein Gutes, sondern auch für ihre Profiteure. Oder glauben Sie, die Strukturvertriebe würden nicht auf Heller und Pfennig einkalkulieren, dass der kleine Strucki seine Oma und die Schwiegermutter akquiriert? Glauben Sie, der Einzelhändler würde nicht die mangelnde Chancenintelligenz der Kunden in Euro umrechnen, bevor er die lila Schokolade bestellt und zum Sonderpreis in die Zeitung setzt?

Das Prinzip ist immer das Gleiche, unsere Gesellschaft ist ein System, das aus vielen Untersystemen besteht, die nur existieren können, weil manches ungerecht verteilt ist oder Menschen ihre Probleme nicht lösen. Und es ist fast immer so, dass viele dabei draufzahlen und wenige profitieren. In manchen Vertriebsformen ist es augenfällig: Ein bis fünf Menschen werden Multimillionäre, weil sie das Mini-Potenzial der vielen kleinen kurzfristig angeköderten Dealer, die für sie laufen, abschöpfen. Einzeln bringen die vielen kleinen Vertriebler nur wenig, sie sprechen eben die zwei, drei Menschen in ihrer Umgebung an. Aber an die würde die Firma sonst ja auch nicht herankommen. Und die Masse der kleinen Dealer macht dann die Kasse der wenigen an der Spitze der Pyramide. Dabei glaube ich sehr wohl, dass gerade in solchen Vertriebsformen für jeden Einzelnen auch viel zu holen ist, er muss sich eben auch voll und ganz darauf konzentrieren. Deshalb ist das Risiko noch nicht zerstreut, es ist nur größer geworden.

Zeigen Sie jetzt bitte nicht mit dem Finger auf die Vertriebsformen. Ganz im Gegenteil, das ist die Zukunft. Das Prinzip ist überall, und es kann nur funktionieren, weil die Schlitzohrigkeit Einzelner durch die Problemscheu und die Sonderangebotsaffinität der Vielen noch bei Weitem übertroffen wird. Nein, das ist kein Fall für Moralapostel, denn wir sitzen mittendrin im System der Selbsttäuschung: Fast alle Firmen beispielsweise können nur funktionieren, weil es Menschen gibt, die ihr Ding nicht durchziehen. Da fällt dann immer der Spruch: Es darf nicht nur Häuptlinge geben, sondern es braucht auch die Indianer. So, so.

Ja, ich glaube, wenn alle Menschen aufhören würden, sich selbst zu täuschen, dann wäre das zwar einerseits eine gute Sache, aber andererseits könnte so unsere Wirtschaft nicht mehr funktionieren, wie sie jetzt funktioniert. Denn dann würde jeder Häuptling werden und keiner würde es mehr zulassen, dass andere sein Potenzial als Indianer abschöpfen.

Ja, ich weiß natürlich, dass das pointiert ist, was ich da schreibe. Aber ich will versuchen, bei Ihnen etwas anzustoßen. Und wer nie anstößig war, hat auch nie Anstöße gegeben. Sie wissen das sicher differenziert zu betrachten. Ich habe ja auch selbst Angestellte, schätze das Prinzip der Arbeitsteilung im Unternehmen und kann Arbeitnehmer für ihren Beitrag wertschätzen. Mir geht es hier nicht darum, bestimmte Lebenswege abzuwerten, aber darum, einmal hinter die offensichtlich politisch korrekten Ansichten zu blicken, um zu erkennen, was das für einen Menschen im Leben bedeutet, sich legitimerweise für die Arbeitnehmerseite zu entscheiden. Schauen Sie sich die andere Seite an:

Für jeden Unternehmer ist es wunderbar, dass es genügend Menschen gibt, die keine Führungskraft werden oder gar sich selbstständig machen wollen. Kein Unternehmen kann nur Führungskräfte beschäftigen! Natürlich, die Mitarbeiter, die sich nicht zu einer Führungskraft weiterentwickeln können oder wollen, vollbringen trotzdem gute Leistungen. Und so ein Job ist doch okay, besser als keinen Job zu haben allemal! Und als Selbstständiger hätten sie jetzt wo-

möglich Millionenschulden, wer will das schon? So ein Arbeitsvertrag ist doch wenigstens eine sichere Sache. – Und schon hat der Zweckoptimismus die Menschen wieder eingefangen und hält sie in einem halbgaren Zustand zwischen Zielfokus und Orientierungslosigkeit, mit dem die Abteilung zurechtkommt, das Unternehmen laufen kann und die Wirtschaft sogar 1 Prozent Zuwachs schafft.

Wie sähe unsere Wirtschaft aus, wenn die Verhältnisse umgekehrt wären? Wenn fast alle Menschen chancenintelligent wären und aufhören würden, sich selbst zu täuschen? Ich kann es mir nicht ausmalen, eine spannende Frage!

Ich will wirklich niemanden verurteilen, der einen sozialversicherungspflichtigen Anstellungsvertrag hat – ganz im Gegenteil. Jeder, der das, was er tut, gerne tut, soll es tun. Sorgen mache ich mir nur um diejenigen, die etwas tun, obwohl sie es nicht tun wollen. Ich bin mir nicht sicher, ob man die Unzufriedenheit in einem Lebensbereich durch die Zufriedenheit in einem anderen kompensieren kann. Ist privates Glück möglich, wenn man sich vom Selbstwertgefühl her als unglücklich oder gar als zweitklassig eingestuft hat? Wahrscheinlich täuschen wir uns darüber hinweg. Ich halte das für vollkommen legitim und halte mich selbst für keinen Deut besser. Ich will lediglich zeigen, dass wir in einem Selbsttäuschungssystem leben und uns gut darin eingerichtet haben.

Ich will lediglich zeigen, dass wir in einem Selbsttäuschungssystem leben und uns gut darin eingerichtet haben.

Ein Beispiel: Wir alle müssten eigentlich dankbar sein, dass es viele Raucher gibt. Das spült dem Fiskus viel Geld zu, weltweit werden mit der Tabaksteuer knapp 140 Milliarden Euro abgeschöpft. Das ist aber nur die halbe Rechnung. Die Kosten, die die Raucher durch ihre Folgeerkrankungen im Gesundheitswesen verursachen, und die Kosten von Krankheitsausfällen und Arbeitsunfähigkeit der Raucher müssen ja gegengerechnet werden. Gut. Das sind aber auch nur drei Viertel der Rechnung. Vergessen wird immer, dass Raucher eine um ungefähr acht Jahre geringere Lebenserwartung haben und deshalb unsere Rentenkasse enorm entlasten. Und zwar um mehr als sie die Krankenkassen kosten. Unterm Strich ist das Rauchen ein Segen für die öffentlichen Finanzen, so zynisch das auch klingt. Und was ist das Rauchen anderes als ein ungelöstes Problem auf der individuellen Ebene? Als eine permanente Selbsttäuschung? Jede Zigarette ist ein Sonderangebot des Lebens, machen wir uns nichts vor!

Ja, ich glaube, wir brauchen immer noch unsere Täuschungssysteme. Wir sind noch nicht so weit. Solange wir es nicht gelernt haben, Situationen korrekt zu bewerten, solange bleiben wir weiter auf der Anfängerspur, die Profiteure unserer Problemscheu reiben sich weiterhin die Hände und wir sind weiterhin permanent enttäuscht.

Das Ende der Täuschung

Probleme sind also gut – aber nur, wenn man sie löst. Enttäuschungen sind auch gut – aber nur, wenn man Schlüsse daraus zieht. Zwar sehen die meisten Menschen in jeder Enttäuschung das Ergebnis eines wiederholten Täuschungsmanövers des Lebens, was sie mehr und mehr frustriert, aber eigentlich ist eine Enttäuschung nichts anderes als das Ende einer Täuschung. Und darüber sollte man sich eigentlich freuen.

> ...aber eigentlich ist eine Enttäuschung nichts anderes als das Ende einer Täuschung.

Das ist natürlich leicht gesagt. Ich bin selbst ja auch öfter enttäuscht. Und in diesen Momenten freue ich mich natürlich überhaupt nicht. Meine Enttäuschungen fühlen sich meistens sogar an wie abgrundtiefes Unglück. Dass sie gar kein Unglück sind, sondern das Ende einer schlechten Phase und die Chance auf den Beginn einer besseren, wird mir immer erst hinterher klar. Wenn überhaupt.

In den Momenten der Enttäuschung ärgere ich mich darüber, dass manches nicht so funktioniert hat, wie ich mir das ausgedacht hatte. Darüber, dass Leute, auf die ich mich verlassen hatte, etwas falsch gemacht haben. Darüber, dass die Umstände anders sind als diejenigen, die mir in die Karten gespielt hätten. Aber das sind alles nur Vorwände, um ein wenig das Opfer zu spielen. Das halte ich nie lange durch. Irgendwann komme ich dann immer an den Punkt, an dem ich mich am allermeisten über mich selbst ärgere.

Manchmal bin ich beispielsweise sauer über den irren Millionen-Deal, den ich mit meinen Eltern gemacht habe. Aus einer bestimmten Perspektive betrachtet, war das die größte Dummheit, die ich jemals begangen habe. Es waren ja nicht meine Schulden. Warum mussten sich meine Eltern mit der Immobilie auch so sehr verspekulieren? Als ich die Schulden noch am Hals hatte, gab ich ihnen oft die Schuld an meinem Problem. Denn 5 Millionen Schulden für einen einzelnen Menschen sind definitiv ein Problem. Ich war oft frustriert. Doch indem ich ihnen dann die Schuld an meiner Misere gab, gab ich ihnen in Wahrheit die Macht. Ich machte sie damit zu den Bestimmern über mein Leben. Ich stellte mich machtlos und ermächtigte andere. So ist das mit der Schuld. Wenn wir andere anklagen, dem legen wir unser Leben in deren Hände: Ich bin nicht schuld, ich würde ja, wenn ich könnte. Aber die Umstände lassen es ja jetzt nicht mehr zu. Und daran seid ihr schuld! – Die Opferrolle hat etwas seltsam Angenehmes, sie bietet ein Stück Geborgenheit, wie die Erinnerung an die Unmündigkeit des Kindes, dessen Eltern die ganze Schuld auf sich nehmen müssen, weil man Kinder nicht für ihre Taten verantwortlich machen darf. Was für eine Entlastung in der Opferrolle steckt!

Als mir dann eines Tages vor dem Abflug in die USA die Euroscheckkarte am Geldausgabeautomaten eingezogen wurde, war das wie ein Schock. Es war ein Tick zu viel. Ich schüttelte mich und warf die Opferrolle ab. Das fühlte sich an, wie schlagartig nüchtern, wie von null auf hundert erwachsen. Ich machte mich in New York auf den Weg in den Central Park, um nachzudenken.

Die Schulden hatte ich ohne Not freiwillig übernommen. Wer hat den Vertrag unterschrieben? Ich selbst. Hat jemand meine Hand geführt? Mich hypnotisiert, mich erpresst, mich gezwungen? Natürlich nicht, ich tat es aus freien Stücken. Ich bin selbst zum Notar gegangen. Mit den Schulden hatte ich die Schuld übernommen.

Vielleicht war ich dumm. Vielleicht war ich naiv. Aber ich war definitiv selbst schuld. Ich hatte mir die

Vielleicht war ich dumm. Vielleicht war ich naiv. Aber ich war definitiv selbst schuld.

Schuld auferlegt, die 5 Millionen abzutragen. Das Problem, also die Aufgabe, habe ich mir selbst gestellt. Wozu? Um sie zu lösen.

Die Enttäuschung über meine Eltern war weg. Die haben es gut gemacht. Jetzt war ich über mich selbst enttäuscht. Ich fand mich einfach nur dumm. Was für ein Bockmist! Scherer, wo hast du dich da nur reingeritten!

Ich holte mir eine Packung Sushi und zwei Flaschen Bier und lud mich zum Essen auf der großen Wiese im Central Park ein. Da begann ich, mir selbst zu verzeihen. Ich führte einen Dialog mit mir selbst, auch wenn das ein bisschen plemplem klingt.

Scherer, jetzt ist es, so wie es ist. Komm, lass uns das gemeinsam packen. Egal wie. Wir kommen da schon wieder raus. Prost! Wer weiß, wozu es gut war. Im Schlechten liegt doch immer das Gute, so wie im Guten das Schlechte. Es kommt doch nur auf die richtige Perspektive an. Schau, vielleicht darfst du gerade eine der wichtigsten Lektionen deines Lebens lernen: Armut. Ja, spür doch wie das ist, wenn du kein Geld mehr bekommst. Wenn dich jeder finanziell aufgegeben hat. Das hast du doch insgeheim gewollt! Du willst es doch jetzt einfach nur allen zeigen! Komm, das war doch ein guter Plan. Schuldenfrei werden – jetzt erst ist das ein so richtig großes Ziel. Du hast dir die passende Prüfung rausgesucht. Wenn das einer packt, dann du!

Darauf habe ich mit mir angestoßen, ich wurde immer froher. Ein paar Millionen Schulden lösen sich nicht durch ein Selbstgespräch in Luft auf. Da muss man schon ein wenig dafür tun. Aber mit Schuld geht das! Wir sind in der Lage, zu vergeben. Anderen zu vergeben und uns selbst.

Ein paar Millionen Schulden lösen sich nicht durch ein Selbstgespräch in Luft auf.

Und das müssen wir auch tun. Wie wunderbar. Und dann schlief ich auf dem Gras ein. – Solche Partys tun gut. Ich glaube, ich mach wieder mal eine.

Wo es lang geht? Überall!

Wir lassen uns also vom Weg abbringen, weil wir den Sonderangeboten des Lebens auf den Leim gehen. Weil wir Situationen falsch bewerten. Weil wir uns selbst täuschen. Weil wir den Preis nicht bezahlen wollen. Weil wir keine Fehler machen wollen. Weil wir Probleme und Enttäuschungen falsch einschätzen. Weil die Opferrolle so angenehm ist. Es bleibt aber die Frage, wie ich denn erkennen kann, ob eine Wegabweichung eine schlechte oder eine gute ist, also ob es ein Sonderangebot oder eine echte Chance ist.

Die Antwort lieferte Flavius Claudius Iulianus, der römische Kaiser, der nur etwas mehr als 30 Jahre alt wurde und als Julian der Abtrünnige bewundert und verhasst war: »Denn auch wenn einer nach Athen reisen wolle, so könne er dahin segeln oder gehen und zwar könne er als Wanderer die Heerstraßen benutzen oder die Fußsteige und Richtwege und als Schiffer könne er die Küsten entlang fahren oder wie Nestor das Meer durchschneiden.«

Was ist also der richtige Weg? Die erste Antwort ist: Es ist völlig egal. Du musst ihn nur zu Ende gehen. Die zweite Antwort lautet: Geh, wohin dein Herz dich trägt. Und die dritte Antwort: Entscheide dich! – Alle drei Antworten bedeuten dasselbe.

Woran es uns mangelt, ist demnach die Gelassenheit, dem Weg, auf dem wir sind, zu vertrauen und jedes, aber auch jedes verlockende Angebot auszuschlagen, das uns davon wegführt. Diese Gelassenheit stellt den Weg nicht infrage, fragt nicht nach dem Warum und Wozu, sie geht einfach weiter, schnurstracks auf den nächsten Stein zu, der aus dem Weg zu räumen ist. Wer jeden Tag sein Bestes gibt, braucht sich um die Zukunft keine Sorgen machen.

Wer jeden Tag sein Bestes gibt, braucht sich um die Zukunft keine Sorgen machen.

Woran es uns außerdem mangelt, ist das Gespür für unsere Herzensangelegenheiten. Wir hören nicht mehr auf unser Herz, weil der Verstand uns ständig dazwischenplappert.

Und dann mangelt es uns an Entschiedenheit. Das ist die positive Form der Sturheit, die jeden glücklichen und erfolgreichen Menschen im Leben auszeichnet. Frech gesagt: Wahrscheinlich kann jeder von uns so oder so oder so erfolgreich sein. Sie müssen es nur durchziehen! Ich selbst bin ein ziemlich entschiedener Mensch, zumindest in beruflichen Dingen. Darum bin ich überzeugt davon, dass ich meinen Erfolg in jeder oder zumindest in einigen Branchen erzielt hätte. Mehr oder weniger. Und ich finde diese Selbsteinschätzung gar nicht vermessen. Denn Erfolg ist die Folge von Entscheidungen.

Denn Erfolg ist die Folge von Entscheidungen.

Vor dem IKEA in Eching ist mir ein junger Mann aufgefallen. Er passt die Leute zwischen Ausgang und Parkdeck ab und bietet ihnen freundlich an, ihnen beim Tragen zu helfen. Ausgerüstet ist er mit Verpackungsmaterialien, Schnüren und Messer, und damit hilft er den Leuten, die mal wieder mehr eingekauft haben, als sie mit zwei Händen transportieren können, ihre neuerworbenen Schätze zum Auto zu bugsieren und transportfertig zu machen.

Eigentlich ist er ein Bettler. Aber eigentlich ja gerade auch wieder nicht, denn er fragt nie nach Geld. Er tritt als charmanter, gut gelaunter, hilfsbereiter junger Mann auf. Und er würde auch lächeln, wenn er kein Trinkgeld bekäme. Aber er bekommt immer eins. Und nicht zu knapp. Ich habe ihn beobachtet und ich schätze, dass sein Stundenlohn klar höher ist als der der Angestellten drinnen im IKEA.

Mittlerweile steht er nicht mehr dort. Kein Wunder, denn mit der Einstellung kommt er natürlich auch woanders weiter. Ich schätze, überall, wo es um Kundenservice geht, verläuft der richtige Weg für diesen Mann, wo genau, ist völlig egal.

Die Umstände sind dabei nebensächlich. Geld spielt keine Rolle. Mit Gelassenheit, Vertrauen und Entschiedenheit können Sie viel erreichen.

Das ist die eine Seite der Medaille: Es gibt unendlich viele Chancen. Die andere Seite der Medaille ist: Jede Chance ist nur eine Chance, wenn Sie sich bedingungslos dafür entscheiden, sie zu nutzen, egal, welche Hindernisse sich Ihnen in den Weg legen. Dazu gehört es, jedes Angebot abzulehnen, das Ihnen gemacht wird, sobald Sie sich entschieden haben. Ich meine wirklich jedes Angebot! Und selbst dann haben Sie leider noch keine Garantie.

Ich habe selbst ständige Übung darin, Angebote abzulehnen, denn ich bekomme im Anschluss an meine Auftritte immer wieder Angebote von Unternehmern. Darunter auch weiß Gott lukrative. Aber ich sage immer schon gleich zu Beginn, wenn ich merke, worauf der Mensch hinauswill: »Egal, was Sie mir anbieten, wirklich völlig egal: Ich sage nein!« Ich würde sonst meinen Weg verlassen. Und dort wieder nur neue Steine finden.

UNTER-LASSER

Warum im Wartezimmer der Perfektion die Kassenpatienten der Veränderung sitzen

Jedem, der etwas erreichen will, empfehle ich – Genesis. Nein, nicht die uralte Band von Phil Collins. Ich meine das noch ältere erste Buch Mose. Nicht, um Sie zu bekehren ... es gibt wenig, was mir ferner läge. Sondern weil ich weiß, dass wir verlernt haben, Neues zu schaffen. Und da hilft es enorm, einmal das erste Buch der Bibel aufzuschlagen und einem richtig guten Schöpfer auf die Finger zu schauen. Da steht nämlich, wie man wirklich etwas ändert. Sie finden die Story übrigens auch im Koran. Falls Sie Ihr Arabisch ein wenig aufpolieren wollen.

ER hat jedenfalls erst hinterher gesehen, dass es gut war. Es gab keine Genehmigungsverfahren für die Dezibelstärke des Urknalls. Keine Agenda-Meetings in Lenkungsausschusssitzungen zur sachgemäßen Trennung von Himmel und Erde sowie zu Fragen der Wasserhaltung. Und keine Raumordnungspläne zur artgerechten Ansiedlung von Vieh, Gewürm und Tieren des Feldes. Es gab auch keinen Business-Plan, keine Marktstudie und keinen Pitch. Keiner hat je auf einer Gebotstafel den Satz »Wenn schon, dann richtig« gelesen.

Nun weiß inzwischen auch der letzte Hardliner zwischen Engelsburg und Kaaba, dass wir nicht in sieben Tagen aus dem Nichts gestampft wurden. Samt Heimatplanet. Vom Urschleim an hatte die Evolution da ein Wörtchen mitzureden. Aber die richtige Grundeinstellung ist im Buch der Bücher doch relativ deutlich niedergelegt: Erst mal anpacken, die Sache – wird schon werden.

Und wir? Wir vermurksen, verbiegen, verwässern und verwalten jede Idee, bis sie zuletzt verworfen wird. »Nach zu kommt ab« sagt der Handwerker. Wer es besser als gut machen will, macht alles kaputt. Deshalb vergammeln unsere Business-Pläne in der Schublade. Deshalb bleibt die Weltreise Top der To-do-Liste und der Brief an den Vater ungeschrieben.

Der beste Plan, der nie erfüllt wurde

»Hallo? Wir brauchen jetzt den Bagger!«

»In Ordnung. Ich bringe sofort den Bagger rüber, wenn der Berg weg ist, dann kann ich geradeaus zu euch rüberfahren, dann bin ich am schnellsten bei euch. Das ist perfekt. Okay?«

»Negativ.«

»Was?«

»Negativ, du Schwachkopf! Grad weil der Berg doch noch da ist, brauchen wir den Bagger! Fahr halt außen rum, aber beweg deine Schüssel endlich her!«

»Aber…«

Viele Menschen verhalten sich mit ihren Aufgaben so, dass sie dann anfangen wollen, wenn der Berg weg ist, dann mit Networking anfangen, wenn der Job verloren und es zu spät ist, oder dann den Berater holen, wenn die Firma kurz vor dem Ende ist und sie ihn nicht mehr brauchen.

Ich erlebe beispielsweise viele Menschen, die eine Karriere als Redner anstreben und mich um meine Hilfe bitten. Doch dann sagen sie, dass Sie meine Beratung noch nicht in Anspruch nehmen wollen, weil sie als Redner ja noch nicht erfolgreich sind. Ja aber genau deshalb will ich sie ja beraten.

Das ist so, als würde ein Start-up-Unternehmen die Gründungsberatung nicht beanspruchen wollen, solange sie sich nicht am Markt etabliert hat. Absurd!

Das ist so, als würde ein Start-up-Unternehmen die Gründungsberatung nicht beanspruchen wollen, solange es sich nicht am Markt etabliert hat. Absurd! – Das ist die Haltung des Perfektionisten.

Perfektionisten sind perfekt – im Verhindern von Ergebnissen. Keine andere Grundeinstellung als das ultimative Streben nach »Perfektion von Anfang an« ist besser geeignet, die Welt auf dem Status quo einzufrieren. Darum sind Perfektionisten in Wahrheit meistens furchtbar schlecht, wenn man sie nach ihrer Leistung, nach ihren Resultaten beurteilt. Eine von zehn Aufgaben gelöst, die dafür zu 100 Prozent – macht im Ergebnis 10 Prozent.

Perfektionisten sind perfekte Problembeschreiber. Angenommen, es gibt zwei Türen. Auf der einen steht »Tür zum Himmel«, auf der anderen steht »Diskussionen über die Tür zum Himmel«. Welche Tür öffnet der Perfektionist? Na klar, lasst uns erst einmal diskutieren, und wahrscheinlich gibt es eine ganze Menge zum Diskutieren: Ob wir überhaupt in den Himmel wollen? Und wenn ja, wann? Und ist der auch wirklich blau? Man könnte ja auch noch schnell eine Projektgruppe gründen, die das Ganze untersucht. Und wenn die nichts findet, dann machen die eben einen neuen Termin, ein neuer Termin ist immer gut.

Wenn Sie ein mutiges Unternehmen haben wollen, ein Unternehmen voller Ideen, eines, das sich stetig weiterentwickelt, eines, das Worten Taten folgen lässt, das verbindlich und verlässlich Zeitpläne einhält, ja dann kann ich Ihnen nur einen Rat geben: Schicken Sie die Perfektionisten in Urlaub! Sie brauchen sie nicht gleich zu entlassen, denn vielleicht brauchen Sie sie noch. Aber wenn Sie versuchen, mit ihnen etwas auf die Beine zu stellen oder ihnen gar das Ruder zu überlassen, dann werden Sie den Vorteil, künftig keinen Fehler mehr zu machen, mit dem Preis der Stagnation bezahlen. Und Stagnation bedeutet auf dieser Welt, in der alles wächst, was lebendig ist, den Tod. Perfektion ist bestens geeignet, um fehlerlos unterzugehen.

Ich will niemandem Unrecht tun. Perfektion ist keine schlechte Sache, bisweilen können wir sie gut gebrauchen. Aber wenn Perfektionismus regiert, nicht nur an den wenigen Stellen, wo er Gutes tut, dann ist er eine Fehlhaltung. Um Perfektionismus nicht nur zu belächeln, sondern zu verstehen, müssen wir diese Grundhaltung sogar als Selbstbetrug einstufen. Nach außen und vor uns selbst behaupten wir mit Stolz: »Wenn ich was mache, dann aber richtig!« – Aber in Wahrheit scheuen wir nur den Anfang. Denn wer anfängt, macht Fehler. Und wir haben doch so große Angst davor, einen Fehler zu machen!

Warum ist das so? Wir haben Angst vor Fehlern, weil uns das Ergebnis unseres Handelns im schlimmsten Fall eigentlich egal ist. Weil wir nicht immer wirklich hinter unserer Arbeit stehen. Weil unser Handeln nicht auf unser Werk zielt, sondern auf die Bewertung unserer Arbeit. Im Klartext: Wir wollen gelobt werden, dafür, dass wir etwas tun. Nicht stolz sein auf das Ergebnis. Das, was wir tun, ist ja auch bei geschätzten 90 Prozent der Menschen nicht unsere Herzensangelegenheit, sondern nur ein Job.

Das, was wir tun, ist ja auch bei geschätzten 90 Prozent der Menschen nicht unsere Herzensangelegenheit, sondern nur ein Job.

Auf die obligatorische Frage im Vorstellungsgespräch nach den größten Schwächen bekommen Sie als Arbeitgeber meistens eine von zwei Antworten von Bewerbern: »Na, vielleicht bin ich manchmal zu ungeduldig«, lautet die erste Variante. Die zweite klingt so: »Hm, möglicherweise bin ich ein wenig zu perfektionistisch.« Manchmal bekommen Sie auch beide Antworten auf einmal. Sagen wollen Ihnen die gut vorbereiteten Bewerber damit zwischen den Zeilen: »Ich bin schnell und ich arbeite gründlich.« Aber ich übersetze beide Sätze für mich provokativ so: »Ich habe Angst vor dem Ergebnis, deswegen ist die Zeit, bis es da ist, für mich eine Qual. Und deshalb scheue ich auch den ersten Schritt und verzögere das Ergebnis, wo ich kann.«

Vielleicht sind wir von klein auf systematisch zu solchen braven, ungeduldigen und perfektionistischen Mitarbeitern erzogen worden, die gelobt werden dafür, dass sie etwas tun, und zwar gründlich und gewissenhaft. Zu Arbeitsplatzbesitzern, die akribisch ihre Pflicht erfüllen, die also genau tun, was man ihnen sagt, dass sie tun sollen. Völlig egal, was hinten dabei rauskommt. Wenn wir einem Kind zurufen: »Das machst du aber toll!«, dann lenken wir den Fokus auf die Tätigkeit, und weg vom Ergebnis. Vielleicht wurden wir so im Durch-

schnitt zu Tüftlern er- **... hohe Verbesserungskompetenz haben,**
zogen, die eine hohe **aber eine grauenhaft schlechte**
Verbesserungskompe- **Erschaffenskompetenz**
tenz haben, aber eine
grauenhaft schlechte Erschaffenskompetenz.

Ich erlebe es täglich. Wenn Sie einem Menschen sagen: Schreib
mal einen Brief! Also nicht einen Standardbrief, sondern einen, bei
dem man etwas Neues formulieren muss. Dann tun sich 90 Prozent
der Leute extrem schwer. So ein weißes Blatt ist teuflisch schwierig
schwarz zu bekommen!

Erst mal Lamento nach **Besserwissen ist unsere große Stärke.**
dem Motto: Wer nicht
weiter weiß, der bildet einen Arbeitskreis. Aber wenn Sie demselben
Menschen einen fertigen Rohentwurf geben, weiß er genau, wie
man ihn besser schreiben könnte. Das wissen sie alle. Besserwissen
ist unsere große Stärke.

Aber wenn ich doch weiß, dass ich jetzt etwas schreiben muss, dann
muss ich doch sofort anfangen damit, irgendetwas hinsetzen, einfach
drauflosschreiben! Auch wenn es schon fünf vor fünf am Nachmittag
ist. Am nächsten Tag kann ich mich ja dann hinsetzen und den Kopf
schütteln: Welcher Trottel hat denn diesen Mist geschrieben! Ach
so, das war ja ich selbst ... Und dann ist der Brief flugs verbessert.
Das spart extrem viel Zeit! Etwas ist besser als nichts. Viel besser!

Natürlich braucht es Mut für die ersten Meter. Pressetexte beispielsweise, alle Sorten von Marketingtexten, vom Newsletter bis zur
Produktbeschreibung sind eine heikle Sache. Vergreift man sich hier
im Ton oder setzt den Fokus falsch, kann die Wirkung verheerend
sein. Also, was mache ich? Einfach drauflosdiktieren! So schnell wie
möglich einen schlechten Text zimmern. Dann bleibt mehr Zeit
zum Verbessern, und der Text soll ja schließlich am Ende gut werden.
Am Ende! Wenn ich einen Marketingtext aufsetze, habe ich nicht
den Anspruch, gute Arbeit abzuliefern, das wäre völlig unvernünftig. Ich habe lediglich den Anspruch, dass der Entwurf sofort da ist,
damit er so schnell wie möglich verbessert werden kann. Sonst liegt
die Arbeit zu lange auf der Bank, auf der langen, wird terminiert,
verschoben, und von Tag zu Tag als schwieriger empfunden.

Eine meiner Mitarbeiterinnen war Diplom-Mathematikerin, eine enorm intelligente und kluge Frau. Jedoch fiel es ihr immer schwer, etwas zu entwickeln, und sie verbrachte gefühlte Jahrzehnte vor weißen Blättern Papier, bis wir dieses Prinzip der »schnellen schlechten Qualität« eingeführt haben. Nun gehen die Prozesse schneller und vor allem auch befriedigender vor sich.

Es gibt einen großen und allgegenwärtigen Widerspruch in unserem Leben zwischen Pragmatismus und Perfektion. In unserer täglichen Arbeit, im Unternehmen, in Märkten, in der Wirtschaft, in der Gesellschaft, auch im privaten Leben, in einer Ehe, in einer Familie. Auf der einen Seite ist unser Anspruch, auf der anderen die Realität.

Auf der einen Seite ist unser Anspruch, auf der anderen die Realität.

Einerseits brauchen wir bestmögliche Ergebnisse in allem, um angesichts der großen Konkurrenz in allen Lebensbereichen bestehen zu können. Wir müssen so gut wie möglich sein im Job, egal ob als Angestellter oder als Selbstständiger oder als Unternehmer, sonst ist der Job weg, die Aufträge weg, das Unternehmen weg. Unsere Produkte müssen so gut sein wie möglich, sonst ist der Markt weg. Unsere Wirtschaft muss so gut laufen wie möglich, sonst überholen uns nach den Chinesen auch noch die Inder, die Brasilianer, die Mexikaner und irgendwann auch noch Vietnam. Und wir müssen ein guter Ehepartner sein, angesichts von zwei Milliarden potenziellen Konkurrenten. Gute Eltern, sonst orientiert sich unser Spross an den falschen Vorbildern.

Andererseits dürfen wir keine Zeit verlieren, der frühe Vogel fängt den Wurm. Als erster den ersten Schritt, das Anfangen verschafft uns den entscheidenden Vorsprung. Das wissen wir. Wie lösen wir diesen Widerspruch nur auf?

Wann ist es endlich gut genug?

Die Lücke zwischen Perfektionsanspruch und Pragmatismusgebot lähmt die meisten Menschen. Sie sind dann weder perfekt noch schnell. Das ist der Grund, warum wir immer auf alles Mögliche warten müssen. Ich gestehe: Ich kann nicht warten, das macht mich verrückt. Es ist nicht auszuhalten. Einmal brauchten wir einen Flyer für ein Seminar im Oktober. Wir wussten das bereits im Frühjahr. Ich bin davon ausgegangen, dass wir bei aller Gemütlichkeit im Mai mit der Verteilung starten könnten. Das wären dann noch fünf Monate, um Wirkung zu entfalten und das Seminar voll zu bekommen. Im August wartete ich immer noch. Das ist die traurige Realität. Und warum war der Flyer noch nicht fertig?

Es lag überhaupt nicht an mangelndem Engagement, Willen und Einsatz. Nein, sie wollten es perfekt machen! Sie wollten den besten Flyer aller Zeiten bauen. Sie wollten es so gut wie irgend möglich machen. Derweil hatte ich die Sorge, dass das Seminar gar nicht stattfindet, weil wir keinen Flyer hatten. Ich sagte: »Hätten wir doch in Gottes Namen einen schlechten Flyer!« – Wissen Sie, wie gekränkt ein Perfektionist sein kann, wenn man seine Arbeit kritisiert?

Dabei erinnere ich mich noch gut, wie wir vor einigen Jahren unseren besten Flyer produziert haben, den wir je hatten. Keine Agentur, kein Briefing, kein Re-Briefing, kein Angebot, keine Meetings, kein Entwurf, keine Diskussion. Wir fuhren zum Grafiker, setzten uns daneben und machten den Flyer einfach fertig. Es war uns völlig egal, wie lange es dauerte. Wir starteten am Samstag um 9:00 Uhr mit unserem Textentwurf und beschlossen: Das machen wir jetzt fertig. Am Ende waren es 17 Stunden. Bis Sonntagmorgens um 4:00. Fertig. Wir hatten Monate Arbeit gespart. Es war nicht nur der beste Flyer, es war auch der kostengünstigste aller Zeiten für uns. Er war nahezu perfekt.

Nein, ich will nicht warten. Ich will nicht beim Arzt warten, nicht auf den Zug, nicht auf das Okay eines Chefs, nicht auf die richtigen Voraussetzungen, nicht auf den Schuldigen. Warten ist passiv. Ich warte nicht. Stattdessen

Perfektion ist eine Illusion und zum Pragmatismus gibt es keine Alternative.

versuche ich, die Dinge ins Laufen zu bringen. Den Widerspruch zwischen Perfektionismus und Pragmatismus erkenne ich nicht an.

Perfektion ist eine Illusion, und zum Pragmatismus gibt es keine Alternative. Ich kann dem Perfekten schließlich nur dann möglichst nahe kommen, wenn ich einmal ganz pragmatisch damit angefangen habe.

Außerdem ist Perfektion manchmal gar nicht auszuhalten. Sie kann geradezu wehtun. Weihnachten ist bei vielen Familien so ein perfekter Tag. Da wird alles wochenlang vorbereitet, versucht perfekt zu machen, der Tannenbaum am besten mit einem Innenarchitekten designt und die Deko gepudert, um dann ein perfektes Weihnachten zu erleben. Alles, wirklich alles ist perfekt, das Essen, die Geschenke, die Musik, die Lieder, die Ente, das Blaukraut, die Knödel, die Mousse, alles. Alles ist so perfekt, dass 80 Prozent aller Energie dafür aufgebracht wird, dass man keine Zeit mehr hat, Weihnachten zu feiern und zu genießen. Man ist nur noch dabei, dem Drehbuch der perfekten Inszenierung zu folgen und die Dramaturgie nicht zu zerstören. Weihnachten war perfekt. War es dabei auch schön? Geruhsam? Etwas fürs Herz? Oder doch nur für den Regisseur der Perfektion?

Warum feiern wir Weihnachten eigentlich? Das ist nicht nur Weihnachten so. Das ist bei Kindergeburtstagen ähnlich. Alles muss schön sein, alles wird inszeniert. Dabei wäre doch eine richtig wilde Mohrenkopfschlacht viel toller. Ja, da kann man richtig wütend werden, wenn es so perfekt ist. Perfektion weckt Aggression. Ich hatte mal einen Vorstandsvorsitzenden, der zur Eröffnung einer Veranstaltung perfekt sein wollte – und er war perfekt. Die Worte waren perfekt, alles perfekt eingeübt, kein böses Wort, keine Provokation, die Folien waren perfekt. Jeder einzelne Klick seines Assistenten mit den PowerPoint-Folien seines Vortrags war perfekt getimt. Es gab keinen Haspler, kein Räusperer, keine Ähs oder sonstigen Unperfektionen. Aber er war glatt, aalglatt und langweilig, roboterähnlich, wirkungslos. Manche Menschen wollen perfekt sein, das ist der Grund, warum sie miserabel sind. Die meisten sind schlecht, weil sie gut sein wollen. Perfektio-

Die meisten sind schlecht, weil sie gut sein wollen.

Perfektion ist Zeitlupe, Fantasie ist Lichtgeschwindigkeit.

nisten haben gleichviele Chancen wie Pragmatiker, sie sehen sie jedoch nicht. Perfektion ist Zeitlupe, Fantasie ist Lichtgeschwindigkeit.

Eine weitere Illusion ist es, zu glauben, das Beste, Vollkommenste, Perfekteste wird sich in der Konkurrenz durchsetzen. Das ist in Wahrheit weder in der Natur so noch im Markt. In der Natur setzt sich nicht der schönste, stärkste oder sonstwie perfekte Organismus durch, sondern der in der jeweiligen Situation am besten zur Umwelt passende. Und die Situation ändert sich ständig. So wurde Darwin mit »Survival of the fittest« oft falsch übersetzt. Nicht der Stärkste oder Schnellste gewinnt den Wettkampf, sondern der, der sich am besten an die Situation anpassen kann (to fit). Im einen Augenblick sind es noch Dinosaurier, einen Wimpernschlag von wenigen Millionen Jahren später sind es Ratten. Heute ist es noch der Homo, manchmal Sapiens, morgen sind es vielleicht die Küchenschaben. Oder immer noch der Homo Sapiens, wenn er sich zwischenzeitlich zum Homo Pragmaticus gewandelt hat.

In der Wirtschaft ist das Primat des Anfangens vor dem Streben nach dem Optimum ebenfalls deutlich sichtbar, wenn Sie sich die erfolgreichen Unternehmen und Produkte genauer anschauen. Dort sprechen wir von disruptiven Technologien: Sie zerreißen den erwartbaren Verlauf des stetigen Entwicklungs- und Verbesserungsfortschritts von bestehenden Technologien. Nehmen Sie Fotokameras: Spiegelreflexkameras, die Fotos als Negativ auf einem 35-Millimeter-Kleinbild-Film aufnahmen, wurden über die Jahrzehnte immer besser, kamen der Perfektion immer näher. Der Markt war ein Milliardenmarkt, der fein säuberlich zwischen den großen amerikanischen und japanischen Herstellern aufgeteilt war. Kein Mensch konnte sich vor 20 Jahren vorstellen, wie der Markt heute aussieht. Kleinbildfotografie, Brennweite, Objektivwechsel, Laborentwicklung, das alles ist heute nur noch Liebhaberei für wenige Enthusiasten, der weitaus größte Teil aller Fotos wird heute mit digitalen Handykameras aufgenommen und sofort per Internet versendet. Gibt es eigentlich noch die Firma Kodak? Und wenn ja, um wie viel ist die Mitarbeiterzahl gesunken?

Das ist das Kennzeichen disruptiver Technologien: Sie kommen plötzlich und wie aus dem Nichts. Sie zerstören viel schneller, als selbst Experten es sich vorstellen können, die bestehenden Markt-strukturen. Sie tauchen entweder vom unteren Rand des Markts schlagartig auf, oder sie brechen aus anderen Märkten überfallartig ein. Und warum übernehmen sie die Führung? Weil sie so viel besser sind als die bestehenden? Na, eben nicht! Sie sind regelmäßig deutlich schlechter! Die ersten Digitalfotoapparate lieferten grottenschlechte, pixelige, farbverfälschte Bilder, die Auslöseverzögerung war unsäglich schlecht, durch die Optik konnte man kaum etwas vernünftig erkennen.

Die ersten Taschenrechner waren ungenauer als die etablierten, ausgereiften Rechenschieber. CD-Player lieferten schlechtere Klangergebnisse als Schallplattenspieler. Digitalfernseher boten schlechtere Bildqualität als Röhrenfernseher. Auch in der Gegenwart lässt sich der Effekt beobachten: Flash-Speicher für Computer sind vielfach teurer als Festplattenspeicher. Elektroantriebe inklusive Batterien für Autos sind schwerer, teurer, haben längere Ladezeiten und eine geringere Reichweite als Verbrennungsmotoren. Trotzdem bin ich sicher, dass sowohl die Flash-Speicher als auch die Elektroantriebe disruptive Technologien sind und den Markt übernehmen werden.

Wenn Sie Führungskräfte fragen, woran Sie gerade arbeiten, dann hören Sie: Verbesserungsprozesse, Kundenwünsche erfüllen und so weiter. Daran ist nichts falsch, es ist nur nicht ausreichend, um im Wettbewerb ganz vorn zu sein. Die meisten Unternehmen versuchen, bestehende Produkte, Dienstleistungen und Prozesse immer weiter zu optimieren. Und gerade weil Marktführer oft zu sehr auf die Bedürfnisse der Stammkunden achten, fehlt ihnen der Blick für revolutionäre Neuerungen. Bevor Manager beschließen, eine bestimmte Technik, ein neues

Doch wer seine Kunden befragt, fängt Fische im Aquarium. Produkt, ein neues Verfahren oder neue Vertriebswege einzuführen, hören sie auf den Kunden. Logisch – oder? Doch wer seine Kunden befragt, fängt Fische im Aquarium. Man macht für die Kunden, die man ohnehin schon hat, die besten Produkte, die sich diese ohnehin schon vorstellen können. Viele Unternehmen machen genau das – und scheitern…

Grottenschlecht – aber schon da!

Immer die besten Produkte sterben. Denn die neuen Technologien setzen sich nicht durch, weil sie besser sind in den gleichen Disziplinen als die bewährten Technologien, sondern weil sie ihre Stärken in anderen Disziplinen haben, die im entscheidenden Moment im Markt eine höhere Relevanz bekommen haben.

Ein Artikel der *Harvard Business School Press* mit dem Titel »The Innovator's Dilemma« zeigt, dass Verbesserungen sogar die Existenz gefährden. Ja, Sie haben richtig gelesen! Denn der Wettkampf wird meist gegen ähnliche Wettbewerber geführt, die mit ähnlichen Mitarbeitern, mit ähnlicher Branchenblindheit denken, ähnliche Ideen haben und ein ähnliches Produkt in einer ähnlichen Qualität zu einem ähnlichen Preis anbieten. Das gleicht dem Kampf zweier Rasiererhersteller, die sich ständig mit der Anzahl der Klingen zu übertreffen versuchen: Das »Ich-habe-eine-Klinge-mehr«-Syndrom. Doch was geschieht, wenn es ein ganz neues Verfahren zur Beseitigung der Bartstoppeln gibt?

Die Gewinnerunternehmen haben keine Zeit darauf verschwendet, die Platzhirsche bei den bestehenden Produktmerkmalen zu übertreffen, sie haben einfach ganz neue Produktkategorien kreiert, egal wie grottenschlecht – zunächst.

Gerade die überaus zufriedenen Kunden werden die Ersten sein, die wechseln. Die Logik dahinter: Wenn es einerseits den unzufriedenen Kunden gibt, der immer mehr Leistung fordert, so gibt es auch den überzufriedenen, den »overserved« Kunden, für den die Leistung mehr als ausreichend ist. Da die Leistung für ihn mehr als zufriedenstellend ist und eine mögliche Leistungs- oder Qualitätssteigerung nicht relevant ist, so wird er versuchen, an einem anderen Hebel zu drehen, dem Preis. Oder eben mit schlechter funktionierenden Leistungen, die zwar in Relation teurer, doch absolut günstiger für ihn sind, zufrieden sein.

Das Bildergebnis von Digitalkameras lässt sich sofort überprüfen, für zahlreiche Schnappschüsse entstehen keine weiteren Kosten, die Bilder lassen sich sofort weiterverarbeiten oder kopieren. Diese Produktmerkmale waren vor 20 Jahren absolut neu. Inzwischen hat sich auch die Bildqualität so weit verbessert, dass Digitalkameras mit analogen Kameras mithalten können, aber das ist schon längst nicht mehr entscheidend.

In den Anfangsjahren waren die Halbleiter den Röhren noch unterlegen. Die ersten Glühbirnen haben weniger Licht gegeben als Kerzen. Die ersten Autos waren langsamer, lauter, teurer, gefährlicher, umständlicher als Pferdekutschen.

Wie reagieren Unternehmen auf diese Veränderungen? Viele der dominierenden Unternehmen messen ihnen keine Bedeutung bei. Die Margen sind noch klein und somit wird im Regelfall nicht in disruptive Technologien investiert (haben ja auch eine schlechtere Leistungsfähigkeit), da der durchschnittliche Kunde diese – noch – nicht möchte. Und als kundenorientiertes Unternehmen bietet man ja in der Regel auch keine Produkte oder Dienstleistungen an, die der Kunde nicht nachfragt. So arbeiten die einen an der Verbesserung der Kerze, die anderen an der Glühbirne. Nein, ständige Verbesserungen sind keine ausreichende Überlebensversicherung, nirgends, in keinem Bereich. Der Anspruch, der Beste zu sein, genügt nicht, sondern kann sogar die Existenz kosten.

Viel besser ist es, etwas Schlechtes zu produzieren, dafür aber ganz neue Pfade zu beschreiten und neue Kategorien zu errichten. Dazu braucht es kein Startkapital, es braucht auch keine besonderen Umstände. Den Weg zu ihrer Firmengründungsparty am 1. April 1976 mussten Steve Jobs, Steve Wozniak und Ronald Wayne zu Fuß zurücklegen. Denn für das nötige Startkapital von 1 750 Dollar hatten die drei Jobs' VW-Bus verkauft. Und Woz's Hewlett-Packard-Taschenrechner. Steve und Ronald hatten ihm das Ding aus den Händen reißen müssen. Ein Taschenrechner war für einen Nerd wie Woz damals so etwas wie der Stehkragen für Karl Lagerfeld. Man geht einfach nie ohne aus dem Haus. Den Apple I, einen braunen Holzkasten mit grauer Tastatur und dem Apple-Schriftzug in Laubsägearbeit, haben die drei am Küchentisch und im Schlafzimmer von Steve Jobs' Eltern im Crist Drive 11161 in Palo Alto zusammengesteckt und in der Garage getestet. Hier haben sie ihren Freunden ihre Vision erzählt und vorgeführt. Sie waren Entwicklung, Produktion und Vertrieb in einem.

Sie haben durchaus auf jedes Detail geachtet und es so gut wie möglich gemacht. Aber sie haben nicht gewartet, bis es perfekt war. Wären sie Perfektionisten gewesen, wäre der erste Apple ein HP geworden. Denn Wozniak arbeitete bis zum Tag der Gründung bei Hewlett Packard, dem Branchenriesen in Palo Alto. Fünf Mal ist er abgeblitzt mit seiner Idee der Entwicklung eines Personal Computers für den Massenmarkt. Kein Potenzial. Zu unausgereift. Und so weiter. Bis die drei die Sache selbst in die Hand genommen haben. Heute ist Apple eine der drei wertvollsten Marken der Welt.

Ich habe beruflich und privat viele Menschen kennengelernt. Den meisten hätte man den Apple-Prototyp vor die Nase stellen und alles nötige Wissen in den Kopf beamen können. Sie säßen noch heute mit 1 750 Dollar in der Tasche zu Hause am Schreibtisch, um einen Business-Plan zu schreiben und die repräsentativste Firmenzentrale für Ihr Personal-Computer-Start-up zu suchen. Manche Menschen verbringen ihr ganzes Leben damit, sich auf etwas vorzubereiten, um am Ende der Vorbereitung festzustellen, dass sie sich noch besser vorbereiten müssen.

Wie erfolgreich das genaue Gegenteil der Perfektion, nämlich die vollendete Banalisierung ist, hat ein in der Wirtschaftsgeschichte einzigartiges Brüderpaar bewiesen – Karl und Theo Albrecht. In der Huesstraße 89 in Essen-Schönbeck fing alles an. Der Vater, Bäckergeselle, gab 1913 das Backen auf, um einen Brothandel zu eröffnen. Als er im Ersten Weltkrieg eingezogen wurde, führte die Mutter den Laden weiter, als klassischen Tante-Emma-Laden. Das änderte sich rasch, als die Söhne aus dem Zweiten Weltkrieg heimkehrten. Ihr Vater starb 1948, und sie übernahmen das Geschäft der Eltern vollständig. Mit dem Willen, es besser zu machen.

Denn die Konkurrenz im Lebensmittel-Einzelhandel war genossenschaftlich organisiert, Verkaufstreiber waren Rabattmarken. Die Kunden mussten sammeln, kleben und dann im Laden einlösen. Ein für alle aufwändiges und nervtötendes Verfahren. Doch die Brüder tickten da ein wenig nüchterner: »Alle Rabatte schon abgezogen!« – Ihr Erfolgsrezept, billiger als alle anderen zu sein, war geboren. Mit diesem Prinzip räumten sie den Markt auf. Und sie sparten radikal. An der Dekoration. An der Ausstattung. Am Personal. Und sogar am Sortiment. Fünf Jahre, nachdem sie die »Karl Albrecht Kolonialwaren« vollständig von ihrer Mutter übernommen hatten, machten sie in 31 Filialen an der Ruhr einen Umsatz von 6 Millionen Mark. 1960, sieben Jahre später, nahmen sie die 100-Millionen-Hürde. Sie änderten den Namen von Albrecht Discount in Aldi. Und traten ihren Siegeszug um die Welt an. In den USA heißen sie übrigens Trader Joe.

Sie waren nie brillant. Sie waren kleine Knauser. Theo hat bis zu seinem Tod Gohrsmühle-Briefumschläge verschickt, auf denen er die alte vierstellige Postleitzahl durchgestrichen und durch die neue, fünfstellige ersetzt hatte. Die Brüder waren nie perfekt. Nur immer den entscheidenden Cent besser als alle anderen. Das hat sie zu den reichsten Deutschen aller Zeiten gemacht. Reicher als die Wittelsbacher, die Zähringer und die Hohenzollern. Reicher als Hoesch, Bosch, Klöckner, Thyssen und Krupp von Bohlen und Halbach.

Sie waren Selfmade Men. Und die heißen so, weil sie es selbst machen. Im Laufe der ganzen Unternehmensgeschichte. So wie Heinz Hankammer. Er hat nicht gewartet, bis die Wasserwerke in seiner Heimatgemeinde Taunusstein auf eine seiner zahlreichen Eingaben zur Verbesserung der Trinkwasserqualität reagierten.

Er hat 1966 einfach seine eigene Firma Brita Wasserfilter gegründet. Produziert wurde unterm Birnbaum im heimischen Garten: ein Filter zur Entmineralisierung von Leitungswasser. 1970 folgte der erste Tisch-Wasserfilter für den Privathaushalt, kurz darauf der erste professionelle Wasserfilter für Gewerbe und Industrie.

Als 1980 der Eintritt auf dem amerikanischen Markt geplant war, ging man die Sache zuerst nach herkömmlichem Muster an. Marktforschungen, Absatzpläne, Worst Case, Normal Case, Best Case und all der Käse. Doch alle Eingeweideschau und Kaffeesatzleserei brachte keine Entscheidungsgrundlage.

Marktforschungen, Absatzpläne, Worst Case, Normal Case, Best Case und all der Käse.

Also hat sich der Herr Hankammer eben persönlich mit einer Palette seiner Wasserfilter eine Woche in einen amerikanischen Supermarkt gestellt. Hinterher war er schlauer: Es funktioniert! Heute ist Brita internationaler Marktführer und steht von Bangalore bis Baltimore für sauberes Trinkwasser.

»Allem Anfang wohnt ein Zauber inne«, schrieb Herrmann Hesse. Wir hören am liebsten die Erfolgsgeschichten. Und werden dabei ein wenig wehmütig. »Ach hätte ich doch …« Unsere eigenen Chancen lassen wir links liegen. Heften sie ab unter »Bei Gelegenheit«, »Später ausarbeiten«, »Noch nicht so weit«.

Dabei müssten uns doch gerade die Geschichten der Gründer inspirieren, selbst etwas auf die Beine zu stellen. Doch wir fürchten immer nur das Scheitern. Und das nicht ohne Grund. Dass der Erfolg der Großen oft eine Aneinanderreihung von kapitalen Fehlschlägen ist, stimmt ja. Wir aber wollen den Stempel, das Siegel, die Erfolgsgarantie. Aber die gibt es nicht. Trotzdem muss einer eben einfach mal anfangen und die Verantwortung auf sich nehmen. Und vielleicht auch mal großen Mist bauen.

Erfolgreiche Fehlschläge

Als Dr. James D. Hardy im großen OP des Medical Center der Universität Mississippi den Brustkorb seines Patienten zunäht, hat er als erster Chirurg in der Medizingeschichte mit Erfolg das Herz eines Menschen gegen ein anderes ausgetauscht. Und das vier Jahre vor der berühmten Operation durch das Team um Professor Christiaan Barnard in Kapstadt. Hardys nur in Fachkreisen berühmte Operation unterscheidet sich vor allem durch den Spender – einen 87 Pfund schweren Schimpansen.

Jahrelang hatte das Team tausende Ratten, Hunde und Kälber operiert und die Herzen von über 200 Tieren verpflanzt. Zuletzt die von Menschenaffen. In der Nacht des 23. Januar 1964 wurde ein 68-jähriger Mann mit Herzinfarkt in die Klinik eingewiesen – Überlebenschance gegen null. Da kein Spender verfügbar war, erklärten sich die Angehörigen mit der Verwendung eines Schimpansenherzens einverstanden. Dessen Gewicht war zwar deutlich geringer als das des Menschenherzens. Doch die Pumpleistung des Affenherzens lag bei 4,5 Liter pro Minute – besser als nichts.

Das Ärzteteam kam zusammen. Allen war klar: So weit war noch kein Mensch gegangen. Wer ist dafür? Vier Hände. Wer dagegen? Eine Enthaltung. Das Team ging an die Arbeit. Sechs Stunden später begann mit einem kurzen Stromstoß vom Defibrillator ein Affenherz im Brustkorb eines Menschen zu schlagen – regelmäßig und kräftig mit 80 Schlägen pro Minute.

Alle am Tisch wussten: Diese Operation hatte keine Aussicht auf Heilung. Denn schnell zeigte sich, dass das kleine Affenherz dem starken Rückfluss des Venenbluts nicht standhalten konnte. Eine Stunde später pumpte das Affenherz nur noch mit Herzmassage. Dann musste das Team alle Bemühungen aufgeben.

Hardys Operation wurde von Zeitgenossen als bedrückender Fehlschlag bewertet. Heute gilt sie als eine der Sternstunden der Medizin. Professor Christiaan Barnard, der vier Jahre später die erste erfolgreiche Transplantation von Mensch zu Mensch leiten sollte, bezeichnete Hardys Versuch als mutig. Er war der Anfang einer beeindruckenden Entwicklungsleistung. Seit damals haben Herztransplantationen Hunderttausenden ein zweites Leben geschenkt.

Hardy, Barnard und all die anderen, die mit ihrer Arbeit zu diesem Erfolg beigetragen haben, wussten: Wer Kuchen will, muss Eier zerschlagen. Das braucht den Mut des Pioniers und nicht die Skepsis des Perfektionisten, der mit seinen verkopften Vernunftargumenten immer nur weiß, was nicht geht.

Aber wie gesagt: Wer etwas Neues anfängt, riskiert auch ein Scheitern. Ich will nicht so tun, als ob Pragmatismus, Anfangen, Loslaufen immer ein Kinderspiel ist und immer zum Erfolg führt. Es kann sich als grandioser Fehlschlag herausstellen, und das passiert oft genug, manchmal im weltweiten Maßstab. Ein Beispiel, bei dem wir bis heute noch nicht entscheiden können, ob es die größte Lebensrettungsmission oder eine der größten Körperverletzungskampagnen der Geschichte darstellt, begann Ende des 18. Jahrhunderts: Edward Jenner, Landarzt von Berkeley, setzte sein Skalpell zum Kreuzschnitt in den schmutzigen kleinen Oberarm des achtjährigen Sohnes seines Gärtners. Dann tupfte er eine Flüssigkeit in die Wunde – Lymphe aus der Pustel einer an Kuhpocken erkrankten Magd. Die folgenden zwei Wochen stand der kleine James Phipps unter ständiger Beobachtung: »Am siebten Tag klagte er über Unbehaglichkeiten in der Achsel und am neunten Tag wurde ihm etwas kalt, er verlor seinen Appetit und hatte etwas Kopfschmerzen. Während des ganzen Tages war er spürbar unpässlich und verbrachte die Nacht mit einem gewissen Grad der Ruhelosigkeit; aber am folgenden Tag ging es ihm hervorragend.«

Sechs Wochen später hing das Leben des Jungen am seidenen Faden. Denn Jenner wiederholte die Behandlung. Nun aber mit der Lymphe eines Toten, infiziert nicht mit den harmlosen Kuhpocken, sondern dem für Menschen tödlichen Stamm des Erregers, der Jahr für Jahr Hunderttausende dahinraffte. James erkrankte nicht. Jenner schloss daraus, dass der Schutz vollständig war. Der englische Arzt hatte mit diesem grauenhaften Versuch die Pockenimpfung entwickelt, so wie wir sie heute kennen. Anfangs wurde der Impfstoff noch auf Waisenkindern gezüchtet, später im Labor.

Anderthalb Jahrhunderte lang wurden seitdem aberhunderte Millionen Kinder und Erwachsene geimpft. Bisweilen unter inquisitorischem Impfzwang. Und teilweise mit psychologischem Druck: »Sie können doch nicht mit Ihrem Gewissen vereinbaren, Ihr Kind nicht zu impfen, oder?«

Die Folgen des Geschäfts mit der Angst: Milliardengewinne bei den Impfmittelherstellern und den Ärzten. Und Heerscharen von Toten, akut und chronisch Kranken in unbekannter Anzahl. Es ist bis heute nämlich nicht erforscht und erwiesen, welche Krankheiten und Komplikationen keine Folgen des Impfens sind. Die Beweislast ist merkwürdigerweise umgekehrt: Patienten, die nach Impfungen schwere gesundheitliche Folgen tragen, beziehungsweise ihre gesetzlichen Vertreter müssen nachweisen, dass es sich um Impfschäden handelt, was sich als genauso schwierig bis unmöglich herausstellt, wie der umgekehrte Beweisweg. Jedenfalls konnte das Gesundheitswesen bis heute viele Indizien, von Einzelfällen bis hin zu auffälligen statistischen Werten, die darauf hindeuten, dass das Impfen regelmäßig schlimme Impfschäden nach sich zieht, nicht aus der Welt schaffen. Es gibt viele erfahrene Mediziner, die vom Impfen generell abraten und auch ihre eigenen Kinder nicht impfen oder die zumindest empfehlen, so wenig wie möglich zu impfen.

Jenner selbst erlebte die Tragödie in der eigenen Familie. Die Impfung seiner Frau führte mit großer Wahrscheinlichkeit zu einer Totgeburt. Der Leichnam des Fötus hatte pockenähnliche Blasen auf der Haut. Sein bis dahin gesunder Sohn, den er mit eigener Hand impfte, entwickelte sich geistig nach der Impfung nicht weiter und starb mit 21 Jahren als Schwachsinniger. Jenner verzweifelte an sich und der Welt. »Ich weiß nicht, ob ich nicht doch einen furchtbaren Fehler gemacht und etwas Ungeheuerliches geschaffen habe«, resümiert er sein Wirken auf dem Sterbebett.

Wir wissen es heute immer noch nicht. Vielleicht ist es der richtige Weg, vielleicht aber auch nicht. Aber selbst wenn das Impfen ein Irrweg und potenziell gesundheitsschädlich oder gar bisweilen tödlich ist: In die falsche Richtung zu laufen, um dessen irgendwann sicher zu sein, ist nicht das Dümmste. Andere, die nach uns kommen, haben dann zumindest die Gewissheit, dass es ein Irrweg war, und können daraus lernen. Davor ist es wie beim Herumtappen im Nebel – die einzige Chance, die wir haben, ist loszulaufen. Das hat nichts mit Gott- oder Grundvertrauen zu tun, ich sehe lediglich keine Alternative.

In die falsche Richtung zu laufen, um dessen irgendwann sicher zu sein, ist nicht das Dümmste.

Das ist wie bei der Frau, die mir sagte, sie habe Angst, sich selbstständig zu machen, da sie dann Kunden verlieren könne. Ich sagte: »Sie können gar keine Kunden verlieren, wenn Sie sich selbstständig machen, weil Sie erst mal gar keine haben. Sie können sie nur noch gewinnen. Den denkbar schlechtesten Zustand haben Sie schon heute. Fangen Sie an!«

Perfekt pragmatisch, pragmatisch perfekt

Schwächen sind übertriebene Stärken. Kann die Wurzel unseres Perfektionismus auch eine Stärke sein? Aber natürlich kann sie das! Der Anspruch, die beste Leistung zu liefern, der Wunsch nach Effektivität, das Ziel der Vollendung des Begonnenen, das ist ein guter Antrieb. Das Ziel, das Perfektionisten anstreben, ist gut. Nur der Weg nicht.

Perfektionismus ist perfekt, wenn wir in der Lage sind, ihn pragmatisch zu erreichen. Der pragmatische Anfang schafft einen unperfekten Zustand, oftmals ein ziemlich schlechtes Zwischenergebnis – wunderbar! Dann können wir endlich unsere Qualitäten ins Spiel bringen. Dann können Sie Ihre Perfektionisten aus dem Urlaub zurückholen und den kontinuierlichen Verbesserungsprozess, das Qualitätsmanagement und die Prozessoptimierung lostreten. Denn dann sind Sie in eine andere Phase eingetreten.

Die Kunst ist schlichtweg, den Anfang vom Ende zu unterscheiden. Ein Anfang, eine Gründung, ein Projektstart ist etwas ganz anderes als eine Konsolidierungsphase, verlangt ganz andere Eigenschaften und fühlt sich ganz anders an. Das ist das Gleiche wie bei einer jungen Beziehung: Die Verliebtheitsphase unterscheidet sich von einer langjährigen Beziehung oder gar einer Ehe so stark wie eine Wolke von einem Meer – es ist quasi ein anderer Aggregatzustand.

Die Verliebtheitsphase unterscheidet sich von einer langjährigen Beziehung oder gar einer Ehe so stark wie eine Wolke von einem Meer.

Und trotzdem versuchen viele, mit den gleichen Managementgewohnheiten in den verschiedenen Stufen eines Projekts oder eines Unternehmens zu führen. Zu Beginn braucht es den Pioniergeist, der aber in der Konsolidierungsphase fehl am Platze ist. Und umgekehrt: Mit Erbsenzählerei ist noch kein Unternehmen aus der Taufe gehoben worden. Wir müssen uns passend zur Situation verhalten, nur dann können wir überleben, das ist das Grundprinzip der Evolution. Nur: Die meisten machen genau das nicht.

Das muss man sich erst mal leisten können. Uns scheint es ja ganz schön gut zu gehen. In Deutschland lebt noch eine Generation, die gezwungen war, die Sache anders anzugehen. Nach dem Krieg haben die Städter ihre Kohlen und ihr Silberbesteck eingepackt, um sie mit den Bauern gegen Kartoffeln zu tauschen. Weil sie mussten. Es ging um Leben und Tod. Sobald es möglich war, hat diese Generation dann ein Unternehmen nach dem anderen gegründet und sich in wenigen Jahrzehnten wieder an die Weltspitze der Wirtschaft zurückgekämpft. Von diesem Geist ist heute wenig geblieben. Wir müssen nichts mehr. Wir kommen immer irgendwie durch. Aber so bleibt das nicht. Wenn Sie Ihrem Konkurrenten etwas wirklich Böses wünschen wollen, dann wünschen Sie ihm die fünf besten Jahre seines Unternehmens, danach sind die meisten fett und faul geworden.

Es gibt offenbar so eine Art Schweinezyklus des Pragmatismus. Schweinezyklus werden in den Wirtschaftswissenschaften die gegenläufigen, periodischen Schwankungen von Mangel und Überfluss genannt, seit der deutsche Agrarmarktforscher Arthur Hanau 1928 in seiner Dissertation über »die Prognose der Schweinepreise« dieses Phänomen nachwies und erklärte.

Der Pragmatismus-Schweinezyklus geht etwa so: Geht es uns schlecht, entwickeln wir langsam und dann immer stärker Dynamik, Pioniergeist. Wenn das Feuerholz knapp wird, stehen wir auf, nehmen die Axt und gehen in den Wald. Unser Pragmatismusmuskel schwillt an, die Perfektionismusdrüse atrophiert. Das Wetter ist ungünstig? Egal. Da draußen gibt es Bären? Schlecht, aber dagegen können wir nichts machen. Die Mondphase bedeutet nichts Gutes? Achselzucken. Wir gehen trotzdem los. Und bekommen Probleme, machen Fehler. Wir lösen die Probleme, lernen aus den Fehlern. Feiern Erfolge. Wir streben auf, verbessern unsere Situation, etablieren uns. Dann treten wir in eine andere Phase ein. Der Pragmatismusmuskel schlafft ab, die Perfektionismusdrüse erhöht die Produktion. Von der Politik der wenigen großen Sprünge wechseln wir zum Muster der vielen kleinen Trippelschritte. Fehler? Müssen wir verhindern! In der Folge kommen Anspruchsdenken, Reglementierung und Verteilungsmentalität ins Spiel. Trägheit, Vorsicht, Verantwortungsscheu, Abwarten, Skepsis und Zweckoptimismus machen sich breit, der Karren fährt sich fest. Dann wächst die Unzufriedenheit. Die Lücke zwischen Ist und Soll wird immer größer. Die Konkurrenz schläft nicht und ist wesentlich besser aufgestellt. Es geht bergab. Das Feuer brennt herunter, es ist kein Holz mehr da, um nachzulegen. Wir beginnen zu frieren, die Stimmung verdüstert sich. Es geht uns zunehmend schlecht. Dann ändern wir unsere Mentalität. Die Ansprüche sinken, die Verantwortungsbereitschaft steigt, wir stehen auf, nehmen die Axt und gehen in den Wald. Der Zyklus beginnt von vorn.

Wo in diesem Zyklus wir in Wirtschaft und Gesellschaft gerade stehen, ist leicht auszumachen. Aber das ist völlig unabhängig von der Phase, in der Sie und ich gerade individuell stehen. Ich habe mich dazu entschlossen, die Axt in der Hand zu behalten. Das bedeutet: Ich bin chronisch unzufrieden. Ich habe mich dazu entschieden, die Abweichung zwischen Ist- und Sollzustand dauerhaft nicht zu akzeptieren. Das ist die Wurzel des Pragmatismus.

Und wir sind doch eigentlich sehr gut im Unzufriedensein, da gehören wir absolut zur Weltspitze. 33 Prozent von uns sind laut dem Deutschen Gewerkschaftsbund unzufrieden mit ihrem Arbeitsplatz, 88 Prozent der vom Gallup-Institut befragten Arbeitnehmer spüren geringe oder keine Verpflichtung gegenüber ihrem Arbeitgeber, 70 Prozent der Befragten einer ComTeam-Studie sind mit der Entscheidungskultur in ihrem Unternehmen unzufrieden, in einer Umfrage mit 25000 EU-Bürgern kam heraus, dass in keinem anderen Europäischen Land die Bürger ihre Zukunft so pessimistisch sehen wie in Deutschland, laut der Universität Göttingen sind 49 Prozent der Deutschen mit ihrem Liebesleben unzufrieden, wir sind unzufrieden mit unserer Bank, mit der Politik, mit dem Wetter, mit dem Fernsehprogramm, mit der Leistung unserer Lieblingsmannschaft.

Draußen ist es zu heiß, drinnen zu kalt. Mein Chef versteht mich nicht. Mein Partner erst recht nicht. Niemand liebt mich. Ich verdiene zu wenig. Nie habe ich Glück. Immer ich. Schuld an allem sind meine Eltern. Undsoweiterundsoweiter. Unzufrieden sein, das haben wir drauf. Dafür sind wir weltweit bekannt.

Und wegen dieser großen Stärke sind wir überhaupt eine Wirtschaftsmacht. Wir sollten versuchen, noch viel unzufriedener zu sein!

Wir sollten versuchen, noch viel unzufriedener zu sein!

Worin wir allerdings sehr schwach sind: Die Unzufriedenheit richtig zu kanalisieren. Anstatt zu jammern, zu meckern und Ansprüche zu errichten, sollten wir sie in Pragmatismus umwandeln. Stattdessen macht uns die Unzufriedenheit zu Skeptikern. Das macht uns das Leben schwer. Es ist leider derzeit total in, skeptisch zu sein. Skepsis wird leicht mit Kritik verwechselt, ist aber im Kern nichts Konstruktives. Skepsis ist eine Darreichungsform von Feigheit, irgendetwas zu tun, eine Ausrede, um so zu bleiben, wie man ist, ein Vorwand gegen Veränderung, oft einfach nur ein anderes Wort für Begeisterungslosigkeit. Skepsis ist pure Angst.

Bitte verstehen Sie mich nicht falsch, ich will nicht, dass Sie mir jetzt mit der rosaroten Brille durchs Leben laufen, nein, der kritische Blick ist gut. Den meine ich nicht. Ich meine die Skepsis, die böse Schwiegermutter der Kritik …

Das ist unsere Wahl: Wir können unsere Unzufriedenheit entweder in Skepsis verwandeln oder in Pragmatismus. Im ersten Fall erwarte ich nichts Gutes von meinem Lebenspartner, von meinem Mitarbeiter, von meinem Chef, vom Staat und vom ganzen Rest. Ich suhle mich im Schlammloch der Unzufriedenheit. Das heißt: Ich bleibe, wo ich bin. Im zweiten Fall versuche ich, mich mit meinem Lebenspartner auf ganz neue Weise auseinanderzusetzen, wechsle die Strategie, um beruflich zum alten Ziel zu kommen, ignoriere die Rahmenbedingungen und mache meine eigene Konjunktur und sage meinem Mitarbeiter: Ich erwarte schlechte Qualität, und zwar in 20 Minuten!

Ich erwarte schlechte Qualität, und zwar in 20 Minuten!

VERGEIGT

Warum wir unglücklich sterben

Z007 erklärte die UNESCO zum Jahr des Rumi – sein Geburtstag jährte sich zum 800. Mal. Im deutschsprachigen Raum, wo es keine muslimische Tradition gibt, ist dieser Dschalal ad-Din Muhammad Rumi, genannt Maulana (»der Meister«), zwar kaum bekannt. Aber durch sein Werk ist er zweifellos einer der bedeutendsten Dichter der Weltgeschichte. Mit seiner wunderschönen Poesie beschrieb Rumi die Freude zu leben genauso herzergreifend wie die Trauer. Seine Verse sind durchdrungen von Liebe – der Liebe zum Leben, zu seinen Mitmenschen, zu allem von Gott Geschaffenen. Die Liebe war für Rumi die Hauptkraft des Universums.

Wie hat einer gelebt, was hat einer erfahren, der eine solche Lebensintensität ausdrücken kann?

Wir wissen ein wenig über sein Leben. Er wurde 1207 geboren im »Land der aufgehenden Sonne« – eine zentralasiatische Region, die im Mittelalter »Chorasan« genannt wurde und heute ungefähr einen großen Teil des Iran und fast ganz Afghanistan umfassen würde.

Als Rumi zwölf Jahre alt war, fiel Dschingis Khan mit seinem Mongolen ein und übte Rache für den Überfall auf eine mongolische Karawane. Rumis Vater hatte das geahnt und war mit seiner Familie rechtzeitig geflohen: Richtung Westen durch Persien, nach Mekka und schließlich nach Konya, das in der heutigen Türkei liegt. Dort wuchs Rumi auf und übernahm nach dem Tod seines Vaters dessen Lehrposten an einer Islamschule. Seine Bekanntheit als Gelehrter und Dichter wuchs, auch über die Region hinaus. Seine Großwerke entstanden aber erst nach 1244, als Rumi den persischen Mystiker und Derwisch Schams-e Tabrizi kennen gelernt hatte. Der beeinflusste ihn wie kein anderer. Rumi und Schams wurden enge Freunde, ja Liebende – zumindest intellektuell und spirituell.

So wie er früh erlebt hatte, von seiner Heimat fortgerissen zu sein, so erlebte er dann auch, von seiner großen Liebe für immer getrennt zu sein. Er und sein Lebenspartner Schams wurden auseinander gerissen, Schams floh oder wurde entführt, vielleicht sogar ermordet, jedenfalls blieb er für immer verschwunden. Rumi beklagte seinen Verlust in unzähligen Versen und Liedern. Sein weiteres Leben widmete er der Suche nach seinem Freund. Doch blieb ihm das Glück bis zum Tod verwehrt. Im Lichte dieser Erfahrung ist seine Nachricht an uns:

»Achte gut auf diesen Tag, denn er ist das Leben – das Leben allen Lebens. In seinem kurzen Ablauf liegt alle seine Wirklichkeit und Wahrheit des Daseins. Die Wonne des Wachsens, die Größe der Tat, die Herrlichkeit der Kraft – denn das Gestern ist nichts als ein Traum und das Morgen nur eine Vision. Das Heute jedoch – recht gelebt – macht jedes Gestern zu einem Traum voller Glück und jedes Morgen zu einer Vision voller Hoffnung. Drum achte gut auf diesen Tag!« (Maulana Dschalal ad-Din ar-Rumi, um 1230)

Über dem Schnitt

Rumi mahnt uns, achtsam zu sein. Doch sind wir achtsam? Obwohl wir mit jeder Sekunde geizen, werfen wir unser Leben doch mit vollen Händen zum Fenster raus! Nehmen Sie einmal Ihr eigenes Leben, wie es heute ist. Wie zufrieden sind Sie auf einer Skala von 0 bis 10? Beruflich, privat, mit Ihren Träumen? 10 heißt besonders gut, 0 besonders schlecht. Eine 10 im Job wäre, wenn Sie nächste Woche Ihren Chef, Ihren Geschäftsführer oder Ihren Gesellschafter anrufen und sagen: »Du, ich habe immer ein Gehalt von der Firma bekommen. Das muss nicht mehr sein. Es ist ja wie im Phantasialand hier! Ab morgen zahle ich jeden Tag 50 Euro Eintritt.« Das wäre eine 10. Eine 0 dagegen ist die innere Kündigung, Mikado. Sie wissen schon: Wer sich zuerst bewegt, hat verloren.

Wie sieht's bei Ihrer Partnerschaft aus? Eine 10 würde bedeuten, dass Sie anstatt diese Zeilen zu lesen mit Ihrem Schatz telefonieren.

Denn Sie haben ihm oder ihr heute noch nicht oft genug gesagt, dass er oder sie das Fleischklößchen in Ihrer Nudelsuppe ist. Die Liebe Ihres Lebens. Dass Sie nicht mehr ohne sie könnten, keinen Sinn sehen würden, weiter auf diesem Planeten herumzutorkeln. Ich habe das vor kurzem bei einem Seminar erzählt. Ein Teilnehmer meinte: »Herr Scherer, das ist bei Ihnen eine 10? Ist bei mir gerade mal eine 4,5 ...«

Gut, dachte ich, hier hatte mich jemand verstanden. Eine 0 ist übrigens, wenn Sie sich bereits über Alternativstrukturen Gedanken gemacht und vielleicht schon die ein oder andere molekulare Rekombination ausprobiert haben.

Und was ist mit Ihren Träumen? Wie sieht denn hier die 10 aus? Lassen Sie mich das so formulieren: Angenommen, Sie werden vom Blitz getroffen. Das ist zwar keine angenehme Vorstellung, aber eine wertvolle: Sie spazieren also mit ihrem neuen Schirm bei Gewitter über eine Kuhweide, und zack – für einen Sekundenbruchteil jagen tödliche 300000 Ampere durch Ihren Körper, und es läuft der berühmte Film vor Ihrem inneren Auge ab. Eine 10 bedeutet, dass Sie in diesem Moment dankbar und glücklich von dieser Erde gehen und etwas Ähnliches denken wie: »Na, gut. Jeder andere Moment ist so gut wie dieser hier. Schade, dass es schon vorbei ist, aber ich habe nichts verpasst, nichts ausgelassen, habe meine Träume gelebt und bin dankbar für ein erfülltes Leben. Ciao!« Eine 0 heißt: »Blitz? Oh! Mist! Ist grad blöd, ich wollte doch noch ...«

Na gut, das ist schon ein wenig sarkastisch, ich will vor allem keinem der zwischen 30 und 50 Menschen zu nahe treten, die in Deutschland pro Jahr vom Blitz getroffen werden. Oder deren Angehörigen. Aber Sie verstehen, worauf ich hinaus will – das ist meine Frage an Sie: Haben Sie sich abgefunden? Haben Sie für Ihr Leben Kompromisse geschlossen? Leben Sie in Umständen, die Sie gar nicht wollen?

Hierbei geht es nicht darum, dass Sie sofort Ihre Arbeit hinschmeißen und kündigen vor lauter Unglück. Wobei auch das manchmal sinnvoll ist. Aber es kann auch sein, dass Sie einfach aufgegeben haben, Ihre Ideen durchzusetzen, Ihre großen Projekte zu realisieren und eben den Biss zu haben, den Sie haben sollten, um Ihre Abteilung, Ihre Firma, Ihre Familie oder was auch immer dahin zu bringen, wo Sie sie eigentlich hinhaben wollen. Und Ihre Partnerschaft?

Wie viele Dinge finden Sie gut, nicht weil sie gut sind, sondern weil Sie sich und anderen sagen, dass sie gut sind?

Womit haben Sie sich arrangiert? Wie viele Dinge finden Sie gut, nicht weil sie gut sind, sondern weil Sie sich und anderen sagen, dass sie gut sind?

Wo also stehen Sie? Eigentlich schon gestorben, nur noch nicht beerdigt? Viele sind mit 30 gestorben und werden mit 70 beerdigt. Was haben die die letzten 40 Jahre gemacht? – Da Sie dieses Buch lesen, sind Sie auf der Skala zwischen 0 und 10 noch nicht ganz unten angekommen, vermute ich. Aber was, wenn die Frage in der Stunde Ihres Todes eines möglichst fernen Tages lautet: »Scheibenkleister! Was um Himmels willen habe ich die letzten 40 Jahre nur gemacht?« Was also wollen Sie getan haben, bevor Sie abtreten, bevor der Blitz Sie trifft?

Haben Sie genug Länder gesehen? Haben Sie genug Reisen unternommen? Haben Sie genug Menschen geholfen? Haben Sie genug geliebt? Durften genug Menschen Sie lieben? Es geht nicht um Quantität oder Qualität, es geht um gar nichts von dem, was ich hier erzähle. Es geht nur um Sie und das, was Sie wollen, was immer es ist. Haben Sie in Ihrem Leben genug getanzt, genug Spaß gehabt? Haben Sie genug Menschen in den Tod begleiten dürfen? Haben Sie genug Geld verdient, genügend Neid bekommen, genügend Spott erhalten und sind Sie genügend belächelt worden? Oder an welcher Stelle haben Sie aufgehört? An der, wo es dann schon ganz okay war, oder an der, wo Sie wirklich gespürt haben, dass Sie mit Leidenschaft alles getan haben, was in Ihrer Macht stand? Haben Sie den Job, den Sie unbedingt haben wollten, oder nur den, den Sie bekommen haben? Haben Sie den Partner, den Sie unbedingt haben wollten, oder den, den Sie bekommen haben? Haben Sie das Leben, das Sie unbedingt haben wollten, oder das, das Sie bekommen haben?

Welche Zahl haben Sie sich bei Ihrer Traumerfüllung gegeben? Eine 10 oder eine 1? Was ist, wenn Sie sich keine 1 gegeben haben, sondern eine 2 oder eine 3, eine 5, eine 7 oder gar eine 8? Aber reicht Ihnen eine 8? Was werden Sie Gott oder wem auch immer antworten, wenn er die Augenbraue hebt und fragt: »Eine 8? Warum nur 8?« Antworten Sie dann vielleicht »Sorry, mehr war nicht drin, aber ist doch schon besser als der Durchschnitt, oder…?«

Dass Menschen kurz vor ihrem Tod Reue empfinden, ist allgemein bekannt. Doch sie bereuen nicht, was sie getan haben. Ganz im Gegenteil, sie bereuen, was sie nicht getan haben. Sie sprechen von Chancen, die sie ungenutzt verstreichen ließen. Sie bedauern, bestimmte Gelegenheiten nicht ergriffen zu haben. Sie wünschen sich, noch einmal in dieser oder jener Situation zu sein, um eine Chance wahrzunehmen oder ein Wagnis einzugehen.

Stell dir vor, du wärst tot

Nichts ist so sicher, wie dass sie kommt, die letzte Sekunde. Dass uns der Schlag trifft oder der Blitz oder der Blumentopf aus dem 15. Stock. Dass uns der Bär frisst oder der Krebs, dass wir ersaufen, ersticken, erfrieren, verhungern, verdursten, verbrennen oder von einem Verrückten über den Haufen geschossen werden. Dass wir durch die Mangel gedreht werden, erwürgt, erdrosselt, erschlagen. Dass uns der Stier auf die Hörner nimmt, ein besoffener Bierkutscher einfach vom Gehweg fegt, mit dem Frühstücksbrötchen in der Hand. Dass wir von einer Sekunde auf die andere abtreten oder elend krepieren über 25 Jahre. Die Reise des Lebens schließt den Tod mit ein.

Die Reise des Lebens schließt den Tod mit ein.

Die Lebenserwartungsstatistik ist auch nur eine trügerische Hoffnung – sie täuscht Sie darüber hinweg, dass Sie heute sterben können. Doch wie wollen wir dem Sensenmann nun entgegensehen? Ist er gut, schlecht oder naja, irgendwie total geht so? Hier ist die Welt wie immer geteilter Meinung. Einige sagen, das »Gar-nicht-mehr-sein« für den »Gar-nicht-mehr-Seienden« weder gut noch schlecht sein kann. Andere sagen, dass das Ausgelöschtwerden, das völlige Abschneiden jedes jetzigen und künftigen Lebens der Worst Case ist, das nackte Grauen. Wieder andere sagen, dass der Tod ein Segen ist, weil es wohl öd und fad wäre, ewig zu leben.

Stirbt jemand, den wir kennen, bedauern wir ihn. Er kann die Sonne nicht mehr sehen und auch den Duft des Brotes im Toaster nicht mehr riechen. Das Ende aller guten Dinge des Lebens ist sicher ein Grund, traurig zu sein. Wir wollen mehr und mehr von dem, was wir am Leben schätzen. Doch das reicht nicht aus als Erklärung für die Größe der Angst, die der Tod den Menschen einflößt.

Der Gedanke, dass die Welt ohne mich weitergeht und dass ich nichts werde, ist nur schwer zu ertragen. Komisch eigentlich. Denn dass es eine Zeit ohne uns vor unserer Geburt gab, akzeptieren wir klaglos.

Der Tod scheint für uns unvorstellbar. Doch das stimmt nicht ganz. Wir können uns den Tod zwar nicht aus der Innenperspektive vorstellen. Wir können uns ja auch nicht vorstellen, wie es sich anfühlt, bewusstlos zu sein. Das Ende ist aber nicht komplett undenkbar. Um uns die eigene Auslöschung vorzustellen, können wir die Außenperspektive wählen. So können wir unser Begräbnis erleben, indem wir uns als Teilnehmer des Trauerzuges sehen. Wir leben natürlich bei diesem Gedanken. Doch das ist genauso unproblematisch wie bei Bewusstsein zu sein, während man sich seine Bewusstlosigkeit vorstellt.

Stellen Sie sich also Ihren Körper vor, in dem jedes Empfinden zu Ende gegangen ist. Das führt uns direkt zum Dualismus von Leib und Seele. Erinnern sie sich noch an den Duracell-Hasen aus der Werbung? Steckt eine Batterie drin, die noch Saft hat, trommelt er. Und trommelt. Und trommelt. Sie können aus dem Hasen die Batterie rausnehmen, dann ist Schluss mit der Trommelei. Besitzen wir eine unsterbliche Seele und einen sterblichen Körper, sind wir wie der Duracellhase mit seinem Batteriefach. Es lässt sich denken, wie ein Leben nach dem Tod möglich wäre: als alter Hase mit neuer Batterie oder neuer Hase mit der alten Batterie oder ein Hase ohne Batterie – alles denkbar, solange die Batterie auswechselbar ist. (Deshalb ist ein iPhone hier auch ausnahmsweise ein schlechtes Beispiel.)

Sollte allerdings unser Geist an die physischen Vorgänge in unserem Hirn gebunden sein, wird die Sache komplizierter. Denn wenn die Batterien fest eingebaut sind, ist alles vorbei, sobald der Hase aufhört zu trommeln. Nichts in ihm kann dann einen anderen Hasen zum Trommeln bringen. Wir fliegen einfach in den Müll.

Wir könnten allerdings versuchen, im Spielzimmer zu bleiben, bis das Aufladen der Batterie in ferner Zukunft möglich ist. Das könnte wahr werden. Seit 30 Jahren lassen sich Amerikaner einfrieren, um sich wiederbeleben zu lassen, wenn die Technik so weit ist. Manche verfolgen fieberhaft die Axolotl-Forschung, in der Hoffnung, dass wir herausfinden, wie die jungen Exemplare dieses mexikanischen Schwanzlurchs komplette Gliedmaßen und Organe ihres Körpers bei Verlust nachwachsen lassen. Wenn dieses Rätsel entschlüsselt ist, können wir unsere Körper vielleicht immer wieder aufs Neue regenerieren und damit nicht nur schlimme Verletzungen bis hin zur Querschnittlähmung überwinden, sondern auch unseren Tod. Andere glauben, dass mit dem Fortschritt der Informationstechnologie unser Geist irgendwann in eine Maschine einziehen kann, wenn unser Körper gebrechlich geworden ist. Ich würde jedenfalls nicht für unmöglich halten, dass der Mensch den Tod eines Tages überwindet. – Und da ist sie wieder, die ewige Hoffnung! Das Paradies der Toten ist in den Köpfen der Lebenden.

Das Paradies der Toten ist in den Köpfen der Lebenden.

Das Streben nach der Unsterblichkeit scheint untrennbar zum Menschen zu gehören, wie die Angst vor dem Nichts. Jede Generation denkt sich die Hoffnung zurecht mit den kulturellen Mitteln, die gerade im Trend sind. Die Vorstellung von der Himmelfahrt, wie Jesus Christus sie uns vorgemacht hat, die Vorstellung von der Wiedergeburt, von ruhelosen Geistern oder eben Hightech. Bisher jedenfalls sind wir nicht sicher. Sicher ist nur, dass diese Hoffnung der Treibsatz für fast alle Religionen der Menschheitsgeschichte ist.

Es ist schwer zu entscheiden, ob wir ablösbare Seelen haben oder fest mit dem Körper verbundene. Unsere bisher gesammelten Daten deuten darauf hin, dass das Leben vor dem Tod stark davon abhängt, was in unserem Nervensystem so vor sich geht. Und wenn wir nicht religiös sind, selbst Kontakt zu den Geistern der Toten hatten oder gehabt zu haben glauben, oder Menschen glauben, die behaupten,

Kontakt gehabt zu haben, so gibt es trotzdem bislang keinen vernünftigen Grund, ein Leben nach dem Tod als sicher gegeben anzunehmen.

Reicht das aber, um anders herum zu glauben, dass es kein ewiges Leben gibt? Hier ist Ihre eigene Antwort gefragt. Ich wundere mich nur, für wie selbstverständlich die meisten ein Leben nach dem Tod halten. Zumindest verrät das etwas über ihre Einstellung zum Leben vor dem Tod. Denn wenn das Leben nach dem Tod in Reichweite scheint, verliert das Leben vor dem Tod an Dringlichkeit. Es gibt ein Leben vor dem Tod!

Es gibt ein Leben vor dem Tod!

Wie die Zeit vergeht!

Die Dringlichkeit zu leben, nimmt von der Wiege bis zur Bahre bei den meisten von uns immer weiter ab. Sie nimmt ab, weil wir unsere Zeit immer weniger füllen, weil sie immer leerer wird. Und wir nehmen diese Entleerung wahr als zunehmende Beschleunigung unserer Zeit. »Schon wieder Geburtstag, schon wieder Silvester?« Wir erleben den Lauf der Zeit wie einen Fluss, der auf dem Weg zur Mündung immer reißender wird. Woran liegt das?

Je älter wir werden, umso erfahrener werden wir. Zum Beispiel beim Autofahren. Obwohl ich in meinem Leben bisher sicher mehr als 1 Million Kilometer mit dem Auto zurückgelegt habe, erinnere ich mich noch genau an meine erste Fahrstunde. Anlassen, Gang einlegen, Kupplung kommen lassen, Gas geben, beinahe die Telefonzelle rammen, ich spüre fast noch, wie viel Mühe die Koordination gemacht hat und wie aufmerksam ich jeden täppischen Handgriff, jeden Tritt aufs Pedal und jeden unsicheren Schulterblick ausgeführt habe.

Nach kurzer Zeit aber sind Vorgänge so eingeübt, dass sie unsere bewusste Aufmerksamkeit nicht mehr erfordern. Was wir aber so automatisiert tun, hinterlässt kaum noch Spuren in unserer Zeitwahrnehmung. Wenn ich von Zürich nach Frankfurt fahre, erinnere ich mich nicht mehr daran, wie oft ich geschaltet habe. Oder wie viele Pylonen in der Baustelle bei Heilbronn standen. An die Zahl der Bremsvorgänge oder wie oft ich den Scheibenwischer angeschaltet habe. Ich erinnere mich an das Lächeln der hübschen Bedienung, die mir in der Raststätte Hegau Nord eine Coke Zero abkassiert hat. Und daran, dass ich beim Fahren daran gedacht habe, dass ich in meinem Schlafzimmer mal die Glühbirne auswechseln muss. Lächeln, Glühbirne. Sechs Stunden Fahrt sind auf zwei Erinnerungen zusammengeschrumpft.

»Je älter wir werden, desto mehr wird zur Routine. Dadurch kommt es uns so vor, als würde die Zeit schneller vergehen«, sagt der Dr. Martin Held. Er ist Studienleiter an der Evangelischen Akademie in Tutzing. Hier erforscht er die Ökonomie der Zeit und ihre Veränderung mit zunehmendem Alter. Kinder beispielsweise haben ein ganz anderes Zeitempfinden als ein 60-Jähriger, weil Kinder jeden Tag Neues entdecken und ständig Unbekanntes verarbeiten müssen. Jeder Augenblick erfordert enorme Präsenz. Deshalb nehmen Kinder die Zeit intensiver wahr. Jeder Tag scheint ewig lang und voller Eindrücke zu sein.

Man könnte auch sagen: Kinder erleben jeden Tag irgendein erstes Mal. Die ersten Gummistiefel, der erste Tag im Kindergarten, das erste Mal einen Zopf geflochten bekommen, der erste Schultag, das erste Mal ein Tor geschossen, die erste Klassenarbeit, das erste Mal auf einem Berggipfel, der erste Eintrag in einem Poesiealbum, der erste Kuss, das erste Mal Schule geschwänzt, das erste Mal verliebt – jeder Tag bietet einen neuen Höhepunkt im Leben. Doch die werden mit der Zeit immer seltener. Das erste Auto, der erste richtige Job, das erste Kind, das erste zweite Kind, die erste Beförderung … das erste Mal ein Freund gestorben … das war's. War's das? **Wir wissen ja heute schon, wie unsere Geburtstagsfeier in zehn oder zwanzig Jahren aussieht: genauso wie heute, nur mit Stock.**

Die israelische Psychologin Professor Dinah Avni-Babad hat das Phänomen zusammen mit ihrer Kollegin Ilana Ritov untersucht und folgenden Lösungsvorschlag gefunden, wie man der Entwicklung ein Schnippchen schlagen kann: Wenn wir die Zeit dehnen wollen, müssen wir die Alltagsroutine unterbrechen, uns neuen Erfahrungen aussetzen und unser Leben ständig auf den Kopf stellen. Es liegt nicht daran, dass die Möglichkeiten weniger werden. Der Wille erlischt. Wir verwenden zu viel Kraft aufs Überleben. Deshalb haben wir keine mehr zum Leben. Wollten wir das ändern, müssten wir uns permanent neuen Dingen aussetzen. Das klingt bestechend einfach. Ist es auch. Aber es ist trotzdem nicht leicht. Denn es erfordert erheblichen Aufwand und erheblichen Mut. Aber wir sind faul. Und ängstlich.

Ich wollte der Routine entkommen, drum bin ich umgezogen in die Schweiz. Plötzlich benötige ich Energie für Alltagssituationen: die Butter, die in der Schweiz ganz anders verpackt ist, im Kühlregal suchen, Müllmärkli auf den Hausmüll kleben, neue Preise, Werte und Franken lernen …

»Heute in 20 Jahren wirst du mehr enttäuscht sein über die Dinge, die du versäumt hast, als über die, die du getan hast«, sagte Mark Twain, der mit Tom Sawyer und Huckleberry Finn zwei Figuren geschaffen hat, die uns in ihren Geschichten vorleben, was er mit diesem Spruch gemeint hat. Diese Einstellung dem Leben gegenüber würde dafür sorgen, dass unsere Tage voll bleiben mit vielen ersten Malen. Die Dringlichkeit des Lebens bliebe uns erhalten, die Tage blieben lang.

Ein Schiff ist nicht für den sicheren Platz im Hafen gemacht. Genauso wenig sind wir für den sicheren Platz auf dem Sofa vor dem Fernseher gemacht. Genau da hocken wir aber. Und das nicht nur aus Faulheit und Angst. Auch aus Überdruss:

Stellen Sie sich vor, Sie hätten eine Bank, die Ihnen automatisch jeden Tag 86 400 Euro gutschreibt. Einzige Bedingung: Sie dürfen sie nicht ansparen. Sie müssen alles an einem Tag ausgeben, sonst verfällt es. Keine schlechte Situation, oder? Anfangs klappt das mit dem Ausgeben noch ganz gut, das macht große Freude. Aber irgendwann lässt die Faszination nach. Sie wissen irgendwann schlicht nicht mehr, was Sie damit anstellen sollen. Alle Leute rufen Ihnen zu: Gib es aus! Lass es nicht verfallen! Spende es wenigstens! Aber immer öfter lassen Sie Fünfe gerade sein, der Tag geht zu Ende, das Geld ist weg. Na, macht ja nichts, am nächsten Tag kommt ja schon die nächste Überweisung, richtig? Ja, richtig, das ist tatsächlich immer so. Hm. Fast immer. Denn an einem Tag hört die Bank auf, Geld zu überweisen. Für immer.

Sie haben eine solche Bank. Nur die Währung ist eine andere. Sie bekommen jeden Tag 86 400 Sekunden geschenkt. Und Sie lassen regelmäßig die meisten davon verfallen, stimmt's? Das ist täglicher Selbstmord!

Der Tod findet täglich **Es geht immer um Leben und Tod.** statt. Denn wir sterben täg-
lich, täglich ein kleines Leben, das wir »Tag« nennen. Aus vollem Herzen sage ich: Es geht immer um Leben und Tod.

Das Leben verhofft

Auf Deutschlands Schienen sind ungefähr 25 000 Lokführer unterwegs. Statistisch trifft es jeden von ihnen zwei Mal im Leben. Kurz nach dem Freitod Robert Enkes hat sich die Zahl der Bahnsuizide für einige Zeit verdreifacht. Insgesamt zählt die Statistik in Deutschland alle 53 Minuten einen Tod von eigener Hand, ob mit Rad und Schiene oder auf andere Weise.

In unserer Welt haben sich die Methoden der Menschen, Beziehungen zu gestalten, besonders drastisch verändert. Was für Freizeitgestaltung, Job- oder Partnersuche schon länger gilt, gilt auch für den Tod. Selbstmörder starben früher meistens einsam, dank Web 2.0 heute in trauriger Gesellschaft.

»Suche Partner«, hieß es knapp im Bulletin-Board einer japanischen Underground-Website. Zwei Wochen nach seinem Online-Inserat fand die japanische Polizei die Leiche des Inserenten zusammen mit denen zweier anderer junger Männer in einem Lexus-Oberklassemodell am Waldrand bei Kobe. Die Obduktion ergab, dass sie sich mit Schlaftabletten betäubt und dann mit Autoabgasen vergiftet hatten.

Ein weiteres Inserat führte die Polizei zu einem Selbstmord in einem Luxusappartement in Tokio. Ein 30-jähriger Mann und zwei

18 und 20 Jahre junge Frauen. Die drei hatten den Rauchmelder kurzgeschlossen, Türen und Fenster abgedichtet, einen Tabletten-cocktail geschluckt und sich mit den Abgasen eines kleinen Holz-kohleofens vergiftet.

Vor allem in Japan steigt die Zahl dieser Kollektiv-Selbstmorde. Doch auch in Deutschland hat es bereits Fälle von über das Web verabredeten Selbstmorden gegeben. Der bekannteste in jüngerer Zeit ist der Fall des Berliner Mannes, der sich übers Internet mit dem Kannibalen aus Rotenburg verabredete, um sich von ihm schlachten und aufessen zu lassen.

Abgesehen von der Frage der psychischen Gesundheit – es stellt sich für alle, die fassungslos zurückbleiben, bei einem Selbstmord immer die Frage nach dem Warum. In gewisser Weise behalten Selbstmörder durch ihre Tat Recht: Im Selbstmord liefern sie sich selbst und allen anderen den endgültigen Beweis, im Leben versagt zu haben. Hätten sie mit der Härte und Entschlossenheit, die sie im Mord an sich selbst bewiesen haben, an ihr Glück geglaubt, wären sie dann nicht vielleicht am Ende eines langen Lebens als erfüllte Menschen gestorben?

Die Frage, die mich wirklich beschäftigt, ist nicht die, warum in diesen (viel zu vielen) Einzelfällen Menschen ihrer physischen Existenz tatsächlich ein Ende setzen, indem sie ihren Körper zerstören, weil sie mit dem Leben nicht mehr klarkommen. Das, was mich viel mehr umtreibt, ist die Frage, warum so viele Millionen unter uns Tag für Tag Selbstmord begehen, ein ganzes langes Leben lang, und dabei ihren Körper weitgehend intakt lassen und so tun, als ob alles zum Besten sei. Sie wollten eigentlich ihr Leben genießen. Sie wollten täglich Blumen riechen und sich daran erfreuen. Sie haben geplant, gesät und gewartet, ge-hofft, ihr Bestes gegeben. Aber irgendwann und aus irgendeinem Grund haben sie nur noch am

Sie haben das Beet vergrößert, ein weiteres angelegt. Darüber haben sie vergessen, was Blumen sind.

Beet gearbeitet. Sie haben das Beet vergrößert, ein weiteres angelegt. Darüber haben sie vergessen, was Blumen sind. Heute sind alle ver-welkt. Und dann hat ihre Beförderung nicht geklappt. Das große Ziel verlor sich in der Entfernung, der Mut wurde kleiner, die Kompromissbereitschaft größer, viel größer, sehr viel größer.

Fast Forward. Und plötzlich – hoppla, wo ist die Zeit nur hin? – ist der Partner oder die Partnerin gestorben, und seitdem sitzen sie in der Küche ihres Reihenhauses, lesen den Gemeindeboten und die Todesanzeigen, schauen Richterin Barbara Salesch und, seit das Hörgerät richtig eingestellt ist, auch wieder mal einen Edgar-Wallace-Film.

Der Hund ist so alt, dass er nur noch einmal am Tag Gassi geführt werden will. Beim Rundweg steht täglich einer weniger am Zaun, der den mechanischen Gruß erwidert. Gleichförmig, wie die gute alte Märklin, schnaufen sie durch ihre letzten Tage, jeden Tag ein wenig langsamer. Im Straßenverkehr sind sie nicht mehr so gut in der Spur. Jeden Morgen die gleiche Frage: Geh ich heute zur Polizei und gebe den Führerschein ab, oder nicht? Sie wollen dem Leben immer mehr Jahre geben, statt den Jahren mehr Leben zu geben.

Sie fliehen, so lange sie können. Bis sie schlaff und kraftlos auf der letzten Ruhestätte liegen und selbst der Weg zur Schlafzimmertür zu weit geworden ist. Am Bett steht der Kummer über das vertane Leben, der letzte Gefährte. Am Ende sind sie alle gleich. Erstens die Selbstbetrüger mit ihrem Zweckoptimismus, ihrer Postrationalisierung, ihrer Schönrechnerei: »Wir hatten doch immer genug. Es war nicht alles schlecht.« Zweitens die Opfer, die immer wissen, wer Schuld war: »Ich wollte ja, aber – das Wetter, der Chef, die Regierung, die Krise«. Und drittens die Versager mit ihrer vorgeschobenen Selbsterkenntnis, die »Achhättichdochs« – von sich selbst maßlos enttäuscht, resigniert, verbittert.

Sie hatten immer gesagt, sie könnten jetzt noch nicht, denn sie müssten erst…, und wenn endlich, dann würden sie…, sobald die Ausbildung, der Umzug, das Studium, der Karriereschritt, die Hochzeit, die Kinder erwachsen, dann würden sie…, aber dann musste erst noch der Kredit abbezahlt werden, bevor…, wenn das Haus aber eines Tages bezahlt ist, dann…, es wird sich doch mal eine Gelegenheit ergeben, um…, und wenn end-

Denn sie sind bereits ihr ganzes Leben lang gestorben. Leise, still und stets voller Hoffnung.

lich dies oder jenes erledigt ist, werden sie... Doch das große Finale bleibt aus. Am Grab spricht nur der Vizepräsident des Schützenvereins. Sie gehen nicht mit Pauken und Trompeten. Denn sie sind bereits ihr ganzes Leben lang gestorben. Leise, still und stets voller Hoffnung.

Zufrieden unglücklich – unzufrieden glücklich

Die Sowjets stehen in Ostpreußen und die Amerikaner am Rhein, als im Jahr 1944 zwei Männer geboren werden, die ihr Leben keineswegs voller Hoffnung, aber tatenlos an sich vorbeiziehen ließen. Ganz im Gegenteil, beide machten ihr Ding, wie man heute sagt, beide haben in der gleichen Branche große Unternehmen aufgebaut. Beide haben heute ein vergleichbar großes Privatvermögen angehäuft. Der eine liegt mit geschätzten 3,2 Milliarden Euro auf Platz 25 der aktuellen *Forbes*-Liste der reichsten Deutschen. Das *manager magazin* schätzte das Vermögen des anderen zuletzt auf 1,1 Milliarden Euro. Doch bei allen Gemeinsamkeiten – ihre Wege könnten trotzdem verschiedener nicht sein. Die Rede ist von Götz Werner und Anton Schlecker. Der eine Gründer der dm- und der andere Gründer der Schlecker-Drogeriemärkte.

Werner und Schlecker sind holzschnittartig betrachtet krasse Gegenentwürfe. Invertiert wie die Abermillionen Negative und Fotoabzüge, die zwei Generationen Deutsche in den Filialen der beiden Drogerieketten haben entwickeln lassen. Die beiden Gründer mit ihren Lebenswerken tragen die zwei Gesichter Deutschlands. Auf der einen Seite Kreativität, Respekt und Verantwortungsgefühl, auf der anderen Willkür, Misstrauen und Herrscheranspruch. Die Claims, der Leitspruch der Unternehmen, sprechen Klartext: »Hier bin ich Mensch, hier kauf' ich ein«, denkt und dichtet dm. »Die Nr. 1 in Europa« schickt Schlecker ins Feld wie die Wehrmacht.

Götz Werners entschieden unautoritärer Managementstil der »dialogischen Führung«, beruht auf Verständnis. Dialog geht immer vor Anweisung, der Unternehmensphilosoph baut auf Persönlichkeitsentwicklung. In seinen Mitarbeitern sieht er keine Kostenstellen, sondern Kreativposten. Und beteiligt sie am Erfolg. Diese Art seiner Führung erfuhr schnell bundesweit Aufmerksamkeit.

Die erreichte auch Schlecker, als er nach jahrelangem Prozess 1998 per Strafbefehl durch das Stuttgarter Landgericht zu einer Freiheitsstrafe von zehn Monaten auf Bewährung und zu einer Geldstrafe in Höhe von 1 Million Euro verurteilt wurde. Diktatorisch war der Belegschaft vorgetäuscht worden, sie würden nach Tarif bezahlt. Tatsächlich lagen die Löhne weit darunter, was das Gericht als Betrug wertete.

Es ist nicht der Erfolg, der sie unterscheidet, den haben beide. Es ist der Sinn, den sie gemacht haben. Gemacht. Die Amerikaner sagen »to make sense«, das finde ich deutlich treffender als das deutsche »einen Sinn ergeben«. Wenn ich die Wahl hätte, als Anton Schlecker zu sterben oder als Götz Werner, muss ich nicht überlegen. In meiner Vorstellung ist es klar, wer von beiden in der letzten Stunde glücklicher ist mit seinem Lebenswerk. Aber vielleicht täusche ich mich ja.

Spannender noch ist die spekulative Frage, welcher von beiden zufriedener mit seinem Leben sein wird. Das kann keiner wissen, aber es könnte sein, dass einer, der mit seinem Werk nicht glücklich wurde, doch zumindest große Zufriedenheit über seinen Erfolg verspürt. Und dass der Glückliche seine Unzufriedenheit behalten hat, die ihn Zeit seines Lebens ange-

Jedenfalls ist der allgemeine Hang dazu, Glück und Zufriedenheit gleichzusetzen, ein grandioser Irrtum.

trieben hat, nach mehr Sinn und Erfüllung zu streben. Jedenfalls ist der allgemeine Hang dazu, Glück und Zufriedenheit gleichzusetzen, ein grandioser Irrtum. Wir haben uns heute nämlich mehrheitlich für das zufriedene Unglück entschieden.

Laut WHO halten sich 27 Prozent aller Europäer für depressiv. Und die gleiche Studie sagt voraus, dass Depressionen bis zum Jahr 2020 die weltweit zweithäufigste Erkrankung sein werden. Überholt nur noch von Herzkrankheiten durch Zucker, Fett, Alkohol und Stress. Wir waren noch nie so reich. Wir waren noch nie so gebildet. Europa ist eine Festung der Sicherheit und des Wohlstands. Bei allem Grund zur Zufriedenheit, der daraus folgt: Warum um Himmels willen sind die Menschen so unglücklich? Warum erzählen mir die meisten Menschen, die ich als Teilnehmer auf meinen Seminaren treffe, dass sie gerne so oder so oder so leben würden, es aber nicht tun? Warum sind meine Eltern so wenig glücklich? Warum lassen sich so viele Menschen scheiden, weil sie kein gemeinsames Glück gefunden haben?

Eine Statistikspielerei: Wir wollen einmal 100 Menschen von der Geburt bis ins Alter begleiten. Stellen Sie sich vor, Sie springen am 63. Geburtstag all dieser Leute aus der Torte mit den Worten »Herzlichen Glückwunsch!« und der Frage: »Betrachten Sie Ihr Leben als Erfolg?« Wie viel Prozent antworten mit Ja? Oder besser anders herum: Wie viele sollten mit Ja antworten? Ich sage 100. Tatsächlich beantworten aber 59 von ihnen Ihre Frage mit Nein. 36 können die Frage leider nicht mehr beantworten, weil sie schon gestorben sind. Vier beantworten Ihre Frage, wie alle Fragen: mit einem klaren Naja oder einem entschiedenen Jein. Und nur einer bleibt übrig und der schreit es heraus: »Ja! Halleluja! Ich bin eine einzige verdammte Erfolgsgeschichte!« – Einer von 100, laut *The book of lists*. Und wenn Sie sich umschauen, können Sie das subjektiv bestätigen.

Aristoteles nannte Glückseligkeit das einzige Ziel, das um seiner selbst willen erstrebenswert ist – das Ziel aller Ziele. Er sprach nicht von Zufriedenheit. Dabei ist Glück nie Konsens. Glück ist immer höchst persönlich. Wer sein Glück finden will, muss sich selbst finden – wie Hugh Hefner, der Gründer des *Playboy*, der seit den Sixties nur noch mit Frauen im Alter von 18 bis 28 Jahren zusammenlebt, immer mit mehreren auf einmal. Oder wie Bruder Ambrosius, der mich an der Pforte des Klosters empfängt und mich schweigend ins Dormitorium geleitet und der beschlossen hat, auf

Ist Hefners Glück größer als das von Bruder Ambrosius?

ein Zusammenleben mit einer Frau zu verzichten. Beide scheinen fast von innen zu leuchten. Ist Hefners Glück größer als das von Bruder Ambrosius? Oder umgekehrt? Weder noch. Nur anders. Glück ist ein Maßanzug. Die meisten sterben aber in abgetragenen Anzügen von der Stange oder aus dem Second-Hand-Laden.

Jeder kommt liebend und lernend zur Welt. Uns wurde das Paradies geschenkt. Wir dürfen es ertasten, erschnuppern, erschmecken. Die Welt kennenlernen, ein Leben lang lernen. Doch was machen wir? Wir opfern das Paradies nach und nach. Den Umständen, der Schule, der Karriere, der Familie. Wir sind keine Selbstliebhaber, wir sind keine Weltliebhaber. Wir sitzen hinterm Ofen und kleben Rabattmarken. Und entscheiden uns dafür, zufrieden zu sein – statt glücklich.

Ich weiß schon heute, dass ich unzufrieden sterben werde, denn ich war mein Leben lang immer unzufrieden. Ja, die Unzufriedenheit hält mich am Leben, denn so gibt es immer etwas zu verbessern, immer etwas zu tun. Die Unzufriedenheit treibt mich in den Flow. Kann man unzufrieden glücklich sein? Ich glaube schon. Ich weiß es nicht. Ich hoffe es.

Kann man unzufrieden glücklich sein?

ZUTEILUNGS-STAU

Wie viele Chancen jeder im Leben bekommt

Julian Draxler war mit 17 Jahren und 117 Tagen der jüngste Spieler, der jemals für den Revierclub Schalke 04 in der Bundesliga zum Einsatz gekommen ist. Der damalige Schalke-Trainer Felix Magath ist ein echter Fan des Gymnasiasten, er holte ihn von den Junioren in die erste Mannschaft hoch und ließ ihn im Wintertrainingslager mitschuften. Er wechselte ihn kurz danach in einer Bundesligapartie ein und stattete ihn mit einem langfristigen Profivertrag aus – alles in Absprache mit den Eltern, denn Julian Draxler war ja noch nicht volljährig. Aber ein Riesentalent.

Ein Fußballprofi hat keine Zeit, zur Schule zu gehen. Also blieb sein Platz im Gymnasium, wo er 2012 das Abi machen sollte, immer häufiger leer. Sein Klassenlehrer, die Schulleiterin und die Eltern waren auch dabei stets involviert, es gab laufend Gespräche mit der Schalker Vereinsführung.

Dann kam der Abend des 25. Januar 2011: Viertelfinale des DFB-Pokals zwischen dem FC Schalke und dem 1. FC Nürnberg. Die Partie ist temporeich, intensiv und spannend. Nach der regulären Spielzeit steht es 2:2 unentschieden. Verlängerung. Die Partie wogt hin und her. Am Spielfeldrand hält es die Trainer und Betreuer beider Mannschaften schon längst nicht mehr auf den Sitzen. Die Einwechselspieler laufen sich schon seit einer halben Ewigkeit an der Seitenlinie warm. Coach Magath wartet auf den richtigen Moment, um seinen Julian Draxler zu bringen.

Die 116. Minute bricht an. Vielleicht noch 5 oder 6 Minuten sind zu spielen. Das Elfmeterschießen steht kurz bevor, wenn nicht jetzt doch noch ein Tor fällt. Julian Draxler wird eingewechselt. Drei Minuten läuft er den Gegenspielern hinterher und versucht, ins Spiel zu finden. 119. Minute. Im rechten Mittelfeld bekommt er einen Querpass. Sofort orientiert er sich nach vorn. Ein Nürnberger stellt sich ihm in den Weg. Eine Körpertäuschung mit Übersteiger und Draxler ist vorbei. Er nimmt Maß, zieht ab und – trifft ins lange Eck! Das Spiel ist entschieden, Schalke eine Runde weiter und Draxler ist der Held des Abends. Ganz Deutschland freut sich über dieses Fußballmärchen. Dem Schüler wird in den Tagen nach dem Triumph von zahlreichen Experten eine große Zukunft auf dem Rasen prophezeit.

Zwei Tage später gibt Julian Draxler bekannt, dass er dem Rat seines Trainers gefolgt ist und die Schule verlassen hat, um sich ganz auf den Profifußball zu konzentrieren.

So, und jetzt wird es auch für mich spannend. Ich bin ja kein Fußball-Fan, aber hier hat ein junger Mensch doch ganz offensichtlich eine interessante Entscheidung getroffen: Abi oder Fußballer? Er schmeißt die Schule.

Wie finden Sie das? Der Sportdirektor des Deutschen Fußball-Bundes hält den Schulabbruch für bedenklich: »Ich finde es extrem schade, dass er die Schule abgebrochen hat. Denn eine Karriere kann morgen wegen einer Verletzung vorbei sein«, sagt Matthias Sammer der *Bild*-Zeitung.

Sein Trainer Magath sieht das anders: »Julian braucht kein Abitur. Ich konnte seine Eltern überzeugen, dass er die nächsten 20 Jahre in Top-Ligen spielen wird.«

Und Julians ehemaliger Sportlehrer am Gymnasium meint: »Er verdient schon diese Saison mehr als ich in zehn Jahren.«

Nischenbrüter

Die Schule ist unter anderem dazu da, uns auf das Berufsleben vorzubereiten. Sie soll uns die Grundlagen vermitteln, damit wir in der

Lage sind, die beruflichen Chancen zu ergreifen, die sich uns bieten. Erhöht die Schule also unsere Chancen im Leben? Konsens ist: natürlich! Ich sage: kaum! Denn für unendlich gibt es keine Steigerung. Und die Möglichkeiten, die sich jedem von uns bieten, sind unendlich.

Ob wir etwas aus unserem Leben machen, hängt nicht davon ab, ob wir brav zur Schule gegangen sind, ob unsere Schulen bei Pisa im Mittelfeld oder an der Spitze gelandet sind, ob wir Hauptschule, Realschule, Gymnasium, Walldorfschule oder High School besucht haben. Es ist auch nicht entscheidend, ob wir studiert haben oder nicht. Fast nicht. Ob wir etwas aus unserem Leben machen, hängt vielmehr davon ab,

Viel wichtiger als Zeugnis, Abitur oder Diplom ist ein Leben, das dem Herzen folgt statt einem Lehrplan.

ob wir unsere Träume verfolgen, uns hohe Ziele stecken, die Zeit für uns arbeiten lassen, richtig rechnen und richtig fragen, den Mut haben, das Abenteuer zu suchen. Viel wichtiger als Zeugnis, Abitur oder Diplom ist ein Leben, das dem Herzen folgt statt einem Lehrplan, ein Leben mit eigenen Zielen statt einem Klassenziel – und ein Leben mit einem starken Willen statt einer Eins in Betragen.

Julian Draxler, der junge Fußballer, hat insofern alles richtig gemacht: Sein Traum ist es, Profifußballer zu werden. Sein Ziel: bei Schalke in der Bundesliga Stammspieler zu sein. Die Zeit arbeitet für ihn, denn er hat keine Zeit verloren und schon so viel Fußball gespielt, bis er 17 geworden war, dass er sein Talent schon jetzt ausschöpfen kann. Er hat richtig gerechnet, denn er kann als Profifußballer in den nächsten beiden Jahrzehnten zehnmal mehr Geld verdienen als in einem kompletten Berufsleben nach dem konventionellen Strickmuster, das Verhältnis von Chance und Risiko spricht turmhoch gegen die Schule, denn dass die Schule seine Profikarriere in den nächsten beiden Jahren beeinträchtigen würde, ist hundertprozentig sicher. Jeder Monat, den er verlieren würde, ist unbezahlbar. Er hat auch richtig gefragt: Wozu brauche ich das Abitur? Kann ich es auch später noch nachmachen, wenn ich es mal brauche? Und er hat den Mut, sich lachend und strahlend ins Abenteuer

Profisport zu stürzen. Sein Trainer hat recht: Der Junge ist schon unglaublich reif für sein Alter. Er hat einen wirklich dicken Fisch im Netz, und er hatte den Mut, ihn mit beiden Händen zu packen und aufs Boot zu ziehen.

Das ist, was wir Menschen tun: Wir fischen im Meer der Möglichkeiten nach Chancen. Wenn wir keine einfangen, stimmt etwas mit dem Netz nicht, denn das Meer kocht nur so vor lauter Chancen.

Bitte verstehen Sie das richtig. Ich halte kein Plädoyer gegen die Schule, ich rufe niemanden dazu auf, die Schule zu verlassen. Ich polemisiere auch nicht gegen Otto-Normal-Bildungswege und 08/15-Berufe. Das alles kann für den Einzelnen große Chancen bergen. Ich sage nur: Die Schule allein hilft gar nichts, solange der Kleinmut das Leben bestimmt.

Den größten Fehler machen viele Menschen schon sehr früh: Sie versuchen das zu machen, was die meisten machen. Sie fischen mit zu kleinen Netzen. Die dicken Fische findet man nicht übers Arbeitsamt, nicht in der Berufsberatung. Dort findet man nur Mainstream. Unser Bildungssystem mitsamt den staatlichen Arbeitsmarktinstrumenten ist extrem langsam und rückwärtsgewandt. Die Topberufe der Zukunft kennt dort niemand, für die bildet niemand aus, für die wird niemand vermittelt. Dabei wird doch gerade in den Nischen, die nur wenige ausführen oder bedienen können, richtig Geld verdient. Das, was alle können, wurde schon immer schlechter honoriert als das, was nur wenige können. Das Spiel von Angebot und Nachfrage funktioniert immer, auch im Arbeitsmarkt, sofern nicht irgendjemand etwas »regulieren« muss. Mit wie vielen Berufen verdienen Menschen tagtäglich ihr Geld, die nicht in den Verzeichnissen der Agenturen stehen? In den Agenturen werden die Berufe nur verwaltet, wenn es diese schon längst gibt, jedoch nicht antizipiert. Ein Beruf muss ja schon fast langweilig sein, bis er anerkannt wird. Seit über 100 Jahren werden in Deutschland zum Beispiel Autos gebaut. Seit mindestens 90 Jahren brauchen wir Automobilverkäufer. Den zugehörigen Ausbildungsgang und das Berufsbild gibt es aber erst seit etwa 15 Jahren. Über 110 Jahre, nachdem sich Carl Benz am 29. Januar 1886 das Patent für das Automobil geben ließ. Wer hat da in den Jahren zuvor gepennt?

Enthält das Abitur Prüfungen in Google-Recherche? In Zehn-Finger-Schreiben? In Tabellenkalkulation? Gibt es ein Schulfach Wirtschaft? Nein, natürlich nicht, das ist im humanistischen Bildungskonzept nicht vorgesehen, und man kann Wilhelm von Humboldt ja auch nicht vorwerfen, dass er schon vor 175 Jahren gestorben ist, als das Internet noch nicht erfunden und Wirtschaft eine Sache von Eliten war.

So quälend langsam geht das, so klaffend ist der Spalt zwischen der fiktiven Welt der Lehr- und Bildungspläne und der realen Welt da draußen mittlerweile.

Oder schauen Sie sich den Lehrerschweinezyklus an. Es ist schon fast zum Lachen. Es gibt kaum eine volkswirtschaftliche Zahl, die sich leichter berechnen lässt, als die Zahl der Schüler im Jahr heute plus X. Und trotzdem gibt es im schönen Wechsel mal zu viele und mal zu wenige Lehrer. Verlässliche Chancen bieten alle offiziellen Empfehlungen und Angebote jedenfalls ausgerechnet nicht. Das größte Risiko, das ein junger Mensch bei der Berufswahl eingehen kann, ist, den »sicheren« Weg zu wählen und das zu machen, was alle um ihn herum ihm raten zu tun – nämlich das, was alle anderen auch machen. Nehmen Sie meinen Beruf: Redner. Ich halte Vorträge auf Veranstaltungen und Kongressen. Einen Beruf, den Ihnen keine einzige Agentur für Arbeit vorschlagen wird, er ist fast vollkommen unbekannt, darum ist das Angebot so klein, insbesondere im Vergleich zur Nachfrage. Es gibt über 100000 Veranstaltungen pro Jahr in Deutschland, bei denen Redner gesucht werden. Wenn ich so ins Gespräch komme mit einem Taxifahrer und er dann fragt, was ich beruflich so mache, dann antworte ich immer: Ich bin Redner, ich halte Vorträge. Darauf kommt in der Regel immer die Zusatzfrage: Kann man davon leben? Ja, man kann!

Der einzig sichere Weg ist, sich selbst zu animieren, auf sein Herz zu hören. Allerdings sollte man trotzdem nicht den Kopf abschalten. Ich kenne eine Frau, die hat im Buchmarkt gearbeitet. Das ist nicht gerade eine Branche, in der die Bäume in den Himmel wachsen, aber immerhin hat sie ihren Reiz. Sie hat sich jedoch entschieden, eines Tages, noch bevor sie alles erreicht hatte, die Pferde zu wechseln. Sie ging in die Lebensmittelbranche, um Ökoprodukte zu vermarkten.

Ausgerechnet! Diese Branche bietet eine der vergleichsweise schlechtesten Wertschöpfungsketten, niedrigste Margen. Teilweise unter 1 Prozent Umsatzrendite. Ein wirklich harter Job, bisweilen eine echte Quälerei, und das mit wenig Geld im Topf und in einer Zeit, in der jeder in die Öko-Richtung rennt. Und da nochmal ganz von vorn anfangen? Warum tut sich jemand so was an?

Aber na gut, ich maße mir kein Urteil an. Es ist eine Möglichkeit. Und wenn ich es wirklich will, dann wird aus einer Möglichkeit eine Chance. Ich glaube nur, dass die schmalen Wege meistens länger sind als die breiten. Oder anders gesagt: Nischen sind interessanter.

Ich glaube nur, dass die schmalen Wege meistens länger sind als die breiten.

Als ich Bill Clinton vor 10 Jahren als erster Deutscher zu einem Nicht-Regierungsanlass nach Deutschland geholt habe, ging das eigentlich leicht. Es war wirklich nicht so schwer. Warum? Weil es nur so wenige Verrückte gibt, die das machen. Ich wollte aber mal für eine Vortragsreihe Lothar Späth gewinnen. Das war fast unmöglich. Warum? Weil auf diese Idee fast jeder kommt.

Nach oben wird es meistens einfacher: Oben wird zwar die Luft dünner, aber man hat mehr Platz. Der Mainstream-Effekt verstopft nämlich immer die naheliegenden Möglichkeiten. Warum das so ist, ist gut erforscht. Der amerikanische Wirtschaftswissenschaftler und Professor in Princeton und Stanford Harold Hotelling fragte sich vor 70 Jahren, wo der beste Platz für einen Eisstand an einem Strand sei. Klare Sache: in der Mitte natürlich. Richtig. Aber was, wenn dort schon ein Eisstand steht? Ihrer ist der zweite, Sie wollen konkurrieren. Wohin stellen Sie Ihren Eiswagen?

Deshalb baut Burger King neben McDonald's, Esprit neben, H&M und die Sparkasse neben der Volksbank.

An das eine Ende des Strandes? In die Mitte einer Hälfte, also zwischen Viertel und Dreiviertel? Oder einfach direkt neben Ihren Nebenbuhler? Hotelling wies nach, dass der beste Platz für den zweiten Eisstand direkt neben dem ersten ist. Denn hier kann er dem Platzhirsch 50 Prozent der Kundschaft abjagen. Überall sonst ist der Marktanteil kleiner. – Das ist das Denken in Marktanteilen, und das führt zum Mainstream-Denken. Deshalb baut Burger King neben McDonald's, Esprit neben, H&M und die Sparkasse neben der Volksbank.

Wenn Sie es aber nicht eng, sondern weit haben wollen, dann stellen Sie neben den ersten nicht den zweiten Eiswagen, sondern einen Wagen mit Kaffeespezialitäten. Oder einen mit frischem Obst. Oder Sie machen etwas ganz anderes und bieten Ritte auf dem Banana-Boat an. Wenn Sie eine echte Chance haben wollen, passen Sie sich auf jeden Fall nicht an. Die Mehrheit hat immer Unrecht.

Denn die Mehrheit ist Mittelmaß, und Mittelmaß gewinnt nie. Es hat nie gewonnen, und es wird auch nie gewinnen. Im Zeitalter des Überflusses steigt die Zahl der Firmen und der Angebote unaufhaltsam. Jeden Tag kommen neue Produkte und Dienstleistungen auf den Markt. Und selbst, wenn Sie sich heute sicher fühlen: Möglicherweise bastelt Ihr größter Konkurrent, der Sie in 10 Jahren das Fürchten lehren wird, gerade an seinem Business-Plan. Alle Organisationen möchten teilhaben, sie wollen ein Stück vom Kuchen. Um Erfolg zu haben, müssen

Jeder sucht die goldene Mitte, und wer sie gefunden hat, wird feststellen, dass sich dort viel zu viele tummeln.

wir also aufhören, so verdammt normal zu sein. Dort, wo alle sind, ist wenig zu holen. Wenn wir uns wie alle anderen benehmen, werden wir auch nur die gleichen Dinge sehen, die gleichen Ideen haben und die gleichen Produkte oder Dienstleistungen entwickeln. Im besten Fall führt eine normale Produktion zu normalen Ergebnissen. Solange Menschen, Marken und Unternehmen nur das bieten, was alle bieten, bekommen Sie eben auch nur das, was alle bekommen: durchschnittliche Erlöse, durchschnittliche Anerkennung, durchschnittliche Aufmerksamkeit. Jeder sucht die goldene Mitte, und wer sie gefunden hat, wird feststellen, dass sich dort viel zu viele tummeln. So ist die Ansammlung der ewigen Zweiten die immerwährende Suche nach dem ersten Platz. Oder die Suche nach Mitleid.

Wenn Sie aber einen ungewöhnlichen, wenig begangenen Weg mit dem kombinieren, was Sie sich von Herzen wünschen, dann kommt meistens etwas Gutes dabei heraus. So wie bei José und Lyndon.

Frechheit!

José und Lyndon haben sich ein paar Quadratzentimeter Schatten gesucht. Die Sonne brennt fast senkrecht auf die Kalksteine der La Rambla, die berühmte Flaniermeile Barcelonas. Seit bald zehn Jahren leben die beiden Bettler nun auf der Straße. Sie hängen einfach nur ab und genießen ihre Zeit.

Arbeitslos würden sie sich nicht nennen. Aber die Arbeit überlassen sie vier abgegriffenen Kaffeebechern. Und vier Papptafeln, die sie davor ausgebreitet haben: »For Wine«» – »For beer« – »For Whiskey« – »For the day after«. Fast jeder, der vorbeigeht, muss grinsen. »Das könnte dir ruhig nen Euro wert sein«, ruft José. »Lachen ist gesund!«, ruft Lyndon hinterher. Fast immer mit Erfolg. Selbst die Mürrischen greifen zum Portemonnaie.

Fast jede Woche sitzen sie an einem anderen der zahllosen Touristenmagnete der iberischen Halbinsel. Immer dabei: die beiden Hunde Whiskey und Resaca, spanisch für »Brummschädel«. Und ihre Schilder. Alles Teil ihrer PR-Strategie, die augenzwinkernd mit den Vorurteilen über Rumtreiber und mit den Wunschprojektionen der Passanten spielt. Von Werbung verstehen sie etwas: José hat vor seiner zweiten Karriere als Clochard die Marketingabteilung einer Solarenergiefirma geleitet. Lyndon stammt aus Wales und war IT-Fachmann in London. Eines Tages hat er den Schlüssel seiner Eigentumswohnung einfach verschenkt. Und ein Oneway-Ticket nach Spanien gekauft. Etwa zur gleichen Zeit hat José seinen Job im Marketing an den Nagel gehängt. Getroffen haben sich die beiden auf einer Parkbank in Granada. José drehte sich einen Joint. Ihre erste Unterhaltung war lustig, an mehr können sie sich nicht erinnern.

Die beiden haben ein klar definiertes Ziel: die Menschen zum Lachen und auch ein wenig ins Grübeln zu bringen. Und dafür die legitime Gegenleistung zu bekommen: Cash. »Mikrotheater« nennen sie ihren Job.

An einem guten Arbeitstag kommen so bis zu 1 500 Euro zusammen. An anderen nichts. Es hängt vom Flow ab. Davon, wie sie mit den Menschen interagieren. »Wir haben nur wenige Sekunden, um mit den Passanten in Kontakt zu treten«, sagt Lyndon.

Einmal täglich checkt Lyndon Mails, den Facebook-Account und das PayPal-Konto. Denn auch via Internet wird Einkommen generiert. »Das Internet ist eine große Straße. Und was wäre eine Straße ohne Vagabunden?«, philosophiert Lyndon. Das Laptop ist immer dabei, in Spaniens Großstädten ist WLAN kostenlos. Nur ab und zu muss man mal in die Kneipe, um das Ding aufzuladen.

Gegen Amtsschimmel sind die beiden Straßenphilosophen übrigens allergisch. Sie beziehen weder Sozialhilfe, noch erhebt José Anspruch auf Rente, die ihm aufgrund langjähriger Anstellung in Spanien eigentlich zusteht. Sie meiden auch die Wohlfahrt. Den Arzt zahlen sie bar. Sie schlafen auf der Straße. Wenn es regnet, werden sie eben nass.

Lyndon und José sind inzwischen in ganz Spanien berühmt. Sogar ein CNN-Redakteur fragte um ein Interview an. Zu einem Auftritt im spanischen Fernsehen ließen sie sich überreden. Es gab Bier gratis.

Ab und zu werden sie auch von BWL-Studenten angesprochen. Die Jungs und Mädels bleiben bei ihnen stehen: »Wir kennen euch. In unserem Guerilla-Marketing-Kurs wird euer Konzept gelehrt.«

Dann können die beiden auch Sätze sagen wie: »Analytisch heruntergebrochen beruht unser Erfolg darauf, dass wir etwas absolut Gewöhnliches tun. Aber auf eine Weise, die sich von der Masse abhebt.«

Obwohl die beiden alles über Bord geworfen haben, was gemeinhin als Kultur gilt, und wenn ich auch mit der Beschränkung auf die Finanzierung des Grundbedürfnisses Vollsuff nichts anfangen kann: Ich bewundere trotzdem die Radikalität, mit der die beiden Wahlvagabunden eine Kultur des Fragens entwickelt haben. Sie fragen sich: Was will ich eigentlich? Und ziehen die Konsequenzen. Sie fragen sich: Will ich jemandem auf der Tasche liegen? Sie finden die Antwort und dann einen Weg, sich selbst zu finanzieren. Sie fragen: Welche Schilder bringen am meisten Kohle? Sie finden es heraus, indem sie es ausprobieren, und ziehen das dann durch.

Wenn Sie jetzt den Eindruck haben, ich propagierte das Pennerleben, dann täuscht dieser Eindruck gewaltig. Ich propagiere lediglich die selbstgewählte Existenz, die die Folge der richtigen Fragen an das Leben ist. Das Fragen ist ein hervorstechendes Talent der Glückskinder. Zum Fragen, zumindest wenn es zu brauchbaren Antworten führen soll, gehört immer eine Portion siegreiche Frechheit.

Zum Fragen, zumindest wenn es zu brauchbaren Antworten führen soll, gehört immer eine Portion siegreiche Frechheit.

Big Picture

Ich war früher auch frech. Allerdings nicht siegreich frech, sondern eher ein wenig dummfrech. Als Jugendlicher war ich ein Rebell, ich bin von allen Schulen geflogen und gefiel mir hauptsächlich darin, gegen die Kapitalistenschweine zu kämpfen. Mit 14 zog ich von zu Hause aus und hing bei meinem Schwager rum. Er hat mir dann ein paar Sachen erklärt.

Zum Beispiel habe ich da die Sache mit den Zielen gelernt. Ich fuhr gern Moped und wollte natürlich irgendwann auch ein eigenes haben. Aber ich hatte ja nie Geld. Ich wollte kein Kapitalistenschwein sein. Nur, so ein Moped … das ist ja noch im Bereich des Möglichen. Irgendwann war die Frage nicht mehr, ob ich eins haben will, sondern wie ich an eines drankomme. Oder anders gesagt: Was muss ich tun, um dieses Ziel zu erreichen? Es brauchte eine Vision, ein Bild, etwas, das ich ganz bewusst wollte, um mich in Bewegung zu versetzen. So machte ich zum ersten Mal die Erfahrung, wie es ist, sich ein Ziel zu setzen, auf kreative Weise den Weg zu suchen und anzukommen. Ich lernte, ein Visionär zu sein, und machte die Erfahrung von Selbstwirksamkeit.

Was ich heute weiß: Das mit den Zielen bekommen ja noch die meisten auf die Reihe. Nur: Sie alle setzen sich zu kleine Ziele. Dadurch ist die Dimension des Erfolgs zu klein, und seine Erreichbarkeit ist zu sicher. Ich muss große Ziele setzen, damit die Garantie zu scheitern, eingebaut ist. Dieses permanent drohende Scheitern versetzt mich in Bewegung. Eine Niederlage zu verhindern, ist eine großartige Motivation, Außergewöhnliches zu leisten. Deshalb wachsen Sportler im Abstiegskampf über sich hinaus, deshalb laufen

Texter kurz vor dem Abgabetermin zur Hochform auf, deshalb schaffen es Unternehmen, kurz vor der Insolvenz massive Veränderungen durchzusetzen und wieder zukunftsfähig zu werden.

Warum diesen höchst produktiven Zustand abwehren und verteufeln? Ich mache ihn von der Ausnahme zur Regel, indem ich mir deutlich zu große Ziele setze – und dann an diese Ziele glaube und sie mit aller Macht und Ernsthaftigkeit verfolge. Mit zu großen Zielen bin ich garantiert erfolgreich – nicht unbedingt im Vergleich mit dem Ziel, aber im Vergleich mit dem Ausgangszustand. Ich scheitere mich nach oben. Vor allem die Besten von uns scheitern ständig.

Mit zu großen Zielen bin ich garantiert erfolgreich – nicht unbedingt im Vergleich mit dem Ziel, aber im Vergleich mit dem Ausgangszustand.

Die meisten setzen sich keine großen Ziele, weil sie eben gerade nicht scheitern wollen. Und die Chance zu verlieren, ist natürlich umso höher, je größer das Ziel ist. Wenn Sie auf der sicheren Seite bleiben, dann ist das, woran sie arbeiten, nicht schwierig genug. Sie machen keine Fehler. Und das ist ein großer Fehler.

Einer meiner Bekannten ist Spezialist für gescheiterte Unternehmen und kennt ihr Potenzial ganz genau. Er ist ein erfahrener Insolvenzverwalter. Und egal, welche Firma er betritt, Hotel, Metzgerei, Stahlwerk, Multiplexkino – vor seinem geistigen Auge stellt er in kürzester Zeit eine Bilanz dieses Unternehmens auf. Er braucht nur wenige Minuten und kann Ihnen dann auf den Kopf zusagen, wie es um Ihren Umsatz und Gewinn steht und wie hoch die Eigenkapitalrendite ist. Sein Blick ist wie ein Skalpell. Genial.

Sein Blick ist wie ein Skalpell. Genial.

Früher hat er die Firmen einfach abgewickelt. Auftragsarbeiten. Davon hat er gut gelebt, sehr gut. Doch dann hat er statt der Bilanz der Firmenleichen, die vor ihm lagen, einfach einmal die Bilanz seines eigenen Handelns aufgestellt. Und seine Ziele geändert. Warum die Firmen zerlegen und verkaufen? Das ist doch alles so endlos mühsam. Heute kauft er die Firmen selbst auf, saniert sie, macht sie erfolgreich, verkauft sie erst dann wieder. Aber die meisten von ihnen behält er einfach, und so hat er nun mittlerweile auf jedem Kontinent einige Unternehmen.

Als wir uns vor einer Weile trafen, fuhr ich in einem Aston Martin vor. »Cool«, meinte er, »fährst ja eins unserer Autos.« Diese Bilanz ist tatsächlich nah an der Wahrheit. Denn obwohl vorn das Schwingen-Logo von Aston Martin draufklebt, besteht der Wagen zum Großteil aus Teilen, die aus seinen Zulieferfirmen kommen.

Er weiß genau, was er will. Um Geld geht es schon lange nicht mehr. Er hat inzwischen so viel davon, dass er es zu Lebzeiten nicht mehr ausgeben kann. Aber der Phoenix-aus-der-Asche-Effekt, wenn bereits aufgegebene Unternehmen plötzlich wieder zu blühen beginnen, der hat es ihm angetan. Wer die Chance sehen will, muss zuerst sein Ziel kennen. Das kann man lernen.

Die Lehre von Zielen ist die Teleologie. Ihr Begründer Aristoteles ist im Wesentlichen der Auffassung, dass der Mensch nach der Götter Vorbild als Baumeister der Welten gemäß seiner Vernunft zweckmäßig verfährt. Ganz Glückskind stellt der geniale Grieche fest: »Wesen und Ursache der Dinge ist der in ihnen ruhende Zweck.« Mit anderen Worten: Sinn machen bedeutet, das Wozu zu kennen: Wenn ich weiß, wozu ich etwas will, dann weiß ich auch, wie ich es erreichen kann.

Dann fügt sich mein Leben wie ein Puzzle zusammen. Wenn ich das Zielbild kenne, dann kann ich jederzeit sofort entscheiden, welches Puzzleteil wo hingehört, ich kann jedes Teil anhand des *Big Picture* interpretieren. Im Leben ist es genauso: Wenn ich mein Ziel kenne, dann habe ich ein Wozu. Dann kann ich jede Gelegenheit, die sich mir bietet, sofort einschätzen: Bringt mich das weiter auf meinem Weg zum Ziel? Dann ist es wirklich eine Chance. Bringt es mich nicht weiter? Dann ist es keine Chance, sondern nur eine Gelegenheit, ein Sonderangebot des Lebens, und die lasse ich links liegen und baue stattdessen weiter an meinem viel zu großen Ziel.

Lebenszeitspende

Wer Chancen ergreift erzielt Erfolge. Gut. Erfolge lassen sich aber nur durch Leistung erreichen. Klar. Und Leistung definiert sich rein durch Ergebnisse. Richtig. Und Ergebnisse werden durch Arbeit erzielt. Soweit stimmt jeder zu. Diese Art, die Dinge zu sehen, ist aber völlig oberflächlich und im Grunde falsch. Es fehlt die entscheidende Zutat!

Gute Arbeit, also eine Tätigkeit besonders gut zu machen, führt zu guten Arbeitsergebnissen. Das stimmt schon. Die Frage ist nur: wann! Wann wird das Ergebnis erzielt sein? Es ist überhaupt keine Kunst, ein Auto tadellos zu reparieren, famos Klavier zu spielen, lebendig auf dem Mars zu landen. Um ein Auto tadellos zu reparieren, bräuchte ich nur ein paar Jahre, um famos Klavier zu spielen ungefähr 30 Jahre und um lebendig auf dem Mars zu landen ungefähr 300 Jahre. Schätze ich. Das ist keine herausragende Leistung, das kann jeder! Alles ist möglich, jeder kann alles – es ist nur eine Frage der Zeit.

Den Spruch fand ich lange Zeit verrückt. Jeder kann alles? Aber je älter ich werde, desto überzeugender finde ich ihn. Jeder kann alles, aber eben nicht, bevor er stirbt. Ohne den limitierenden Faktor Zeit spricht aber nichts dagegen. Es gibt keine unrealistischen Ziele, es gibt nur unrealistische Fristen. Alles zu erreichen, ist nicht mal eine Frage des Geldes, denn Geld ist selbst auch nur eine Frage der Zeit. Sie brauchen 1 Million für ein Projekt? Ist doch gar kein Problem, in ein paar hundert Jahren schafft es jeder, ausnahmslos jeder, 1 Million aufzutreiben. Eine größere Leistung wäre es da schon, innerhalb eines Monats oder eines Tages 1 Million aufzutreiben!

Es gibt keine unrealistischen Ziele, es gibt nur unrealistische Fristen.

Ergebnisse werden also überhaupt nicht durch Arbeit allein erzielt. Obwohl die meisten Arbeitnehmer für Arbeit bezahlt werden, also dafür, dass sie die Arbeit machen, die ihnen der »Arbeitgeber« gibt. Was in den Köpfen aber über-

Wo ist der Wertschöpfungsanspruch an die Zeit?

haupt nicht drin ist: Eine Tätigkeit gut zu machen, ist noch lange nicht hinreichend für Ergebnisse. Ergebnisse, also echte Leistungen, sind Arbeit pro Zeit.

Wenn ich mir Ziele setze, muss ich also immer die Zeitdimension mit angeben, sonst macht es keinen Sinn. Jedes Ziel, ausnahmslos jedes, ist zeitlich limitiert, denn unser Leben ist zeitlich limitiert. Wo aber ist das Bewusstsein dafür in unserer Gesellschaft? Wo ist der Wertschöpfungsanspruch an die Zeit?

Da basteln Arbeitnehmer stunden- und tagelang an Geschäftsbriefen herum. Warum? Weil sie es gut machen wollen. Was ist gut daran, einen perfekten Geschäftsbrief in drei Tagen zu produzieren? Nichts ist gut daran, es ist von vornherein grottenschlecht, man braucht den Brief gar nicht mehr lesen. Ein Grundschüler, der einen seinem Alter entsprechenden Brief in fünf Minuten schreibt, hat deutlich mehr geleistet!

Da waschen Leute in aller Gemütsruhe sonntags ihr Auto von Hand. Da bleiben Leute im Flughafen auf dem Laufband stehen und glotzen in die Luft. Ja, ist diesen Leute denn ihre Lebenszeit überhaupt nichts wert? Ist ihnen denn ihr Leben nichts wert? Ein Laufband ist kein Stehband, und ein Lebenslauf ist kein Lebensstand! – Leute, die Biss haben, erkennen Sie daran, dass sie Rolltreppen steigen, auf Laufbändern laufen und etwas Produktives tun, während sie in der Abflughalle, im Zug oder beim Arzt zum Rumsitzen verdammt sind.

Die eigene Fortbewegung einzustellen, nur weil ein Rollband läuft, ist vergleichbar mit der passiven Haltung, die unsere Gesellschaft lähmt: Wann immer wir meinen, vom Kollektiv, von der Gemeinschaft, von der Gesellschaft getragen werden zu können, dann lassen wir das zu – und stellen unsere eigenen Bemühungen ein. Wir steigen auf Rollbänder und geben die Verantwortung über unsere Fortbewegung ab. Wir steigen in den Sozialstaat Deutschland ein und geben die Verantwortung für die Risiken des Lebens ab. Wir haben das Bündnis mit der Agentur für Arbeit und geben die Verantwortung für die Gestaltung unseres Arbeitslebens ab. Wir wissen, dass Arbeitgeber Trainings bezahlen, und geben die Verantwortung für Weiterbildung und Weiterentwicklung an den Chef ab. Und wir wissen, dass das Schulsystem von unseren Steuern bezahlt wird und geben auch da die Verantwortung ab, unsere Kinder auf das Leben vorzubereiten. Es sind immer die anderen, die uns befördern sollen, wohin auch immer. Und es sind immer wir, die darauf warten.

Vor allem: Die meisten Menschen haben die Zeitachse überhaupt nicht im Blick. Nur so ist es möglich, dass es Jobs gibt, die aus Nichtstun bestehen. Am Münchener Flughafen beispielsweise sitzen im Sicherheitsbereich acht Menschen aus Fleisch und Blut, die nichts anderes tun, als darauf zu achten, dass alle vorwärts durch den Bereich geschleust werden und keiner zurückgeht. Was da an Zeit verloren geht, jeden Tag, jede Stunde! Die machen nichts! Eine einfache technische Vorrichtung, ein Drehkreuz oder so was würde den gleichen Zweck erfüllen.

Solange solche Jobs besetzt werden können, solange es Menschen gibt, die ihre Lebenszeit für so etwas wegwerfen, geht's uns als Gesellschaft nicht gut. Wenn es wenigstens Studierende wären, die diese Jobs machen, die könnten während der Rumsitzerei ihren Stoff lernen. Oder der Flughafen könnte die Arbeitskraft dieser Leute an ein Schreibbüro verleihen und sie Texte abtippen lassen. Oder was auch immer. Aber Menschen, die Zeit totschlagen, das kann ich kaum mit ansehen. Mir dreht es fast den Magen um, wenn ich damit konfrontiert

Sehen die Leute denn nicht, wie die tote Zeit aus der Luft fällt wie vergiftete Fliegen?

werde. Sehen die Leute denn nicht, wie die tote Zeit aus der Luft fällt wie vergiftete Fliegen? Mir kommt es immer so vor, als würde ich durch einen Sumpf aus toter Zeit waten müssen, bis ich durch diese Sicherheitsschleuse und an diesen Zeitzombies vorbei bin. Und wenn ich dann auf die Toilette muss und sehe da diesen Klomann herumsitzen und das Geld verstecken, damit das Tellerchen ärmlich genug aussieht … ja, warum strickt er nicht wenigstens einen Pulli?

Mir geht es überhaupt nicht um ständige Wertschöpfung, um Maximalauslastung. Mir geht es um den einzelnen Menschen! Der kann ja auch gerne einen guten Roman lesen. Ich habe einfach nur immer Angst, dass unser Hirn die Schwindsucht kriegt, wenn wir ihm gar kein Futter mehr zuführen.

Wartezeit ist tote Zeit. Ich weiß schon, manchmal muss man Jahre warten, bis etwas fertig ist oder zur rechten Zeit kommt. Darin bin ich nicht gut. Manchmal ist man nämlich zu früh dran. Ich habe beispielsweise mal ein Buch geschrieben, das hieß *Jeder Tag ist Schlussverkauf*, ein Ratgeber übers Handeln und Feilschen. Ich veröffentlichte es, bevor das Rabattgesetz fiel, weil ich es nicht abwarten konnte. Das Buch verkaufte sich ganz gut. Und das ärgerte mich grenzenlos. Denn es hätte sich nicht einfach nur ganz gut, sondern doppelt und dreifach so gut verkauft, wenn es später gekommen wäre.

Ich war schon x-fach zu früh dran. Lieber haue ich auf etwas sofort drauf, anstatt abzuwarten, bis die Zeit reif ist. Hauptsache gehandelt! Immer wieder mache ich mir Sachen kaputt, bloß weil ich keine drei Tage Geduld habe. Für die Kunst des richtigen Augenblicks bin ich kein gutes Vorbild. Aber in deutlich mehr Fällen hat meine Ungeduld dafür gesorgt, dass ich große Erfolge erzielt habe – einfach weil ich Dinge sofort erledigt habe. Ruckartig.

In seiner berühmten Ruckrede vom 26. April 1997 hat der damalige Bundespräsident Roman Herzog das Wort »Ruck« genau einmal gesagt. Aber das Wort »Chance« hat er siebenmal gesagt. Was nutzen Chancen, wenn man sich keinen Ruck gibt? Ruck bedeutet schlicht: sofort, jetzt und gleich etwas Unvollständiges abliefern. Ein schlechtes Ergebnis, das sofort erbracht wird, ist ein gutes Ergebnis. Fast.

Ein schlechtes Ergebnis, das sofort erbracht wird, ist ein gutes Ergebnis.

Wie soll das denn gehen?

Warum sterben wir mit spätestens 120 Jahren? Ich glaube, Gott hat es so eingerichtet, weil wir mehr Überblick nicht haben. In zeitlicher Hinsicht sind wir Analphabeten, wir haben völlig unzureichende Vorstellungen von Zeitabläufen. Wir überschätzen beispielsweise regelmäßig, was wir an einem Tag schaffen können, und wir unterschätzen grandios, was wir in zehn Jahren schaffen können. Darum sind Tagespläne immer unrealistisch, weil so viel gar nicht zu schaffen ist. Die To-do-Liste ist abends nie leer. Und Business-Pläne über drei bis fünf Jahre sind oft unrealistisch, weil die Ziele viel zu niedrig gesteckt wurden. Es dauert bei uns Menschen immer länger, als wir denken, und dann schaffen wir immer mehr, als wir denken.

Selbst Jesus von Nazareth hatte bei allem, was er erreicht hatte, etwas vergessen, weil er die Zeitdimension nicht im Blick hatte. Sonst müsste heute kein Christ Kirchensteuer zahlen. Hätte er nur den Gegenwert von 1 Cent mit 5 Prozent Jahresrendite angelegt, hätten seine Jünger heute 616 572 900 376 657 700 000 000 Euro auf dem Konto. So viel Geld gibt es gar nicht!

Stattdessen setzt bei großen Zahlen, großen Zielen, großen Vorhaben bei uns sofort und reflexartig der Widerstand ein und bockt: Geht nicht! Unrealistisch! Ist nur was für Große und Reiche! Unmöglich!… Das alles sind für mich Ausschränkungskriterien. Sie sind dazu da, etwas aus dem Bereich des Möglichen verbal zu entfernen, damit man sich nicht anstrengen muss.

Wir glauben nicht an unsere Selbstwirksamkeit. Wir haben einen eingebauten Hemmfilter, der verhindert, dass wir die Langfristigkeit und die Wirksamkeit unserer Handlungen einschätzen können. Wir glauben nicht an unsere Selbstwirksamkeit.

Darum stellen wir immer wieder die Frage, ob etwas überhaupt möglich ist. In dieser Frage ist der Kleinmut schon eingebaut. Natürlich ist es möglich! Das digitale Denken, mit dem wir aufgewachsen sind, stellt sich die Frage: Geht es oder geht es nicht? Die richtige Frage ist eine ganz andere: Wie geht es? Wie ist es möglich? Erst wenn wir eine Antwort auf diese Frage haben, können wir entscheiden, ob wir bereit sind, diesen Weg zu gehen oder nicht. Die Killerfrage, ob etwas möglich ist, bewahrt uns vor dieser Entscheidung: Will ich oder will ich nicht? Denn wenn etwas für unmöglich erklärt wurde, macht die Frage, ob ich es will, ja keinen Sinn.

Wenn ich aber die Frage, ob ich es will, vermeide, dann brauche ich auch keine Verantwortung übernehmen für das Ergebnis. So kann nichts schief gehen. Uff! Gerettet! Unsere Vollkaskomentalität zeigt sich darin, dass wir es gar nicht erst versuchen. Sondern fröhlich im Raum des vermeintlich Möglichen vor uns hinstoppeln. Und je intelligenter der Mensch, desto raffinierter die Ausreden ...

Chefs kennen das. Täglich. Ein Chef sagt zu seinem Mitarbeiter: »Schau, wir liefern unserm Kunden am Freitag dies und jenes. Bitte mache deshalb dies und das.«

Der Mitarbeiter nickt bereitwillig und macht sich sorgfältig an die Arbeit. Der Chef sieht schon nach fünf Minuten, dass etwas nicht stimmen kann mit dem Tempo des Mitarbeiters. Er bemerkt seinen Fehler, räuspert sich und sagt: »Ähm, Entschuldigung. Ich habe mich vorhin unklar ausgedrückt. Ich meinte eigentlich: Bitte tue dies und das BIS FREITAGMORGEN UM 9:00!«

Der Mitarbeiter schaut den Chef völlig entgeistert an: »Aber Chef, das ist unmöglich!« – Und in seinem Kopf beginnt sich das S-Wort zu formen: Sklaventreiber!

Der Blutdruck des Chefs steigt: »Ja, bis wann wolltest du denn die Arbeit erledigt haben?«

Der Mitarbeiter überlegt: »Also, um es richtig gut zu machen, und das wollen wir ja schließlich, brauche ich zwei bis drei Wochen.«

Der Chef versucht, das Zittern in seiner Stimme zu unterdrücken, und sagt langsam: »Aber der Kunde braucht es am Freitag.«

Der Mitarbeiter schaut ihn verständnislos an. »Aber da kann doch ich nichts dafür«, verteidigt er sich, »ich sage ja nur, wie lange ich brauche, um das gewünschte Ergebnis zu erzielen.«

»Du hast nicht verstanden, was das Ergebnis ist«, erwidert der Chef. »Das Ergebnis ist nicht das, was du in zwei oder drei Wochen produziert hast, sondern das, was am Freitag dem Kunden geliefert wird. Der Zeitpunkt ist fix. Wenn wir am Freitag liefern: 2000 Euro. Wenn wir in zwei Wochen liefern: 0 Euro. Und keine Aufträge mehr in der Zukunft. Schaden: ungefähr 10000 Euro. Ist das das Ergebnis, das du erzielen willst?«

»Nein«, sagt der Mitarbeiter kleinlaut, »aber, Chef, wie soll ich das denn machen?«

»Gute Frage«, seufzt der Chef erleichtert, »jetzt sind wir auf dem richtigen Gleis. Also lass uns überlegen, wie wir das hinbekommen.«

»Geben`se mir zehn Euro, dann ist gut!«

Es gibt also ganz offensichtlich keinen Zuteilungsstau bei den Chancen im Leben. Es gibt nur einen Wahrnehmungsstau. Glückskinder, die scheinbar mühelos Chancen nutzen, haben ihren Mitmenschen lediglich voraus, dass sie die Nischen suchen, die richtigen Fragen stellen, große Ziele im Kopf haben und mit der Zeitdimension besser klarkommen als der Durchschnitt.

Es gibt also ganz offensichtlich keinen Zuteilungsstau bei den Chancen im Leben.

Sie haben noch eine andere Eigenschaft: Sie können rechnen. Ob ich nun ein Glückskind bin oder nicht (ich habe da so meine Zweifel), aber rechnen kann ich – zumindest manchmal. Ich kann es nicht nur, ich tue es auch andauernd. Beispielsweise in Jena, wo ich einmal drei Wochen im Hotel gelebt habe. In der ersten Woche habe ich mein Auto draußen auf der Straße stehen lassen. Da habe ich gerechnet: Ist es billiger, einen Parkschein oder einen Strafzettel zu lösen? Der Strafzettel war billiger, und den bekam ich dann auch prompt.

In der zweiten Woche wollte ich dann in die Hotelgarage, die Polizei war nämlich recht agil in Jena. Nebenan war aber ein Einkaufszentrum, beide benutzten dasselbe Parkhaus. Also habe ich gerechnet: Was ist billiger: das Ticket im Hotel kaufen oder am Automaten des Einkaufszentrums? Im Hotel kostete es 17 Euro pro Tag, im Einkaufszentrum, das ja nur auf Kurzparker eingerichtet ist, summasummarum 68 Euro für fünf Tage. Also bin ich ins Einkaufszentrum. Damit war schon etwas gespart, aber nicht genug. Da stand nämlich bei den Parkbedingungen, dass ein verlorenes Ticket eine Strafgebühr von 17 Euro kostet. Also habe ich ein Ticket gelöst und habe es nach der Einfahrt gleich beim nächsten Abfallkorb »verloren«.

Als ich dann abfahren wollte, bin ich zum Schalter gegangen und habe den Verlust ordnungsgemäß gemeldet. »Oh, ganz schön teuer wird das jetzt leider!«, meinte der freundliche Herr hinter der Glasscheibe.«

Ich zuckte die Achseln. »Da kann ich wohl jetzt nichts dagegen machen.«

»Hm, warten se«, brummte der Mann mit einem Anflug eines spitzbübischen Grinsens. »Wissen se was, geben se mir zehn Euro und dann ist gut!«

Ich gab ihm 10 Euro, bekam das Ersatzticket und stieg ins Auto. 10 Euro statt 85 Euro. Nur mit Grundrechenarten.

Beim Rausfahren kam mir noch die Idee, ob ich ihn nicht nach einer Quittung fragen sollte, damit ich das Ticket steuermindernd in der Firma verbuchen konnte. 10 Euro aus bereits versteuertem Geld ist nämlich kaum billiger als 17 Euro steuerminderndes Geld, aber was soll's, das hätte ihn in eine schwierige Lage gebracht, die wollte ich ihm ersparen, weil er so nett war. Das hätte wenig Stil gehabt.

10 Euro statt 85 Euro. Nur mit Grundrechenarten.

Und einen edlen und guten Lebensstil lernt man bei den Rotariern. Dort findet sich ein zweites Beispiel für das Rechnen: Wir veranstalten jedes Jahr eine Tombola für einen wohltätigen Zweck auf dem Weihnachtsmarkt. Das ist ein Riesenaufwand, den sich die etwa 40 rotarischen Freunde da aufladen. Zwei Tage lang der totale Rummel. Und in der Zeit vorher, bis alle Gewinne eingesammelt sind, verpackt, aufgebaut und die Tabelle mit den Gewinnen geschrieben ist, kommen astronomische Stundensätze zusammen. Als letztes Jahr am Stand alle ihren Dienst abbrummten, konnte man fast fühlen, wie die Zeit durch die Finger rann. Da hab ich das Ganze mal grob überschlagen. In der Trommel sind 2000 Lose à 2 Euro. Die Preise sind knapp 10000 Euro wert – Rotarier lassen sich nicht lumpen. Preise für 10000 Euro für Lose im Gesamtwert von 4000 Euro. Eigentlich, dachte ich, muss ich beim nächsten Weihnachtsmarkt Punkt 8 Uhr Morgens alle Lose aufkaufen. Ich lege sogar noch 1000 Euro drauf, und die Rotarier haben noch etwas zusätzlich gewonnen für ihre Spende. Ich habe den zeitraubenden Dienst am Stand gespart, kann in der Zeit Wertschöpfung erzielen und habe noch einen ordentlichen Gewinn gemacht, wenn meine Mitarbeiterin die ganzen Sachen bei eBay verkauft hat.

Es wäre wirtschaftlich völlig unvernünftig, nicht alle Lose zu kaufen. Der einzige Haken: Es gäbe dann keine Tombola mehr. Und hier liegt der Hund begraben. Mein Manöver birgt nämlich eine viel wichtigere Lektion, als die ganze Zahlenkleckerei um ein paar Reisegutscheine, Festina-Uhren und Parfümflakons. Meinen Freunden vom Rotary Club steht eine wichtige Einsicht bevor: Dass ihre *causa finalis* statt der wohltätigen Spende in Wirklichkeit die Tombola ist. Die Leute wollen nicht nur ein möglichst gutes Spendenergebnis erzielen, sondern vor allem auf dem Weihnachtsmarkt präsent sein und soziales Engagement zeigen. Und das ist gut so!

Ich glaube, ich mache das, ich kaufe beim nächsten Mal alle Lose. Ich freue mich wie ein Schuljunge auf die Diskussionen. Vielleicht kommen wir ja auf neue Ideen. Vielleicht finden wir zu neuen Zielen? Vielleicht fragen wir uns einmal: »Wenn das so simpel ist, 10 000 Euro für den guten Zweck einzusacken, warum versuchen wir's nicht einfach mit 1 Million oder zumindest mit 100 000 Euro?« Ich bin äußerst gespannt.

Sie könnten auch mal ausprobieren, einfach nur zu betteln. 30 Rotarier auf den Knien in der Einkaufsstraße. Das wäre mal was! Ich wäre da sofort dabei, im Betteln habe ich sogar ein wenig Erfahrung: Als ich 15 war, bin ich einmal betrunken am helllichten Nachmittag durch die Freisinger Innenstadt gewankt. Irgendwann konnte ich mich nicht mehr aufrecht halten, da habe ich mich hingesetzt. Kurz drauf hat mir jemand Geld hingeworfen. Ich war nicht so betrunken, dass ich das nicht mitbekommen hätte. Also bin ich sitzen geblieben. Und weil das so gut funktioniert hat, habe ich mich, immer wenn ich etwas Geld brauchte, in der Freisinger Innenstadt auf den Boden gesetzt. Verhungern musste ich jedenfalls nicht. Es hat sich gerechnet.

Die meisten von uns sind unglaublich schlecht im Rechnen. Auch die Gebildetsten unter uns. 80 Prozent der Ärzte beispielsweise beantworten eine einfache Frage aus der Epidemiologie regelmäßig falsch. Bei dieser Frage geht es um eine Vorsorgeuntersuchung: Stellen Sie sich vor, einer von 1 000 Menschen der Bevölkerung ist von einer Krankheit betroffen. Der Test dieser Krankheit ergibt zu 5 Prozent eine falsche Antwort. Ihr Testergebnis ist nun ausgerechnet positiv! Wie hoch ist die Gefahr, dass Sie an dieser Krankheit leiden? 95 Prozent. Eben gerade diese naheliegende Antwort ist falsch! Die Angst ist oft größer als die Realität. Die Gefahr, dass Sie an dieser Krankheit leiden, liegt bei grob 2 Prozent. Sie sind zu 98 Prozent gesund! Warum? Wenn 1 000 Leute getestet sind, so wird eine Person diese Krankheit haben und 999 werden diese nicht haben. Diese eine Person wird bei dem Test möglicherweise richtig identifiziert. Ein wahres Positiv. Aber 50 Personen (5 Prozent) der 999 werden bei dem Test als krank identifiziert. 50 falsche Positive. Schlimm genug.

Ärzte sind eben Mediziner und keine Mathematiker. Und ich mag gar nicht wissen, wie viele Körperteile schon weggeschnitten wurden, bloß weil sich jemand verrechnet hat. Und auch das ist mittlerweile erwiesen.

Wenn Sie das so hören: Tricksen im Parkhaus, Rechnen, wenn es um Spenden und Gemeinnütziges geht, Mathematik bei fiesen Krankheiten und ein paar Cent hin oder her bei einer völlig fiktiven Rechnung – glauben Sie dann, dass ich besessen davon bin, mir noch den letzten Deal zurechtzufeilschen? Dass es mir um das Billiger geht, darum, mehr rauszuholen? Dann haben Sie mich falsch verstanden. Nichts läge mir ferner! Mir geht es nicht darum, dass Sie sich im Feilschen üben. Das sind für mich alles nur Beispiele, die zeigen, dass wir uns diese schlichten alltäglichen Probleme alle aus einer Adlerperspektive anschauen müssen. Wir brauchen die Meta-Ebene, um Chancen zu sehen. Der Aufstieg auf die höhere Ebene erlaubt es uns erst zu rechnen.

Eine letzte Rechnung: Ein Baseball-Schläger und ein Ball kosten zusammen 1,10 Euro. Der Schläger kostet genau 1 Euro mehr als der Ball. Wie viel kostet der Ball? Einfach, oder? In seiner Nobelpreisrede stellte der amerikanisch-israelische Psychologe Daniel Kahneman zur Einleitung diese Frage.

Fast alle, denen ich diese Frage stelle, antworten sofort und in-

Wir hören oft auf nachzudenken, wenn wir glauben, es verstanden zu haben.

tuitiv, dass der Ball 10 Cent kostet. Das gilt auch für den Großteil der Studenten an den Elite-Universitäten Princeton und Harvard. Fast alle geben diese Antwort. Aber wenn der Ball 10 Cent kosten würde, müsste der Schläger 1,10 Euro kosten, denn der Schläger kostet ja einen Euro mehr als der Ball. Die Gesamtsumme wäre dann 1,20 Euro und nicht 1,10 Euro. Tatsächlich kostet der Ball nur 5 Cent! Irgendetwas in unserem Gehirn hat dazu geführt, dass wir intuitiv eine falsche Antwort auf diese scheinbar so einfache Frage geben. Wir hören oft auf nachzudenken, wenn wir glauben, es verstanden zu haben.

Komm mit mir ins Abenteuerland

Wer rechnet, für den gefriert die Welt für einen Augenblick. Kopf oder Zahl? Ich werfe eine Münze und klatsche sie auf meinen Handrücken. Egal, was Sie gewählt haben, in absoluter Häufigkeit ausgedrückt steht Ihre Chance 1:1 oder »fifty-fifty«. Als relative Häufigkeit ausgedrückt entspricht dies einem Verhältnis von 50 Prozent. So einfach funktioniert die Welt aus den Augen eines Spekulanten. Ob Sturzgeburt, Lottojackpot oder Killerbienen aus dem Weltraum – die Wahrscheinlichkeit jedes beliebigen Ereignisses kann in eine trockene kleine Zahl gegossen werden.

Wer rechnet, spekuliert. »Speculare« ist Latein und bedeutet »spähen«. Chancen sieht das Glückskind deshalb, weil es spekuliert, späht, scharf auf die Chance blickt. Und dabei keine Angst vor großen Zahlen hat.

André Kostolany, der berühmte Börsenfuchs, sagte einmal: »Ich lag mit meinen Geschäften zu 49 Prozent falsch und zu 51 Prozent richtig. Die 2 Prozent Unterschied waren mein Erfolg.« Wenn er Geschäfte um 100 Euro gemacht hätte, wären das 2 Euro gewesen. Er machte Geschäfte mit hunderten von Millionen, weil er keine Angst vor großen Zahlen hatte.

Wer rechnet, sieht die Lücke. Natürlich steigt das Risiko mit dem Einsatz. Aber da kommt eine weitere Eigenschaft des Glückskinds ins Spiel. Dostojewski hat das seinen tragischen Held Aleksej in seinem Roman *Der Spieler* so ausdrücken lassen:

Wer rechnet, sieht die Lücke.

»Nun hätte ich weggehen sollen. Aber es war in mir eine seltsame Empfindung rege geworden, der Wunsch, gewissermaßen das

Schicksal herauszufordern, ein Verlangen, ihm sozusagen einen Nasenstüber zu geben und die Zunge herauszustrecken.«

Das Glückskind ist auch Spekulant und Spieler, es liebt das Risiko. Insbesondere auch deshalb, da kein Risiko möglicherweise eines der größten Risiken darstellen könnte. André Kostolany hat das mit Scharfblick so formuliert: »Wer viel Geld hat, kann spekulieren. Wer wenig Geld hat, darf nicht spekulieren. Wer kein Geld hat, muss spekulieren.« Das ganze Leben ist ein Spiel. Also setzen Sie, spielen Sie, gewinnen Sie. Aber jedes Spiel ist irgendwann aus. Egal, wie unsere Geschäfte ausgehen, wir können nichts mitnehmen. Am Ende bleibt nur das Gefühl, alles gegeben zu haben, das Mosaik des Lebens wirklich gefüllt zu haben, das Gefühl, gelebt zu haben.

Sich bewusst und dauerhaft in unsichere Gefilde vorzuwagen, führt zu einem Leben außerhalb der Komfortzone. Das ist das Ideal. Ich sträube mich selbst immer wieder dagegen, aber ich weiß eigentlich, dass das einzig dauerhaft Schöne im Leben die Veränderung ist. Und permanente Veränderung ist die Folge, wenn einer abenteuerlich lebt. Für mich ist die ideale Vorstellung vom Leben die eines Abenteuers. Denn ich sehne mich, wie jeder andere auch, danach, endlich anzukommen. Bei mir selbst anzukommen. Ich weiß aber, dass ich nur ankommen kann, wenn ich mich auf große Fahrt begebe.

Das liegt schon im Wortstamm: Abenteuer hat wie das englische »Adventure« den Stamm »adventare« – schon wieder Latein –, und das heißt »ankommen«.

Ständig im Abenteuer zu leben, hält keiner zu 100 Prozent aus. Auch ich kann mittlerweile, wohl weil ich älter geworden bin, mal 20 Minuten irgendwo sitzen und vor mich hinglotzen, zum Beispiel in einen Fernseher oder aus einem Zugfenster. Aber grundsätzlich bin ich schon ein Getriebener, das haben Sie ja mittlerweile gemerkt. Ich bin chancengetrieben. Ich bin immer auf der Suche nach dem Optimum.

Das ist wahnsinnig anstrengend. Aber ich habe keine andere Wahl. Denn, um mit Hartmut Engler, dem Sänger und Texter der Band Pur zu sprechen:

»Komm mit mir ins Abenteuerland, der Eintritt kostet den Verstand. Komm mit mir ins Abenteuerland und tu's auf deine Weise. Deine Fantasie schenkt dir ein Land, das Abenteuerland.«

DURCH-
BRÜCHE

Warum Verwirrung unser bester Zustand ist

150 Athleten wippen in ihren Laufschuhen, lockern die Nacken-muskulatur und die Oberschenkel, atmen durch, konzentrie-ren sich. Kameras surren, Fotoapparate klicken. Gleich geht es los! Gleich startet einer der härtesten Wettkämpfe weltweit. Wir sind in Sydney, das Ziel ist Melbourne. Dazwischen liegen 544 Meilen, 875 Kilometer, das Rennen heißt Ultra-Marathon 1983. Getrunken und gegessen wird unterwegs. Pausen gibt's nur für ein paar Stunden Schlaf und zur Massage der steinharten Muskeln.

Doch wer ist das, wer stört hier das Bild? Wer hat sich denn da zu den Sportlern verirrt? Will dieser ältere Herr etwa mitlaufen? Der sieht aus wie ein Bauer! Overall und Arbeitsstiefel. Was für ein Witz-bold!

Kann man einen fünftägigen Laufwettbewerb in Gummistiefeln laufen? Natürlich nicht. Kann man mit 61 Jahren innerhalb einer Woche 875 Kilometer lang laufen? Das kann kaum ein 20-Jähriger, also ganz klar: Nein. Kann ein Landwirt ernsthaft gegen trainierte Top-Athleten antreten? *No way.*

Also muss es sich um einen Scherz handeln. So ist das. Wer nicht innerhalb der Norm funktioniert, wird belächelt, keiner nimmt ihn ernst.

Wer nicht innerhalb der Norm funktioniert, wird belächelt, keiner nimmt ihn ernst.

Aber Cliff Young ist das egal. Ohne zu zögern und of-fenbar ohne sich der Skurrili-tät seines Auftritts bewusst zu sein, geht er selbstsicher zur Organisatoren-Riege und holt sich seine Startnummer. Denn er ist nicht hierher gekommen, um zuzusehen. Cliff will in seinem Alter, in seinem Aufzug tatsächlich mitlaufen.

»Sie sind verrückt. Sie werden bei diesem Rennen niemals bis zum Ende durchhalten!«

»Aber sicher doch werde ich das.« Cliff lächelt freundlich – und den Reportern, den Veranstaltern, den Zuschauern bleibt vor Entsetzen der Mund offen stehen.

Startschuss. Die 20- und 30-Jährigen preschen los. Cliff bleibt von Anfang an scheinbar hoffnungslos zurück.

»Das ist aber auch kein Wunder! Habt ihr gesehen, was der Kerl für einen ulkigen Schritt draufhat?«

»Yeah, das sieht ja aus, als würden ihm ständig seine Gummibeine davonrutschen!«

Die belustigten Zaungäste des Super-Rennens haben gerade einer Welt-Premiere beigewohnt. Jene merkwürdige Art sich fortzubewegen, die so viel Heiterkeit auslöst, ist der Cliff-Young-Shuffle. Er wird über Jahrzehnte hinweg die Läufer-Szene beschäftigen, er wird zahllose Nachahmer finden, er wird – wie Cliff Young selbst – zur Legende werden.

Denn Cliff läuft mit diesem Schritt wie ein Uhrwerk.

»Wir haben 2000 Schafe zu Hause, auf 2000 Morgen Land«, erzählt er den Reportern. »Um die Tiere zusammenzutreiben, brauche ich manchmal zwei oder drei Tage.«

Cliff meint das wörtlich. Wann immer ein Sturm aufkommt, setzt er sich in Bewegung. Ohne Unterlass, Tag und Nacht. Dass so etwas nicht geht, hat ihm einfach keiner gesagt. Genauso wenig scheint sich Cliff bewusst zu sein, dass die Läufer des Sydney-Melbourne-Ultramarathons sich dringend nachts von ihren Strapazen erholen müssen. 18 Stunden Schritt für Schritt auf hartem Asphalt, in Staubluft oder Regen – da müssen mindestens sechs Stunden Schlaf einfach sein.

Nicht für Cliff. Er hat draußen auf dem Land keinen Schlaf gebraucht, wenn es um seine geliebten Schafe ging. Warum soll er sich jetzt beim Rennen ausruhen? Donnerhall, Blitzkanonade und tosender Nachtsturm – er stellt sich einfach bildlich vor, dass er beim Rennen nicht gegen Läufer läuft, sondern seine im Unwetter verirrten, verängstigten Schafe zusammentreibt. Und er kann auf seine Technik vertrauen: Der Cliff-Young-Shuffle, so stellt sich später heraus, ist eine enorm schonende Art, voranzukommen. Cliff kann es sich leisten, zurückzufallen, schließlich holt er immer wieder auf, während die andern pausieren. Bis er an der Spitze steht.

Melbourne, fünf Tage, 15 Stunden, vier Minuten nach dem Startschuss: Cliff Young gewinnt. Dass er 10 000 Dollar Siegesprämie erhält, ist unbedeutend angesichts der Tatsache, dass er weit über den Sport hinaus zu einer Ikone wird. Cliff Young – das ist der Mann, der das Unmögliche geschafft hat.

Der Chancenblick

Um als Läufer erfolgreich zu sein, können Sie einfach auch mehr trainieren und Ihre Laufleistung Jahr für Jahr um 5 Prozent steigern. Auch das kann Sie im Laufe der Jahre enorm erfolgreich machen. Schafe jagen und Gummistiefel anziehen, ist bestimmt kein Erfolgsrezept. Und ich empfehle Ihnen nicht, Ihre Firma besser zu führen, indem Sie in Hausschuhen zum Meeting gehen und dort Trillerpfeifen blasen. Auch wenn solche magischen Momente wie der in Melbourne 1983 so faszinierend wie unerklärlich für alle Außenstehenden sind: Es geht nicht darum, einfach nur verrückt zu spielen, einfach nur anders zu sein als alle anderen.

Wer versucht, anders zu sein als alle anderen, orientiert sich doch genauso wie all die Mitläufer am Mainstream – nur eben anders herum. Anders zu sein, kann eine Alleinstellung verleihen, Aufmerksamkeit generieren,

Wer versucht, anders zu sein als alle anderen, orientiert sich doch genauso wie all die Mitläufer am Mainstream.

und wenn man es geschickt anstellt, die Grundlage für reichlich Erfolg sein. Keine Frage.

Aber mir geht es hier um etwas anderes: Nicht um Erfolg durch lineare Steigerung und nicht um Erfolg durch eine Anti-Gewöhnlichkeitsstrategie. Beides ist gut und richtig und zu beidem wurden schon genug Bücher geschrieben, auch von mir selbst. Ich meine hier eine andere Spezies: Glückskinder. Wie Cliff Young. Die machen nicht mehr vom Gleichen, und die machen nicht alles anders. Denen ist es nämlich völlig egal, wie man das so macht, was Usus ist, wie es geht, wie es gelehrt wird, wie es zu funktionieren hat.

Wer sich wie ich fragt, wie es sein kann, dass manchen Menschen ein Durchbruch gelingt, wo alle anderen nur eine unüberwindbare Mauer sehen, muss näher hinschauen, in die Leute hineinschauen, um zu verstehen, warum sie tun, was noch keiner vor ihnen getan hat.

Wieso schert es sie keinen Deut, was die anderen denken? Wie die anderen sie belächeln und vielleicht sogar auslachen, nur weil sie sich nicht an die unausgesprochenen Regeln halten? Solche Menschen sind offensichtlich vor allem eines: fokussiert. Sie leben in diesen magischen Momenten radikal aus dem Inneren heraus. Handeln vollkommen klar nach ihrer inneren Überzeugung und sind völlig frei von äußeren sozialen Zwängen und inneren Bremsen.

Und sie machen sich frei von ihrer eigenen Geschichte, von der Geschichte aller. Hab ich noch nie gemacht? Kein Problem. Hat noch nie irgendjemand gemacht? Okay, na und?

Hab ich noch nie gemacht? Kein Problem. Hat noch nie irgendjemand gemacht? Okay, na und?

Durch diesen unbeirrbaren Fokus haben diese besonderen Menschen einen naiven kindlich-einfachen Blick für die Lücke in der Mauer, anstatt auf die pure Masse der Steine zu starren. Tests belegen, dass bei einer schier unausweichlichen Kollision diejenigen Autofahrer die höchsten Überlebenschancen haben, die sich gerade nicht auf ein plötzlich entgegenkommendes Fahrzeug konzentrieren, sondern auf die rettende Lücke.

Glückskinder haben diese Fähigkeit entweder in die Wiege gelegt bekommen oder erlernt, auf jeden Fall aber perfektioniert: Sie sind durch und durch lösungsorientiert, weit über die Grenzen der Wahrscheinlichkeitsrechnung hinaus, weil sie sich nur für die Lösung und für sonst gar nichts interessieren.

»Never change a running system« – wenn sich wirklich alle an diese Binsenweisheit der IT-Welt gehalten hätten, dann wäre der PC gar nicht erst erfunden worden. Der Marktgigant IBM glaubte nämlich lange Jahre nur an den Computer als aufwändige Firmenlösung. Ein preiswerter Heimrechner für den Massengebrauch – so etwas war doch allenfalls die lächerliche Idee einiger Spinner. Apple, ein verschrobenes Start-up mit einem bunten angebissenen Apfel als Markenzeichen erntete zwar ab 1977 erste kommerzielle Erfolge mit solch einem seltsamen Produkt. Doch davon ließ sich die Chefetage des Markt beherrschenden Giganten noch lange nicht irritieren. Es brauchte schon eine kleine Verschwörung, um 1980 im IBM-Forschungslabor in Boca Raton an der legendären Bürokratie des IT-Riesen vorbei den Personal Computer zu entwickeln. 1981 wurde der IBM 5150 PC vorgestellt. Gerade mal auf 250 000 Exemplare bezifferten die Vertriebsfachleute den möglichen Absatz. Es wurde ein Siegeszug – wider alle Prognosen.

Die Zukunft ist eben niemals die lineare Fortsetzung von Vergangenheit und Gegenwart. Trotzdem: Wir alle lieben doch die Linearität! Ich ja auch. Sie funktioniert einfach. Nicht umsonst sorgen wir dafür, dass unser Lebenslauf glatt und perfekt aussieht beim Bewerbungsgespräch, alle Veränderungen im Leben sollen im Nachhinein so aussehen, als wären sie ursprünglich geplant gewesen. Das Leben läuft zwar nicht so – und jeder weiß es –, aber der Hang zur Linearität ist in uns so mächtig, dass wir sie lieber konstruieren, als auf sie zu verzichten. Die Chancen im Leben kommen aber nicht aus dem Linearen! Mehr vom Gleichen ergibt einfach nur mehr vom Gleichen.

Die Zukunft ist eben niemals die lineare Fortsetzung von Vergangenheit und Gegenwart.

Natürlich brauchen wir die Gewohnheit, die stillschweigenden Verabredungen, die Zwänge und Bindungen unserer Geschichte und unserer Gemeinschaft. Keine Frage. Denn wenn es nur noch Durchbrüche gäbe, nur noch nichtlineare Sprünge, dann hätten wir nichts als Chaos. Aber bisweilen müssen wir die Linearität zerstören. Wir sind so. Ein paar Mal im Leben genügt, aber ab und zu brauchen wir einen Durchbruch, sonst schmeckt das Leben fad.

Der Moment des Durchbruchs, der totalen Verwirrung, des dekonstruierten Musters, ist der Moment der totalen Freiheit. Das sind vielleicht die einzigen Momente, die wirklich lebenswert sind. Das soll nicht heißen, dass Sie alles auf den Kopf stellen sollen um des Auf-den-Kopf-Stellens wegen! Aber ab und zu ein kleines Chaos, um neue Kraft zu schöpfen, um alle Akkus wieder aufzuladen, um noch mal etwas von vorn zu beginnen … ist es nicht unsere Pflicht, die lineare Lebenskette vielleicht zehnmal im Leben zu durchbrechen?

Drei-Wege-Katalysatoren

Mitte der 90er Jahre arbeitete ich mit und für die Management Design Group in Kalifornien. Die Gruppe veranstaltete Seminare für Manager mit durchschnittlich 20 Teilnehmern, die sich insgesamt für zehn Tage trafen, verteilt auf vier Termine, beispielsweise in Frankreich, England, Schweden und USA. Der Seminarpreis lag damals bei über 80 000 Dollar pro Person. Zuzüglich Reisekosten. Ich fragte neugierig, welches Ziel mit den Seminaren verfolgt werden sollte. Die Antwort darauf war kurz und knapp: Wir wollen den Verwirrungsgrad unser Teilnehmer erhöhen. Ich entgegnete, dass ich das schon für 79 000 Dollar schaffen würde, war aber voller Anerkennung für dieses Ziel. Denn eines ist goldrichtig: Verwirrung fördert Durchbrüche.

Um diesem Geheimnis auf die Spur zu kommen, lohnt es sich, nacheinander drei Wege in Gedanken zu bereisen. Der erste Weg ist der Weg der Mittelmäßigen. Der geht so: Eine mittelmäßige Schokolade kommt eines Tages an das Ende ihres Produktlebenszyklus. Das heißt nichts anderes, als dass die Absatzzahlen nicht mehr so toll sind und der wirtschaftliche Exitus droht. Darum beginnt der Hersteller gerade noch rechtzeitig, das Produkt zu verbessern. In der Fachsprache nennt man das dann Relaunch. Die Schokolade wird noch zarter. Die Verpackung wird auf modern getrimmt. Die Bruchstellen lassen sich noch leichter brechen. Die Nussstückchen sind einen Tick gröber, weil die Marktforschung das nahe gelegt hat. Die geliftete, mit Botox unterspritzte und neu eingekleidete Schokolade ist nach ihrem Anti-Aging-Programm dann wieder genau da, wo sie vorher war: im Mittelmaß. Aber immerhin: Sie hält sich.

Auch Menschen agieren so, im Beruf nennt man das Karriereplanung. In der Karriere strebt man nach Verbesserung, auch wenn man selbst keine bringt, bei Unternehmen verändert man das Portfolio, bei Fußballmannschaften trainiert man fleißig und kauft im Rahmen der Möglichkeiten im Sommer einen neuen Spieler. Man unterzieht alles einem kontinuierlichen Verbesserungsprozess und bleibt am Ball.

Wenn Sie sich einen Menschen, eine Marke, ein Unternehmen von oben betrachtet vorstellen, sehen Sie einen Zeitstrahl, die Jahre des Lebens, die vergangenen und vielleicht auch die hoffentlich noch vor uns liegenden. Und Sie sehen: den Fortschritt, die jährliche Verbesserung, die Veränderung, den »Zuwachs«. Nun, wenn wir in den letzten Jahren immer schön kontinuierlich jedes Jahr 5 Prozent Wachstum hatten, dann liegt es nahe, auch für das kommende Jahr die 5 Prozent zu planen, oder? Nein, noch besser: Sie lesen gerade eine gutes Buch, sind motiviert, eine Steigerung von 6, 7 oder gar 8 Prozent einzuplanen. Gratuliere! Ganz egal, ob es dabei um Ihre Umsätze, Marktanteile oder persönlichen Fähigkeiten oder Ihr Lebensgefühl geht. Das ist eine ganz typische Entwicklung. Jedes Jahr geht es wieder einen Schritt voran. Mensch, Marke oder Unternehmen wächst und gedeiht. Es ist ein gutes Business-Modell, positiv und seriös. *Business as usual.* Daran ist nichts Schlechtes – im Gegenteil: Viele wären froh, wenn die persönliche oder unternehmerische Entwicklung so wäre. Es ist nur – langweilig!

Der zweite Weg ist der ambitionierte Weg. Dabei geht es darum, mit der Verbesserung des Produkts, der Performance des Lebens schon zu beginnen, bevor es bereits wieder bergab geht. Am liebsten möchte man schon am Höhepunkt der Entwicklung eingreifen und alles so verbessern, dass ein Kurvenabfall ausgeschlossen ist. Statt die Schokolade zarter zu machen, wird sie mit einer Zartcreme gefüllt, statt Botox gibt's Sport oder das Skalpell und für die Karriere besucht man frühzeitig eine dieser zahlreichen Managerlounges und Netzwerktreffen, in denen man sich (un)gezwungen, (un)beschwert, (un)gestört unterhalten und anbiedern kann. Unternehmer machen das, was in der Fachsprache Benchmarking heißt.

Angenommen, Sie würden sich in einem Wettrennen so perfekt am Führenden orientieren, dass Sie es ihm gleichtun könnten und alle anderen im Feld überholen. Auf welchem Platz wären Sie dann, wenn Sie schließlich den Zweitplazierten überholt hätten? Eben: Zweiter. Und dann? Können Sie auf diese Weise Erster werden?

Man kupfert also heute ab, was die erfolgreichsten vorgestern als »Best Practice« initiiert haben, um gestern an der Spitze zu stehen. Damit schafft man es dann morgen vielleicht an die zweite, dritte oder vierte Position, denn der Marktführer ist ja mittlerweile schon wieder Lichtjahre weiter. Aber immerhin! Zweiter, Dritter oder Vierter ist so lange nicht Letzter, solange es Fünfte, Sechste und Siebte gibt, die es nicht einmal schaffen, die gestrigen Erfolgsstrategien zu kopieren. Das Problem ist: Gekauft wird trotzdem beim Ersten. Das ist nicht nur das Prinzip im Business, sondern auch beim Wettkampf der Spermien um die Eizelle, bei der Eheschließung oder beim Präsidentschaftswahlkampf.

Wem der ambitionierte Weg zu aufregend ist, der wählt gar statt »Best Practice« die allgemein anerkannte »Good Practice« – nur um ja keine Verwirrung zu stiften! Mit anderen Worten: Der macht, was man halt macht. Und bekommt, was man halt bekommt: durchschnittliche Erlöse, durchschnittliche Anerkennung, durchschnittliche Aufmerksamkeit. Ein Glückskind wird man so allerdings nicht.

Der dritte Weg ist der unglaubliche Weg. Der Weg des Durchbruchs. Er erfordert unwahrscheinlichen Mut. Und totale Verwirrung. Denn diesen Weg zu beschreiten, bedeutet, völlig irrational eine radikale Veränderung zu versuchen, während der Gipfel des Erfolgs aus den Entscheidungen der Vergangenheit noch gar nicht erreicht wurde. Mitten auf dem Erfolgspfad schlägt sich ein solcher Durchbrecher in die Büsche und versucht das Unmögliche. Dazu braucht es mehr als rationale Entscheidungskraft. Dazu braucht es den Mut, mit der eigenen Geschichte zu brechen.

Dazu braucht es den Mut, mit der eigenen Geschichte zu brechen.

In meiner Arbeit mit der Management Design Group trafen wir Helena. Sie war eine junge, engagierte Trainerin aus Schweden, die den Kurs »Kommunikation und Menschenführung« und den »HIP – High Impact Presentation Workshop« anbot. Wie bei vielen Trainern scheiterte es bei Helena weniger an der Dienstleistungsqualität als beim Verkauf der Dienstleistung. Der auf 16 Teilnehmer limitierte, dreitägige Wochenendkurs wurde von ihr – wie von den meisten Trainern – zweimal jährlich angeboten. Zwei durchgeführte Veranstaltungen mit je 16 Teilnehmern brachten bei gut 2 000 Euro Kursgebühr über 64 000 Euro in Helenas Kasse. Damit befand sich Helena, zusammen mit ihren anderen Aktivitäten schon im engagierten Segment der jährlich zelebrierten Umsatz-Ranking-Liste der über 4 000 Trainer.

Und Helena war ambitioniert. Sie hatte den Wunsch, ihre Umsätze mit dem HIP-Programm zu steigern. Also fragten wir sie, welche Ziele sie denn mit der Beratung erreichen möchte. Helena wünschte sich statt bisher zwei gleich vier, am liebsten fünf der HIP-Kurse anzubieten! Immerhin eine Umsatzsteigerung von 100 bis 150 Prozent. Ein ehrgeiziges Ziel!

Ein ehrgeiziges Ziel?

Mit fünf angeboten Kursen pro Jahr wäre sie im Feld der Anbieter in der Spitzengruppe gelandet. Zumindest in diesem Segment hätte sie sich damit einen guten Platz in der jährlichen Umsatzstatistik gesichert. Ein guter Plan. Völlig klar und rational, realistisch – und doch ehrgeizig.

Ehrgeizig?

Wir schürten die Verwirrung. Wir provozierten Helena: »Das ist doch kein Ziel!«

Eine Umsatzsteigerung von 150 Prozent ist kein Ziel – was dann? Helena war verwirrt.

Nach einer Reihe von Provokationen kam unsere entscheidende Frage an Helena: »Wie viele Kurse hätten Sie denn am liebsten pro Jahr laufen?«

Helena erwiderte trotzig: »Nun, es ist ein Wochenendkurs, jeweils von Donnerstag bis Samstag, es gibt 52 Wochenenden im Jahr. Wenn wir Weihnachten und Ostern abziehen, dann bleiben 50 Wochenenden frei, das wären 50 Kurse an 50 Wochenenden. Ist das ein Ziel?«

»Ja, das hat noch keiner geschafft. Das ist ein Ziel.«

Ein Jahr später führte Helena tatsächlich 50 ausverkaufte HIP-Kurse pro Jahr in Schweden durch und katapultierte sich mit großem Vorsprung auf Platz 1 der weltweiten Umsatzstatistik mit einem neuen Umsatzweltrekord.

Das tut man nicht!

Rosa Louise Parks tat etwas, was man nicht tut: Sie weigerte sich, aufzustehen, als ein Weißer ihren Sitzplatz im Bus für sich beanspruchte. Und das wirkte wie der berühmte Schlag des Schmetterlingsflügels am Amazonas, der das weltweite Wetter ändern kann: Rosa Parks änderte die Geschichte. Ihre eigene Geschichte, die von Martin Luther King, die von Barack Obama und die Geschichte der Vereinigten Staaten von Amerika.

Der Busfahrer rief damals am 1. Dezember 1955 in Montgomery, Alabama, die Polizei und Rosa Parks wurde verhaftet. Sie wurde wegen Störung der öffentlichen Ruhe verurteilt und musste 14 Dollar Strafe zahlen. Das rief Martin Luther King auf den Plan, zu diesem Zeitpunkt ein relativ unbekannter Baptistenprediger. Er organisierte mit seiner Montgomery Improvement Association den Montgomery Bus Boycott. Über ein Jahr lang protestierte die schwarze Bevölkerung von Montgomery gegen die Rassentrennung und weigerte sich, Bus zu fahren. Eine Lawine der Zustimmung und Unterstützung brandete über die Stadt hinweg. Am Ende waren die Behörden gezwungen, die Rassentrennung innerhalb von Bussen und Zügen aufzugeben. Diese Aktion war der Durchbruch für Martin Luther King und die Bürgerrechtsbewegung.

Die Bruchlinie, die damals in den 50ern in Alabama begann, verläuft quer durch ein halbes Jahrhundert, bis zum 20. Januar 2009, dem Tag der Amtseinführung des 44. Präsidenten der Vereinigten Staaten in Washington. Rosa Parks starb 2005. Sie hat den Sieg des ersten Afroamerikaners im Präsidentschaftswahlkampf ihres Landes leider nicht mehr erlebt.

Die Geschichte ist immer eine Geschichte der Brüche. Ha-

Die Geschichte ist immer eine Geschichte der Brüche.

ben Sie in den 1980ern an den Fall der Berliner Mauer geglaubt? Hielten Sie es damals für wahrscheinlich, dass die KPdSU aus dem Kreml vertrieben wird, ohne einen Atomkrieg anzuzetteln? Hätten Sie damals je vermutet, dass das Apartheid-System in Südafrika ohne jedes Blutvergießen fällt? All diese Wenden im Lauf der Geschichte rund um das Jahr 1990 haben tiefe Spuren im Alltag der Menschen hinterlassen. Waren sie wahrscheinlich?

Unmöglich schienen sie, keiner hat damals daran geglaubt. Nachträglich lassen sich von einem ganzen Heer von Wissenschaftlern, Beobachtern und Autoren schlüssige Ursachen dafür finden. Aber wer hat vor den entscheidenden Ereignissen erkannt, an welchem Punkt die Menschen eine einzigartige historische Chance auf dem Silbertablett serviert bekommen? Nicht einmal die Akteure selbst.

Das ganze Leben ist ein Marathon und manchmal entscheidend sich einer, ein Cliff Young zu sein. Und dann werden wir alle abgehängt und bleiben mit offenem Mund zurück.

»Das hätte ich auch gekonnt«, sagt ein Betrachter des Bildes. »Aber erst, nachdem du es bei mir gesehen hast!« sagt Picasso.

Wir alle werden von den Glückskindern auf vielen Strecken abgehängt, weil unser Denken denkt, was wir immer denken, und vor allem das, was wir denken, was die anderen denken, was wir denken sollten. Sie wissen schon, was ich meine …

Ständig sind wir versucht, uns allzu strikt an unsere Erfahrungen zu halten, wenn wir Neues planen. Erfahrungen, die Resultat unserer Prägung, unserer Ausbildung sind. Erfahrungen, die wir von Eltern, Vorgesetzten und Vorbildern übernommen haben. Wir denken in den meisten Situationen, was schon von anderen gedacht wurde. Wir vertrauen auf Informationen, die längst auf dem Markt sind. Wir lesen Zeitungen, die andere geschrieben haben, mit Inhalten, die andere durchdacht haben – und die vielleicht längst überholt sind. Wir schauen TV-Komödien an, die ein müder Abklatsch von Welterfolgen sind. Wir hängen uns Bilder an die Wand, die vor 100 Jahren vielleicht mal Provokation waren.

Wir sind nicht geübt im Regelbruch, dafür sorgt schon unser Bildungssystem. Eine Szene aus meiner, aus Ihrer Jugend: Sie sitzen in der Schule, der Lehrer stellt Ihnen eine Frage. Auf eine Frage gibt es in der Regel eine richtige Antwort und unzählig viele falsche Antworten. Sie lassen die Frage auf sich wirken. Ihr Gehirn gibt Ihnen die Meldung, dass Sie die Antwort nicht wissen. Der Lehrer ruft Sie auf. Ihr Adrenalinspiegel steigt. Sie können nur schweigen. Kalter Schweiß an den Händen, dicker Kloß im Hals und rot und heiß brennen die Wangen. Wer hat die richtige Antwort? Der Lehrer, immer der Lehrer. Was lernen wir daraus? Der Lehrer ist eine Institution. Nun sind wir konditioniert. Wir wissen, dass Institutionen immer Recht haben.

Nicht, dass wir uns falsch verstehen: Organisationen, Traditionen, langjährige Erfahrungen sind ein geistiges Korsett. Und ein Korsett stützt. Es dient dazu, den Alltag zu meistern. Wer sich jeden Morgen überlegt, welche Jogging-Schuhe er anzieht, welche Strecke er wie lange in welchem Tempo wohl läuft, der wird nie losrennen. Wer ohne langes Nachdenken einem Laufritual folgt, das er von anderen übernommen hat, der schafft das spielend. Vor der Herausforderung Ultramarathon lohnt es sich aber offenbar durchaus, den Autopiloten zu deaktivieren und Kurs und Gangwahl selbst in die Hand zu nehmen.

»Das kannst du nicht, das darfst du nicht, das ist nichts für dich!« Ein Kind hört bis zu seiner Volljährigkeit vermutlich über 100 000 Mal diese Gebote. Wenn es später ein erfülltes Leben haben will, hört es irgendwann mal weg.

Erst vor kurzem habe ich ein weiteres Studium mit Master Business Administration Executive abgeschlossen. So ganz ohne Frustrationen gelang mir das allerdings nicht. Zwar ist der MBA recht praxisorientiert aufgebaut. Doch in Planspielen schnitten ich oder mein Team häufig als Gruppenschlechteste ab. Konnte das wahr sein? Verstehen Sie mich bitte nicht falsch, aber in den Planspielen ging es um Unternehmenssituationen, die ich vielfach schon erlebt und mit großem Erfolg gemeistert hatte. Schließlich entdeckte ich jedoch den Schlüssel meines akademischen Problems: Die Universitäten und Hochschulen zielen mit ihren praktischen Übungen darauf ab, Regeln zu vermitteln. Außergewöhnliche Blickwinkel oder Schlupflöcher zu

Außergewöhnliche Blickwinkel oder Schlupflöcher zu finden, ist im Lehrplan nicht vorgesehen.

finden, ist im Lehrplan nicht vorgesehen. Als Unternehmer hatte ich jedoch immer mit dem blanken Gegenteil meine Erfolge gefeiert: Ich habe die Dinge so gemacht, wie sie funktionieren, nicht so, wie sie in den Regeln vorgeschrieben waren. Wie man es tut, ist dann uninteressant, wenn Sie genau wissen, wie Sie es tun wollen.

Die Welt steht plötzlich Kopf

München, 1910: ein mächtiger Eichenschreibtisch, ein kräftiger Stuhl mit dickem Polster, dunkler Dielenboden. Die Türe knirscht, ein Mann mit schwerer Jacke betritt den Raum. Steifer Kragen, üppige Samtkrawatte. Die Hände ragen aus schneeweißen Leinenärmeln mit edlen Manschettenknöpfen, sie umfassen einen Malkasten, dessen Rost sich mit matten grünen, roten, blauen Klecksen mischt. Tack, tack. Plötzlich bleiben die schwarzen Lederschuhe wie angewurzelt stehen. Gebannt starrt das Augenpaar des Mannes auf das Schauspiel, das sich dort hinten in der Ecke abspielt. Stunde der Dämmerung, durch das Fenster fließt rauschendes Gold. Es sammelt sich – pulsierend, wirbelnd, vibrierend, in allen Farben schillernd – auf einem Stück Leinwand. Zu sehen ist: nichts. Jedenfalls nichts Herkömmliches, nichts Gegenständliches. Stadt, Land, Fluss – alles fehlt und doch ist plötzlich viel mehr als die ewige Staffage aller Malerei vorhanden. Das Bild brennt, es strahlt, es glüht. Später wird der Maler, es ist Wassily Kandinsky, über diesen magischen Moment seines Lebens, ja der Kunstgeschichte, schreiben:

»Ich wusste jetzt genau, dass der Gegenstand meinen Bildern schadet.«

Des Rätsels Lösung war ganz einfach. Kandinsky hatte irgendwann ein Gemälde an die Wand gestellt. Als er es an jenem Abend plötzlich neu entdeckte, stand es, stand seine Welt buchstäblich Kopf. Alles Herkömmliche war getilgt, der Maler sah reine Form, reine Farbe. Die abstrakte Malerei war erfunden – weil ein Genie im wahrsten Sinn des Wortes etwas ver-rückt hatte.

Wer Durchbrüche erlebt, bricht mit der Sicherheit. Dazu braucht es Wahnsinn – und deswegen fehlt uns dafür so oft der Mut. Wir

limitieren unsere Möglichkeiten, wir unterschätzen unsere geistige Potenz. Denken ist so kreativ, so explosiv, so anarchisch wie die Energie des Lichts, die Kandinskys Leinwand durchglühte. Doch meistens denken wir nicht, wir haben bloß Gedanken. Aus Angst vor der eruptiven Gewalt,

Wer Durchbrüche erlebt, bricht mit der Sicherheit.

die in unserem Kopf toben könnte, wagen wir es nur, Bilder, Worte, Meinungen zu verschieben, die wir von anderen ausgeliehen haben.

Auch Kandinsky hatte zunächst so gehandelt. Er ließ sich ausbilden an der Münchner Akademie der bildenden Künste und arbeitete bei Franz von Stuck. Dieser Malerfürst prägte mit seinem Hang zu Mythen und zur lasziven Erotik die Kunst der Jahrhundertwende. Kandinsky folgte ihm. Auch wenn ihm Stucks Ideale fremd blieben, gewann er unter seiner Anleitung solide handwerkliche Grundlagen. Später wurde der Russe zu einem Vorkämpfer des Jugendstils. Doch dieser war damals bereits Mode. Kandinsky zählte sich zur Avantgarde, doch neben ihm marschierten viele. Schon bald scherte er aber aus dem Gleichschritt aus und irritierte selbst künstlerische Freunde mit stilisierten Anklängen an die Volkskunst seiner Heimat. Auch im persönlichen Umgang zeigte er nun immer mehr Eigensinn und Unangepasstheit, was mitunter zu heftigen Auseinandersetzungen führte. Kandinskys Wahnsinn war also Programm. Wäre er seinen Weg aus der Tradition hin zur unverwechselbaren Individualität nicht konsequent gegangen – wir hätten seinen Namen längst vergessen.

Ein eiskalter Blick, ein scharfer Schnitt

Ich habe gelernt: Manchmal muss ich wie Kandinsky meine bekannten Bilder auf den Kopf stellen. Wir müssen ab und zu die Perspektive wechseln.

Dazu braucht es Entschlossenheit. »Manchmal musst du das Glück schon zwingen«, singt Udo Lindenberg. Wobei es das »Manchmal« in sich hat: Es kommt auf den genau richtigen Augenblick an. Die Widerstände gegen das Neue sind fast immer übermächtig. Aber im magischen Moment genügt dann doch ein kleiner Stoß, um sie fast widerstandslos in sich zusammenfallen zu lassen. Wie traumgesteuert handeln Glückskinder ohne jede Irritation und mit aller Kraft exakt dann, wenn es zu handeln gilt.

Gordion in Kleinasien, 334 vor Christus. Hunderte Brustpanzer glänzen in der Sonne, ein Wald von Lanzen ragt in den stahlblauen Himmel, kein freier Platz mehr auf dem Tempelberg an diesem Tag. Schwerter klirren, Pferde schnauben, ein Raunen geht durch die gewaltige Menge. Plötzlich erscheint der junge Feldherr. Mit straffem Schritt geht er auf das Mysterium dieser Stadt zu. Die Priester breiten es in scheinbarer Demut, aber mit listigem Lächeln vor dem Eindringling aus. Mit 30 000 Mann ist er in die einstige Hauptstadt des Phryger-Reiches einmarschiert, ein stolzes, ein gewaltiges Heer. Doch wie viele Herrscher und Herrschsüchtige haben sie hier schon kommen und wieder gehen sehen! Assyrer, Lyder, Meder – alles Streitmächte, vor denen einst die Welt erzitterte. Sie alle hatte der Perserkönig Dareios unterworfen und noch zahllose andere Völkerschaften. Und jenen Gewaltigen wollte nun ein dreister Grieche herausfordern? Seit wann waren denn die Götter auf der Seite der Heißsporne! Hundertschaften von Weisen und Mächtigen hatten sich bereits daran versucht, den magischen Knoten der Stadt zu lösen, das stolzeste Rätsel des Weltkreises. Die Götter lockten, so besagte es ein Orakel, mit hohem Gewinn: Es ging um den Besitz des Perserreiches. Aber am Ende standen immer Verzweiflung, Wut, Ratlosigkeit – alles war vergebens. Deswegen war es wie in Stein gemeißelt: Auch der blutjunge Makedonierkönig würde jener Schmach nicht entgehen. Gedemütigt würden er und die Seinen übers Meer nach Hause fahren, empfangen von ihren bitterlich weinenden Weibern. Denn die Welt war nun einmal undurchdringlich in sich verschlungen wie ein Knoten. Wehe dem, der vermessen genug war, dies zu bezweifeln!

Stille. Jetzt greift Alexander entschlossen zum Schwert – und schlägt den Gordischen Knoten entzwei. Das Orakel behält Recht: Er besiegt das Perserreich, doch das genügt ihm nicht, er stürmt weiter bis Indien, erst am Rande des Weltkreises erfährt er seine Grenze.

Die Folgen jenes genialen Siegeszugs lassen sich bis heute in vielen Ländern besichtigen. Die Szene am Tempelberg ist jedoch eine Legende, die niemand belegen kann – genau wie die Erfindung der abstrakten Malerei durch Kandinsky. Doch Legenden sagen mehr über die historische Wahrheit aus als manches Monument. Feldherren leben in enger Tuchfühlung mit dem Glück. Schließlich kann das Kriegsglück sich in jeder Sekunde wenden und sie Land, Leute und Leben kosten. Die Lehre von Gordion lautet: Aggression kann tödlich sein, aber sie ist auch – recht verstanden – Bedingung des Glücks. Denken genügt nicht. Gemacht werden muss es!

Jedes scheinbar unlösbare Problem sieht aus wie ein durch und durch in sich selbst verschlungener Knoten. Ohne Willenskraft, ohne Entscheidungsstärke und Instinkt ist dieses Knäuel nie zu durchschlagen. Jeder könnte es tun, doch nur einer hat die nötige Zielstrebigkeit. Nur einer macht es dennoch und als Erster.

Bevor eine völlig neuartige Erfolgsstory beginnt, braucht es offensichtlich einen Gewaltakt, um sich von 1 000 guten, aber verwirrenden Ratschlägen, von allzu exakten Berechnungen und gewiss auch dem ein oder anderen Selbstzweifel zu trennen.

»Der hat so viel Glück, dass es weh tut« – kaum einer, der diesen Spruch zitiert, ahnt, wie sehr er Recht hat. Für das Glück sind schmerzhafte Schnitte nötig. Glück hat nur, wer sich – ohne zu zögern, ohne Kompromisse – von all dem lähmenden Ballast um ihn herum und in ihm selbst trennt. Alexanders Blick war eiskalt, als er zum entscheidenden Schlag ausholte. Er sah sein Heer der 30 000 nicht mehr, er hatte das Lächeln der Priester ausgeblendet, nicht einmal die gleißende Sonne über sich nahm er wahr. Da waren nur der Knoten und er – und das Schwert. Zack. Das Glück kommt wie ein Fallbeil.

Für das Glück sind schmerzhafte Schnitte nötig.

FILTER

Was Wald, Bäume und Lichtungen mit Komplexitätskompetenz zu tun haben

Was interessiert mich mein Geschwätz von gestern«, soll Konrad Adenauer gesagt haben. Oder auch nicht, jedenfalls lässt sich nicht ohne Weiteres feststellen, ob er es wirklich gesagt hat. Und wann und in welchem Zusammenhang. Googeln Sie mal und dann versuchen Sie bitte herauszufinden, ob der Spruch von Charles de Gaulle, Robert Bosch, Winston Churchill, Theodor Heuss oder Konrad Adenauer stammt. Ich habe es nicht geschafft.

Daraus lässt sich entweder schließen, dass das Geschwätz von gestern tatsächlich relativ vergänglich ist oder dass die berühmte Schwarmintelligenz des Internets vielleicht doch nicht immer so schlau ist. Oder beides. Oder ich kann nicht so gut googeln. Oder ich nehme mir nicht genügend Zeit dazu – weil es nämlich völlig uninteressant ist, wer das nun in welchem Zusammenhang gesagt hat.

Dieser Spruch, wer auch immer ihn zuerst gesagt hat, kam mir neulich spontan in den Sinn, als mich ein skeptischer Mensch nach meinem Vortrag zur Rede stellte: »Herr Scherer, Sie haben sich vorhin an einer Stelle selbst widersprochen!«

Er schaute mich dabei vorwurfsvoll an. Ich überlegte kurz, ob ich mir jetzt bei irgendetwas Unmoralischem ertappt vorkommen sollte. Aber das war nur ein Reflex. Dass ich mir selbst widerspreche ist erstens normal und zweitens sinnvoll.

Dass ich mir selbst widerspreche ist erstens normal und zweitens sinnvoll.

Normal ist es, weil ich ein widersprüchlicher Mensch bin. Es liegt in meiner Natur, auf Fragen mit mindestens zwei Extrempositionen zu antworten. Das tönt dann so, als würde ich jetzt das eine und nachher das andere behaupten. Ich versichere Ihnen, dass ich es immer ernst und ehrlich meine. Es ist aber nun mal so, dass es häufig kein rechts oder links, kein falsch oder richtig, kein digitales Denken gibt. Zusätzlich glaube ich auch, dass mich manchmal meine eigene historische Kontinuität überhaupt nicht interessiert. Sie können auch sagen, ich lebe ganz im Hier und Jetzt, wenn Sie möchten, das klingt zumindest eingängiger.

Und sinnvoll ist es, wenn ich mir widerspreche, weil ich nicht will, dass jemand anfängt, mir zu glauben. Das sollten Sie niemals tun. Denn was Sie jetzt im Moment für richtig halten, könnte sich im nächsten Moment für Sie als falsch herausstellen. Und dafür kann ich schließlich nicht verantwortlich sein. Außerdem: Wenn das eine richtig ist, dann kann trotzdem das andere ebenfalls richtig sein, nicht wahr? Ich sagte meinem Kritiker schlicht, dass er recht habe. Das machte ihn sprachlos, aber es war nur ehrlich. Die Wahrheit macht uns oft sprachlos.

Die Welt ist nicht so entschieden, wie wir selbst manchmal gerne wären. Es ist mit vielen Dingen so wie mit Schrödingers Katze. Der österreichische Physiker schrieb 1935 ein berühmtes Gedankenexperiment nieder:

»Eine Katze wird in eine Stahlkammer gesperrt, zusammen mit folgender Höllenmaschine (die man gegen den direkten Zugriff der Katze sichern muss): In einem Geigerschen Zählrohr befindet sich eine winzige Menge radioaktiver Substanz, so wenig, dass im Laufe einer Stunde vielleicht eines von den Atomen zerfällt, ebenso wahrscheinlich aber auch keines; geschieht es, so spricht das Zählrohr an und betätigt über ein Relais ein Hämmerchen, das ein Kölbchen mit Blausäure zertrümmert. Hat man dieses ganze System eine Stunde lang sich selbst überlassen, so wird man sich sagen, dass die Katze noch lebt, wenn inzwischen kein Atom zerfallen ist, (...) dass in ihm die lebende und die tote Katze zu gleichen Teilen gemischt oder verschmiert sind.«

Mit anderen Worten: Die Katze ist von außen betrachtet tot und lebendig zugleich. Und so ist es häufig im Leben. Ist eine Anschaffung teuer oder billig? Beides. Oder: je nachdem. Unter dem Kostenaspekt betrachtet vielleicht teuer. Als Investition betrachtet möglicherweise ein Schnäppchen. Ist eine Entscheidung richtig oder falsch? Beides. Oder: je nachdem. Die Intuition sagt ja, die Ratio sagt nein. Beide haben recht. Ist es richtig, offen zu sein, oder müssen wir uns nicht doch vielmehr fokussieren – was nur auf Kosten der Offenheit geht? Beides. Oder: je nachdem. Wer für alles offen ist, ist nicht ganz dicht. Aber wer sich nur noch auf ein Detail fokussiert, ist Autist. Was ist besser, Pragmatismus oder Perfektion? Wir brauchen beides, je nachdem. Sicherheitsdenken oder Risiko? Beides. Zufrieden oder unzufrieden? Beides.

Sie könnten sich jetzt fragen: Ist diese Haltung nun Ausdruck von Unentschlossenheit oder von Weisheit? Weder noch! Sie ist nur Ausdruck einer Fähigkeit, die Glückskindern offensichtlich zu eigen ist. Sie sind in der Lage, sowohl den Wald als auch die Bäume zu sehen, sie haben den Chancenblick, weil sie blitzschnell die Perspektive und den Bezugsrahmen wechseln können, egal ob das nun Größenordnungen, Zeitdimensionen oder Wertesysteme betrifft. Sie sind in der Lage, vom einen Moment auf den anderen das Gegenteil zu denken und zu tun. Während die einen noch rätseln, ob die Antwort auf die Frage, ob etwas unter den gegebenen Bedingungen möglich ist, nun ja oder nein ist, haben die Glückskinder die Bedingungen bereits geändert.

Wenn es stimmt, dass die Welt immer komplexer wird, dann ist es diese Fähigkeit, die die Glückskinder allen anderen eine Nasenlänge voraussein lässt. Allerdings glaube ich gar nicht, dass die Welt immer komplexer wird. Ich habe eher das Gefühl, sie wird immer einfacher. Auch wenn ich mit dieser Meinung ziemlich alleine bin ...

Allerdings glaube ich gar nicht, dass die Welt immer komplexer wird. Ich habe eher das Gefühl, sie wird immer einfacher.

Im Anfang war das Wort

Mein genialer schwedischer Coach war der Meinung, dass fast alles, was geschieht, nicht schon Realität ist, bevor wir sie bemerken, sondern erst in dem Moment zur Realität wird, wenn wir es beim Namen nennen. Er sagt: Schnee gibt es eigentlich gar nicht. Jedenfalls nicht ohne uns. Schnee gibt es für uns nur, weil wir der Sache einen Namen gegeben haben. Seitdem wissen wir, was Schnee ist. Ohne Sprache wüssten wir es nicht.

Wenn das stimmt, dann bedeutet das, dass wir nicht den leisesten Hauch einer Ahnung haben, wie ein Inuit die Welt sieht. Denn die kennen über 100 Wörter für Schnee. Reichlich kompliziert für so eine einfache Sache, könnte man denken. Aber das Gegenteil ist der Fall. Das Problem, am Polarkreis zu überleben, würde uns ziemlich komplex vorkommen, denn ein Iglu lässt sich nur mit einer bestimmten Sorte Schnee bauen, der Schlitten rutscht auf der einen Sorte Schnee besser als auf der anderen, der eine Schneesturm zwingt uns zum Rückzug, der andere treibt uns zur Robbenjagd. Der eine Schnee zeigt, dass das Eis fest ist, der andere warnt uns vor dem Einbrechen. Ohne Worte für die Varietäten dieses Dings »Schnee« könnten wir sie nicht unterscheiden, nicht erkennen, nicht bewerten, wir wären schlicht verloren. Für den Inuit ist die Welt nicht komplex, er kennt sich sowohl mit dem Schnee, dem Eis und Wind und Wetter aus als auch mit

... denn ein Geräusch kommt erst durch das Gehörtwerden in die Welt.

dem Verhalten der Beutetiere und den Materialien, die er aus ihnen gewinnt und aus denen er Boote und Kleidung herstellt. Er kann alles begreifen, was er benennen kann. Wie ist das übrigens, wenn ein Baum fällt und in diesem Moment keiner in der Nähe ist: Gibt es ein Geräusch? Nein, natürlich nicht, es gibt keines, denn ein Geräusch kommt erst durch das Gehörtwerden in die Welt.

Um eines klar zu stellen: Jedes einzelne Inuit-Wort für Schnee können wir im Deutschen durchaus übersetzen – indem wir es umschreiben: frisch gefallener Schnee, der bereits in dem Moment beginnt zu schmelzen, in dem er den Boden berührt. Aber deshalb ist es doch Schnee, genauso wie der Schnee, der vor einem Jahr gefallen und seitdem siebenmal gefroren war und zwischendurch immer wieder von der Sonne angetaut worden ist. Wir finden die vielen Schneesorten kompliziert zu beschreiben und wären deshalb in dieser Welt überfordert.

Umgekehrt kann sich ein Inuit nicht im Ansatz vorstellen, wie wir unsere Welt sehen. Der deutsche Wortschatz fließt an Worten für Gewässer nur so über. Wir können mit Pfuhl, See, Tümpel, Weiher, Teich, Lache, Bodden, Brack von der Ostsee bis zu der Pfütze im Schlagloch vor der Haustür jeden Tropfen bildhaft und kraftvoll beschreiben. Wir sehen, denken und sprechen nicht nur von Baum und Bäumen, sondern von Hain, Tann, Forst, Busch, Hag, Dschungel, Dickicht, Au, Bruch, Regenwald, Nadelwald, Mischwald, Bergwald, wir wissen wie ein Waldrand aussieht und was eine Lichtung ist. Erklären Sie mal einem, der noch nie einen Baum gesehen hat, wie es sich anfühlt, auf einer Waldlichtung zu stehen!

All diese Feinheiten könnte ein Inuit durchaus beschreiben, aber er bräuchte viele Wörter, um es zu umschreiben, und er empfände unsere Welt als ziemlich komplex, im Gegensatz zu seiner vertrauten einfachen Schnee-und-Eis-Welt.

Was heißt das nun für den, der jammert, dass unsere Welt so komplex geworden sei? Doch eigentlich nur, dass er sich noch nicht so gründlich damit auseinander gesetzt hat, dass er noch nicht seine Sprache gefunden hat, um diese Welt treffend zu beschreiben. Wem die Welt, in der unsere Kinder wie die Fische im Wasser schwimmen, während sie facebooken, bloggen, simsen, egosurfen und hartzen und es BTW voll porno finden, sich mit Cyberstalking den Denkmuskel zu beschlauen ohne crackberry zu gehen, wem diese Welt zu komplex ist, der muss schlicht Vokabeln lernen!

Für mich hat der, dem die Welt zu komplex ist, einfach seinen Fokus noch nicht scharf genug eingestellt.

Es gibt Stimmen, die sagen, eine komplexe Welt erfordere komplexe Lösungen. Sie sagen, Komplexität lasse sich nicht reduzieren. Was gehe: Kompliziertes vereinfachen. Aber nicht Komplexität simplifizieren. Nun, mir ist diese Unterscheidung bereits zu kompliziert. Ob komplex oder kompliziert – für mich hat der, dem die Welt zu komplex ist, einfach seinen Fokus noch nicht scharf genug eingestellt.

Kann es sein, dass es so komplex gar nicht ist, wenn ich mir einfach die Dinge einzeln vornehme? Wenn ich aus dem Wald einfach Baum Baum-Baum mache? Komplexität bedeutet doch nur, dass die Dinge, die sich mir zeigen, sowohl zu vielschichtig als auch schlichtweg zu viel sind, als dass ich sie auf einen Schlag erfassen könnte. Die Überforderung, unter der offenbar immer mehr Menschen leiden, ist für mich ein Zeichen dafür, dass die Menschen ihre Sichtweise nicht ihren Fähigkeiten angepasst haben.

Ich kenne eine Trainerin, die ist weiß Gott begnadet. Sie ist dermaßen gut darin, Menschen in ihren Fähigkeiten besser zu machen, dass es eine wahre Freude ist, ihr bei der Arbeit zuzusehen. Sie kann sich vor Aufträgen nicht retten, sie berät Unternehmen weltweit, aber – sie sieht sich nicht als erfolgreich. Und sie ist es in der Tat nicht, jedenfalls nicht gemessen an ihren Fähigkeiten. Ihr Preis ist nicht hoch genug. Sie ist nicht so aufgestellt, dass sie ihr Toptalent wirklich auf die Straße bringt. Sie ist nicht so bekannt, wie sie sein könnte. Sie schafft den Durchbruch nicht. Andere, die weit schlechter sind als Trainer, sind deutlich erfolgreicher als sie. Woran liegt es?

So gut sie die Eins-zu-eins-Situation mit einem Trainee einschätzen kann, so gut sie das Potenzial des Individuums, das vor ihr steht, taxieren und wecken kann, so schlecht ist sie darin, das, was sie tut, in ein großes Bild zu fassen und angemessen zu beschreiben. Ganz hart könnte ich sagen: Eigentlich weiß sie nicht, was sie tut – jedenfalls kann sie es nicht beschreiben. Sie spürt, dass sie gut ist, aber sie weiß in der Gesamtheit nicht, worin. Und schon gar nicht kann sie sich ein Szenario ausmalen, in dem sie im Zentrum steht und sich so organisiert und vermarktet, dass sie genau das tut, was sie am besten kann. Sie ist die Baum-Spezialistin, die den Wald nicht sehen kann vor lauter Bäumen.

Und dann kenne ich da einen, der ist genau der Gegentypus: Ein Immobilienmakler. Er hat eine starke Vision, er will als Makler so richtig groß werden. Er kann den Markt sehr genau einschätzen und weiß präzise, wo seine Lücke ist. Sein Geschäft kann er perfekt definieren. Dabei ist er so überzeugend, dass man unwillkürlich das Scheckbuch zücken will, um ihm eine Beteiligung anzubieten. Das kann nur lukrativ sein, denkt man. Und dann, wenn man sich sein Business genau anschaut, dann merkt man, dass dieser große Geschäftsmann in Wahrheit herumstoppelt und herumkrebst, wirtschaftlich in keinster Weise vom Fleck kommt, beim Aufbau seiner Firma herumpuzzelt und stümpert, vom Hölzchen aufs Stöckchen kommt und an banalsten Kleinigkeiten scheitert. Er hat ein tolles Büro gemietet für erstmal acht Arbeitsplätze, so wie es im Business-Plan steht. Aber die acht Schreibtische sind leer. Am Eingang ein schönes Firmenschild, aber drinnen null Mitarbeiter. Er fragt mich: Scherer, wie finde ich acht gute Mitarbeiter? Also acht wirklich gute!

Na gut, das ist eine konkrete Frage, die konkrete Antworten verdient. Wie kommt man an Mitarbeiter? Da gibt es ungefähr 300 gute Antworten, ich nenne ihm ein paar Dutzend davon.

Er ist sofort begeistert. Darauf hätte er ja selbst kommen können, lacht er, will auflegen und ist ganz euphorisch, um die Ideen umzusetzen. Doch Stopp!

Ist das überhaupt sein Ding? Wird er als genialer Verkäufer es schaffen, seine Fähigkeiten auf seine Mitarbeiter zu übertragen? Ist sein Verkaufserfolg kopierbar? Oder will er nur Führungskraft werden, weil man so etwas werden »muss«? Es gibt so viele geniale Mitarbeiter, die einen sensationellen Job als Stand-alone machen. Und nur, weil irgendein Karriereratgeber so etwas einmal behauptet hat, sollen sie das Führen anfangen. Alle meinen, Führungskraft werden zu wollen, auch wenn es den Einzelnen mitunter so was von keinen Spaß macht! Mein Ding war das noch nie. Ich glaube, dass ich eine schlechte Führungskraft bin. Deshalb hatte ich in meinen Unternehmen immer eine Geschäftsleitung oder einen Geschäftsführer. Möglicherweise könnte auch dem Makler der rosa Daumen fehlen. Er findet einfach nur Pfeifen, und das ist schlimmer als gar keine Mitarbeiter. Er ist ja wirklich ein Tausendsassa. Er kann alles in seinem Job. Aber er kommt nicht dazu, weil er so viel Unternehmerkram macht, weil er versucht, ein großes Unternehmen aufzubauen, was anscheinend überhaupt nicht seinen Stärken entspricht, anders als er geglaubt hat. Anders als er sich das gewünscht hat.

Ich schlage ihm vor, endlich seine wahren Fähigkeiten einzusetzen: Warum stellst du dir nicht drei Helferlein ein, die dir das Leben komplett organisieren, damit du 24 Stunden minus Schlaf das tun kannst, was du am besten kannst: Häuser verkaufen.

Und so macht er es. Jetzt kommt er endlich vom Fleck, weil er seine Vision mit seinen persönlichen Stärken verbunden hat. Zuvor hatte er immer 1000 Dinge machen wollen, die ihn immer weiter weg von dem geführt haben, was er wirklich kann. Er ist der Wald-Spezialist, der den Baum nicht gesehen hat vor lauter Wald.

Und das ist die Auflösung: Der Wahrnehmungsfilter muss von Entweder-oder auf Sowohl-als-auch umgestellt werden. Glückskinder sehen den Wald und die Bäume. Sie können alles ausblenden, um nur das eine, das Bestimmte zu sehen, und gleichzeitig können sie alle Details verschwimmen lassen und das *Big Picture* erfassen. Sie sind schnell, sie wählen aus der großen Menge von Informationen die ein, zwei aus, die wirklich wichtig sind, und wischen den großen Rest mit großer Geste zur Seite. Sie sind gut organisiert, denn sie setzen für das, was zu erledigen ist, keine zur Tätigkeit passenden Termine, sondern sie bestimmen schlicht, was für sie Priorität hat.

Sie haben das große Bild und sind gleichzeitig in der Lage, sich auf das einzelne Puzzleteilchen zu fokussieren und zu 100 Prozent im Hier und Jetzt die Sache, die sie vor der Nase haben, mit großer Geschwindigkeit und genialischer, traumwandlerischer Sicherheit gut zu machen. Nur eine Sache zur Zeit. Maximaler Fokus. Von oben sieht man genau, was hilfreich wäre, und mittendrin kann man seine Fähigkeiten in Ergebnisse umsetzen. Glückskinder sind die Meister des Sowohl-als-auch.

Ja, es gab noch nie so viele überforderte Menschen, das ist vielleicht wahr. Aber das Warum und Wozu dieses Phänomens ist noch nicht geklärt. Es müsste nicht so sein. Denn in Wahrheit ist die Welt einfacher geworden. Es ist doch so: Für so gut wie jedes Problem gibt es im Internet heute gratis und in Sekundenschnelle die Lösung, das wird doch niemand bestreiten wollen. Es gab noch nie so viele Informationen für jedermann verfügbar. Das macht es doch kinderleicht! – Sofern ich die Fähigkeit habe, erstens die richtigen Probleme auszuwählen und zweitens mich auf die Lösung des Problems zu fokussieren. Das ist wirklich nicht komplex! Wenn auch für die meisten ganz offensichtlich eine beinahe unüberwindbare Herausforderung. Wir sind lediglich nicht in der Lage, uns die Dinge aus den praktikablen Perspektiven anzuschauen – und nennen das dann Komplexität.

Wenn ich mir vorstelle, ich würde 1711 in New York ankommen, ohne iPhone, ohne Tripadvisor, ohne Kreditkarte, ohne Taxi, ohne …

Aber seien Sie sicher: Vor 300 Jahren gelebt zu haben, das war wirklich komplex! Wenn ich mir vorstelle, ich würde 1711 in New York ankommen, ohne iPhone, ohne Tripadvisor, ohne Kreditkarte, ohne Taxi, ohne … das wäre schwierig! Gut, spannende Frage: Was werden die Menschen in 300 Jahren über uns sagen?

Und er sah, dass es gut war

Es klingelt an der Tür. Der Hund ist zum Bellen zu faul. Der Hausherr stöhnt, als er sich aus dem Sessel schält, um zur Tür zu humpeln. Er öffnet die Tür – das offene Gesicht eines hübschen Mädchens strahlt ihm entgegen. Viel älter als 19 wird sie nicht sein. Ihr T-Shirt spannt sich über den festen Brüsten, die den aufgedruckten Pandabär so plastisch wirken lassen, dass man ihn am liebsten streicheln würde. Zum ersten Mal an diesem Tag erhellt sich das Gesicht des Mannes. Er ist sturmreif geschossen, bevor das erste Wort ihre vollen Lippen verlassen hat. Sie könnte ihm jetzt einen Zeppelin verkaufen, wenn sie wollte. Aber das will sie gar nicht.

»Guten Tag! Ich komme von der Organisation Grüner Frieden. Also Tierschutz, Sie wissen schon. Wollen Sie uns mit einer kleinen Spende unterstützen? Wir sammeln nur Mikrospenden, damit jeder mitmachen kann. Also, es geht um 1,50. Äh, monatlich.«

»Umpf. Also. Kein, äh, Bargeld im Haus«, stottert der Mann verschämt, ein Schweißtropfen rollt von seiner Stirn in die Bartstoppeln.

»Kein Problem. Das geht mit Einzugsermächtigung. Geht dann von selbst. Sie müssen nur hier unterschreiben!«

Mit der Unterschrift in der Tasche verlässt die junge Frau das Grundstück für immer. Die Haustür schließt sich erst, als sie hinter der Hecke des Nachbarhauses verschwunden ist.

Ganz klar, der Mann hat investiert. Na gut, es geht nur um einen kleinen Betrag, aber die Geste ist doch, was zählt, oder nicht? Für die Allgemeinheit. Die armen Tiere. Sauerei, wie die ausgerottet werden! Die armen Pandabären. Das ist es doch mal wert. Jetzt ist er auch mal für was. Und nicht immer nur gegen alles! Naja, und wie sollte er dem blitzsauberen Mädel auch irgendwas abschlagen?

Was weder die erfolgreiche Spendensammlerin noch der engagierte Spender wissen: Wie viel diese Unterschrift denn nun in etwa wiegt. Dabei ist das keine höhere Mathematik. 1,50 Euro monatlich für den Rest des Lebens inklusive Zins und Zinseszins sind locker mal eben 4 500 Euro. Hoppla!

Im Investieren sind wir schlecht. Das liegt zum einen daran, dass wir nicht rechnen können, zum anderen, dass wir kein Gefühl dafür haben, wann wir knauserig sein sollten und wann wir in die Vollen gehen müssen. Ein paar Tausend Euro spenden, nur weil das T-Shirt der Spendensammlerin eine Nummer zu klein ist, ist vielleicht keine ganz blendende Entscheidung, vor allem, wenn sich der Mann eine solche Ausgabe schlicht nicht leisten kann. Spenden sind Investitionen in Emotionen. Oder genauer: in ein gutes Gewissen. Aber auch da muss das Preis-Leistungsverhältnis stimmen.

Andererseits ist das Teurere manchmal das Bessere – und auf Dauer Sparsamere. Einen teuren Rechner fünf Jahre lang nutzen, während die anderen in der gleichen Zeit zwei billige Computer verschleißen, ist gut gerechnet. In eine gute Geschäftsidee nicht zu investieren, weil gerade kein Geld verfügbar ist, ist nicht nur schlecht gerechnet, sondern dumm. Und sich nicht weiterzubilden, weil der Chef es nicht bezahlt, ist verantwortungslos.

Aber der Reihe nach: Natürlich müssen wir alle unsere Kosten im Griff behalten. Ein guter Kaufmann rechnet mit spitzem Bleistift. Denn wenn die Fixkosten die monatlichen Einnahmen dauerhaft überschreiten, ist das Geschäft schneller geschlossen, als der Kaufmann »aber« sagen kann. Also wird jeder Kostenfaktor dreimal umgedreht und gespart, was das Zeug hält. Jedenfalls in guten Unternehmen und Haushalten. Das Prinzip ist nicht das des Bundeshaushalts, sondern das der Badewanne: Aus dem Zulauf muss mehr Wasser kommen als aus dem Ablauf aus der Wanne herausfließt. Das ist das schlichte Geheimnis des Reichtums.

Aber jetzt kommt das große Aber: Investitionen sind keine Kosten! Für sie gilt die Regel nicht. Als Richard Branson 28 Jahre alt war und gerade ein frisch gebackener Jungunternehmer, der sein gesamtes Kapital in sein Plattenlabel Virgin Records gesteckt hatte, verliebte er sich in eine kleine Insel im Archipel der Britischen Jungferninseln in der Karibik: Necker Island. Seine Vision: Er wollte dorthin seine Rockstars einladen. Er ergatterte die Insel zu einem relativ moderaten Preis von 180 000 englischen Pfund von seinem klammen Vorbesitzer, aber das brachte Branson bereits an seine finanziellen Grenzen. Der Haken an dem Deal war, dass die Regierung der British Virgin Islands die Auflage machte, dass innerhalb von fünf Jahren ein funktionierendes Ferienresort aufgebaut und in Betrieb genommen sein musste, andernfalls würde die Regierung die Insel enteignen und wieder dem Staatsvermögen einverleiben.

Doch Branson hatte kein Geld. Was also tun? Sein Vorbesitzer hatte in einer ähnlichen Situation die Insel wieder abgestoßen. Aber Branson wäre heute nicht Sir Richard und ein weltweit berühmter Unternehmer und Multimilliardär, wenn er seine Vision kurzerhand verkauft hätte. Er sagte sich wohl sinngemäß: Den Bagger hole ich, wenn der Berg abzutragen ist, nicht, wenn der Weg frei ist – ich investiere nicht, wenn ich kann, sondern wenn die Gelegenheit da ist!

Also langte Branson so richtig zu. Er trieb mit aller Macht und größtem Einsatz in drei Jahren 10 Millionen Pfund auf und steckte sie in den Bau eines wunderschönen, höchst exklusiven Villenkomplexes mit allerfeinster Ausstattung für zehn, später 28 Betten – inklusive Traumstränden, Pools, Tennisplätzen und allem möglichen Schnickschnack sowie Personal von 60 Köpfen. Und das alles auf einem der schönsten Fleckchen, die diese Welt zu bieten hat. Eine Übernachtung in diesem Ambiente kann man für 50 000 Dollar oder mehr pro Nacht verkaufen, dafür gibt es einen Markt. Hätte Branson es preiswerter gemacht, um die Investitionssumme zu drücken, wäre er in Konkurrenz mit vielen hundert anderen Luxusresorts auf der Welt gegangen. Das hätte den am Markt erzielbaren Preis gemindert, und dann wäre es für ihn höchst schwierig geworden, sein Investment wieder zurückzubekommen. Aber in dieser Super-Kategorie war noch Platz, er erzielte mit seinem traumhaften Resort traumhafte Renditen und mittlerweile hat er die investierte Summe locker zigfach wieder eingespielt.

Es hatte ihn anfangs fast seine Existenz gekostet. Jeder vernünftige Berater hätte ihm abgeraten: Junge, du übernimmst dich! Aber Branson hatte genau gewusst, was er tat. Er wusste, diese Gelegenheit kommt nicht wieder. Er hat die Rendite gesehen, nicht die Kosten. Er hatte den Chancenblick.

Manchmal lohnt sich also das Teuerste am meisten. Auch die besten Sportclubs der Welt wissen das, ob es nun die Basketballteams in den USA sind oder die großen Fußballvereine: Die teuersten Spieler sind oftmals für den Verein die lukrativsten. Und nicht nur in den großen Unternehmen gilt das: Eine Mitarbeiterin von mir mag Ringe. Sie mag sie so sehr, dass sie an jedem Finger durchschnittlich zwei Ringe trägt, insgesamt wohl über 20. Ja, und es sind billige Ringe. Ich finde das sehr schade. Nur einen zu tragen und dafür einen richtig tollen, einen der richtig teuer ist, das wäre schön!

Klar, das ist nur meine bescheidene Meinung. Wenn jemand wirklich lieber viele billige Ringe trägt als einen schönen, dann ist das natürlich trotzdem die richtige Wahl. Viele lieben ja auch den saisonalen Wechsel und kaufen bewusst bei accessorize.com für jede Saison neue Schmuckstücke ein. Bestens. Nun manchmal sehen die Leute gar nicht, dass die vielen kleinen Preise höher sind als der eine hohe Preis und dass das eine schöne Stück unterm Strich preiswerter sein kann als die vielen billigen Stücke.

Hohe Kosten sind schlecht, hohe Investitionssummen aber oft richtig günstig. Die Kunst besteht darin, beides zu können, sparen und großzügig investieren. Aber wer kann das schon?

Um zu investieren, brauche ich Zugang zu einer großen Vision, weil ich sonst nicht entscheiden kann, ob die Gelegenheit eine echte Chance ist oder ein Sonderangebot des Lebens. Ich brauche also eine Idee, wohin ich will. Dann werde ich mich auch nicht mehr über den Chef aufregen, der mir die Weiterbildung nicht bezahlen will. Die meisten Menschen in unserem Land gehen davon aus, dass ihnen Bildung bezahlt wird. Zuerst die Schule, dann die Uni, und später in der Firma soll das Unternehmen den Business-English-Kurs bezahlen. Ich frage mich: Mit welcher Berechtigung besteht dieser Anspruch eigentlich? Ganz offensichtlich ist der größte Teil unserer Bevölkerung systematisch so großgezogen worden, dass die Menschen nicht bereit sind, in ihre eigene Zukunft zu investieren. Die einzigen Menschen, die in ihre persönliche Weiterbildung kräftig investieren sind – Unternehmer. Und das sicherlich deshalb, weil sie mit der Idee des Investierens vertraut sind.

Investitionen, egal ob negativ oder positiv, müssen immer dem zu erwartenden Effekt gegenübergestellt werden. Es gibt zwei Wege, das zu tun, und beide sind legitim und bestens geeignet. Der erste Weg ist der, eine Überschlagsrechnung im Kopf durchzuführen. Das mache ich öfter. Als ich die Idee für das Rednerlexikon abgewogen habe, kam ich beispielsweise recht schnell mittels Kopfrechnen zu der begründeten Einschätzung, dass sich das Investment lohnt. Die andere Methode ist die, auf seinen Musikantenknochen zu hören. So wie der Milkshake-Maschinen-Verkäufer Ray Arthur Kroc, als er kurzerhand entschieden hat, von den Brüdern Dick und Mac McDonald für 2,7 Millionen US-Dollar die Hamburger-Braterei McDonald's zu kaufen. Er konnte unmöglich vorausberechnen, dass er mit dieser Bauchentscheidung im Laufe seines Lebens rund 500 Millionen US-Dollar Vermögen anhäufen und in die »Liste der 100 einflussreichsten Personen des 20. Jahrhunderts« des *Time Magazines* aufgenommen werden würde. Manchmal ist also eine ganz naive, spielerische

Haltung goldrichtig: »Das ist cool, das muss ich machen!« – und manchmal ist es gerade falsch. Wonach sollen Sie sich also richten? Nach der Intuition oder nach der Ratio?

Es werde Licht!

Betriebsblindheit – heißt im Managementjargon (und inzwischen auch im Volksmund) die Herrschaft der Routine. Der fehlende Abstand, die Abwesenheit von Selbstkritik, der Mangel an Initiative, der erlahmte Gestaltungswillen. Im Geschäftsprozess minimiert sie bei augenscheinlicher Effizienz jegliche Effektivität. Und damit die Chancen im Wettbewerb. Sie wird verstärkt durch den verbreiteten Glauben daran, dass alles passabel funktioniert. Absatz? Stabil. Betriebsklima? Alles bestens. Fluktuation? Nö. Kundenzufriedenheit? Jawohl! Es läuft. Meistens ist genau das das Problem! Und dann kommt eines Tages der Einbruch. Alle reißen die Augen weit auf, denn

Röhrenbildschirme kauft keiner mehr, umso schlimmer, dass die Firma die besten baut.

plötzlich kann jeder sehen, was jahrelang im Dunkeln lag: Der Unternehmer ist in der Sackgasse gelandet. Röhrenbildschirme kauft keiner mehr, umso schlimmer, dass die Firma die besten baut. Handys kauft keiner mehr, jeder will ein Smartphone, obwohl die Firma Handys am kosteneffizientesten von allen herstellen kann. Die Titanic ist unsinkbar. Lehmann Bros. kann nicht Pleite gehen. Die Mauer wird auch in 100 Jahren noch stehen. Hätte bloß mal jemand rechtzeitig gegengesteuert!

Veränderung braucht Misstöne, und das ist hässlich. Also wird es vermieden. Wer nicht nach falschen Noten in der Harmonie sucht, nicht das Denkbare gleichzeitig mit dem Undenkbaren denkt, wird vom Lauf der Welt früher oder später kaltgestellt. Was ist das Gegengift gegen das dumme »Weiter so!«?

Wir wissen das alle schon seit Jahrtausenden: Der Sabbat ist im Judentum der siebte Tag der Woche. Der Ruhetag, an dem Arbeit verboten ist. Er trägt schon im Tanach, der heiligen Schrift der Juden, diesen besonderen Namen. Alle anderen Tage werden ganz pragmatisch durchgezählt. Orthodoxe erledigen am Schabbes nichts, was die Halacha, die jüdische Rechtsüberlieferung, nicht erlaubt. Im Christentum hat der Sonntag, im Islam das Freitagsgebet den Sabbat abgelöst. Die Funktion, der Sinn ist gleich geblieben.

Auch in die Wirtschaft hat das Judentum einen automatischen Abstandshalter eingebaut. Das Sabbatjahr, auch Schmittah genannt, ist das letzte einer Reihe von sieben Jahren. In der Schmittah sollen Sklaven freigelassen werden, Acker und Weinberg brach bleiben. Was von selbst wächst, gehört den Armen. Natürlich haben 2000 stürmische Jahre diese Regeln ein wenig abgeschliffen. Und die Wirtschaft kennt inzwischen Verrichtungen, die über das Einbringen der Feldfrüchte und die Weinlese hinausgehen. Doch das Sabbatjahr ist so beliebt wie nie. Immer mehr Menschen nehmen sich eine Auszeit vom Job.

Ein Sabbatical steigert Motivation und Kreativität enorm. Und es beugt dem Burn-out vor. In Dänemark wird es sogar vom Staat gefördert. Auch Finnland und die Niederlande haben ein vergleichbares Programm. Wir Deutschen warten gerne erst mal ein wenig, bevor wir solche Chancen ergreifen. Wir haben ja genug andere Dinge zu erledigen. Aber das wird kommen. Das Gegengift ist: Abstand. Wir sollten einfach mal ein wenig auf Abstand gehen. Wir ahnen das, wir wünschen uns das – weshalb ein Buch mit dem Titel *Ich bin dann mal weg* zum Mega-Bestseller geworden ist.

Mal weg zu sein, ist natürlich ein Investment. Und wir wissen ja jetzt schon, wie schlecht wir im Investieren sind. Lieber lesen wir ein Buch, um uns vom vorbildlich abschaltenden Fernsehclown eine Scheibe abzuschneiden – dann müssen wir es ja selbst nicht tun. Dabei sollten wir einfach mal hochrechnen, was wir gewinnen, wenn wir weniger und dafür intelligenter arbeiten. Das Richtige tun statt das Falsche immer besser zu tun. Nicht nur die Dinge richtig machen, sondern auch die richtigen Dinge machen. Dann finden wir wieder zu uns. Glückskinder halten Abstand zu sich selbst. Um sich näher zu sein.

Glückskinder halten Abstand zu sich selbst. Um sich näher zu sein.

Wenn Sie also die Bäume vor lauter Wald oder den Wald vor lauter Bäumen nicht mehr sehen, müssen Sie eine Lichtung aufsuchen und sich dort mal hinsetzen. Dann drehen Sie am Filter, verändern den Fokus und sehen die Dinge mit anderen Augen an. Sie gehen auf die Metaebene, der Psychologe sagt, Sie nehmen eine dissoziierte Perspektive ein, Sie denken quasi »außer sich«, Sie blicken auf sich herunter, wie Sie da auf der Lichtung sitzen, und Sie fragen sich: Was tu ich da eigentlich? Wozu tue ich eigentlich, was ich da tue? Was bewirke ich eigentlich mit dem, was ich da tue? Was ist das eigentlich, was ich da tue, hinter dem, was ich vordergründig tue?

Sich selbst und sein Handeln einmal so anzuschauen ist so, als würden wir das Spielfeld des Lebens verlassen. Wer den Standpunkt verlässt, der bekommt einen anderen Blickwinkel und ein anderer Blickwinkel ergibt eine andere Sichtweise. Es ist wie im Sport. Sportler schauen sich ihre Gegner und sich selbst auf Video an, um aus einer anderen Perspektive zu sehen, was da passiert. Was sie tun und wie sie selbst agieren. Derjenige, der im Tennisspiel selbst mitspielt, kann sich fragen: Was ist passiert? Was passiert gerade? Derjenige, der auf der Tribüne sitzt, kann sich zusätzliche Fragen stellen: Was wäre machbar gewesen? Wie ist das Zusammenspiel? Was haben sie gefühlt? Was haben sie darüber gedacht? Jemand der nicht selbst den Tennisschläger führen muss, dürfte mehr Zeit haben, den Gegner und sich selbst zu beobachten. Das ist ein Unterschied. Auf der Metaebene werden die Prinzipien untersucht, nach denen das, was auf der Objektebene als einzelne Instanz auftritt, geschieht. Die Vermischung von (Objekt-)Ebene und Metaebene ist eine Möglichkeit, um selbstbezügliche Aussagen oder Bilder zu erstellen. Derjenige, der außerhalb seines eigenen Spielfelds steht, kann sich auch selbst coachen – größer und besser denn je.

Vielleicht kann kein Leben wirklich Abstand zu sich selbst nehmen – es kann jedoch innehalten und Abstand von seinen üblichen Lebensverhaltensweisen nehmen. So etwas erleben wir manchmal beim Fernsehschauen, wenn wir eine vollkommen unverständliche Talkshow über die Menschen, die uns so fremd sind, sehen, wenn wir die Nachrichten hören, in der eine Schreckensmeldung die andere jagt, wenn wir von Raub, Mord, Tod und Kinderschändung hören, dann meinen wir, es ist etwas falsch auf dieser Welt. Und wir sitzen da drauf auf dieser Welt – und schütteln den Kopf. Und manchmal sitzen wir auf unserer Lichtung des Lebens und schütteln den Kopf – über uns selbst.

Dann sehen Sie auf einmal, wie die Puzzleteilchen in das große Bild passen. Sie bekommen den Überblick. Sie schaffen es plötzlich, Ihre Probleme als Chancen im auf links gedrehten Gewand zu sehen. Dann schaffen Sie es, komplett infrage zu stellen, was Sie bislang ständig optimiert hatten. Dann fällt von jetzt auf gleich Sonne auf Ihr Leben. Sie erkennen plötzlich, was Sie gut können, und Sie sehen, dass das etwas ganz anderes ist als das, was Sie derzeit ständig tun. Und dann finden Sie auch den Mut, zu investieren.

Der Hubschrauberblick hilft uns interessanterweise nicht nur dabei, besser zu rechnen, also das Investment an Zeit, Geld oder Leidenschaft dem Ertrag an Glück gegenüberzustellen. Er hilft uns auch dabei, endlich zu hören, was das Herz uns sagt. Sie können dann Entscheidungen treffen auf der Basis einer sauberen Begründung – und Sie können dann gleichzeitig auch viel besser Entscheidungen treffen auf der Basis einer starken Intuition.

Die ist auch in Ordnung. Intuition und Ratio sind gleich wichtig, Sie müssen nur zwischen beiden hin und her schalten können, denn Sie brauchen ja beides, sowohl als auch. Denn manchmal haben Sie gut ausgerechnete Gründe, etwas nicht zu tun, und Sie spüren, wie Ihr Herz brüllt: Tu's trotzdem! Und dann müssen Sie es trotzdem tun. Die Voraussetzung aber, um Ihr Herz brüllen zu hören, ist der Abstand vom Lärm und Getriebe.

Aber wir haben ja keine Zeit für den Abstand…

DURCHBLICK

Wie Glückskinder am Anfang das Ende denken

Wer will schon das Risiko eingehen, seinen Urlaub zu verschwenden? Wenn der Mensch in Urlaub geht, wird geplant! Insbesondere, wenn es sich um eine Fernreise handelt. 12:03 Uhr: Landung im Zielflughafen. 12:30 Uhr: Abholung (noch mal nachhaken, ob das sicher ist!) 13:10 Uhr: Ankunft im Hotel. Check-in (Beschwerde wegen schlechtem Zimmer einplanen!) 14:00 Uhr bis 14:30 Uhr: frisch machen (und Fotos vom Zimmer machen!) 15:00 Uhr: Stadtrundfahrt zur Erstorientierung (bereits gebucht!) 17:30 Uhr: Besichtigung des Klosters (das schaffen wir noch am selben Tag, dann haben wir's weg!) 18:30 Uhr: Abendessen im Fisher King (laut Internet empfehlenswert. Noch reservieren!) 21:00 Uhr: Auf's Zimmer (Verhütung!)

Es geht doch nichts über eine perfekte Organisation…

Neulich bin ich von Zürich nach Hamburg geflogen. Als ich zu meinem Gate ging, kam ich an einer Schlange Urlaubsflieger vorbei. Das ist schon lustig. Manche Menschen reisen schon in Bergstiefeln und in Dschungelmontur ab. Die Vorfreude muss da wirklich riesengroß sein. Ich habe mich gefragt, ob die sich ausmalen, über dem Zielgebiet abzuspringen und mit dem Fallschirm direkt auf dem Berg zu landen, wie bei den Marines. Gerüstet wären sie dann jedenfalls dafür bereits in der Abflughalle. Und wer weiß, wie der Transfer vom Flughafen zum Vier-Sterne-Hotel in diesen Ländern abläuft, da hat man besser feste Schuhe an! *Safety first*. Das ist doch interessant, ich glaube, das sagt etwas über die Leute aus. Ich weiß nur noch nicht was.

Wo willst du hin?

Ich will mich übrigens überhaupt nicht lustig machen über gut vorbereitete Menschen. Als ich Pfadfinder war, ging es mir doch genauso: Schon drei Wochen vorher hatte ich meinen Rucksack gepackt, inklusive Überlebensmesser. Wir fuhren immerhin 15 Kilometer von zu Hause fort! Und dort wollte ich die Welt erobern. Unsere fast maibaumgroße Fahne aufstellen. Das erforschte Gebiet in Besitz nehmen. Ich war in Kampfmontur und buddelte ein Loch für den Fahnenmast wie ein Verrückter. Der Schweiß rann mir in Bächen den Körper runter, ich verausgabte mich total. Am nächsten Morgen hatte ich 39 Grad Fieber. Das war's. Ich musste heim.

Vielleicht war ich ein wenig übermotiviert gewesen. Aber das Prinzip, dass man sich auf anstehende Aufgaben gewissenhaft vorbereitet, ist doch nicht falsch, oder? – Nein, es ist nicht falsch, aber es ist eine Frage der Angemessenheit. So ein typischer Urlaub hat doch relativ wenige Freiheitsgrade im Vergleich mit einem ganzen Leben. Und doch haben viele Menschen bis jetzt noch bei jedem Urlaub mehr Gedanken und Energie darauf verwendet, den Urlaub vorauszudenken, als sie jemals darauf verwenden werden, ihr Leben vorauszudenken.

Warum auch, John Lennon hatte doch Recht als er sang: »Life is just what happens to you while you're busy making other plans« – oder? Ist es wirklich so, dass es keinen Sinn macht, das Leben zu planen, weil es ja doch anders kommt? Und dass wir umso akribischer planen sollten, je kleiner die Aufgabe ist, vor der wir stehen, weil dann auch das Risiko am geringsten und damit die Planung am realistischsten ist?

Bernard Kouchner, 1939 geboren, träumte schon als Junge davon, die Welt von Hunger und Armut zu befreien. Nun, das tun viele von uns. Eine der typischen Schwärmereien, ein Luftschloss eben. Oder mehr als das?

Eine der typischen Schwärmereien, ein Luftschloss eben. Oder mehr als das?

Mit 14 Jahren trat er den französischen Jungkommunisten bei. Er protestierte gegen den Algerien-Krieg und schob vor dem Haus von Simone de Beauvoir »linke Wache«, um sie vor rechtsextremen Anschlägen zu schützen. Parallel dazu betrieb er sein Medizinstudium mit Feuereifer. Denn unterernährte Kinder müssen schließlich medizinisch behandelt werden!

Seine Doktorarbeit schrieb er über die gesundheitlichen Folgen der Mangelernährung bei Afrikanern. 1971 gründete Kouchner zusammen mit 14 Mitstreitern die »Medicins sans Frontières« – Ärzte ohne Grenzen. 1999 wurde die internationale Hilfsorganisation mit dem Friedensnobelpreis ausgezeichnet. Kouchner war von 2007 bis 2010 französischer Außenminister. 2008 war er außerdem Präsident des Rats der Europäischen Union.

Kann ein kleiner Junge die Welt retten? Ja, zumindest ein bisschen, er muss nur an seinem Luftschloss festhalten, wenn er groß wird. Kouchner hat gezeigt, was möglich ist. Und viele andere Geschichten von großen Menschen, die in der Welt etwas bewegt ha-

Wir müssen Luftschlösser nicht nur unter Denkmalschutz stellen. Wir müssen eigentlich unsere Kinder zu Luftschlossarchitekten ausbilden.

ben, könnten hier erzählt werden. Wir müssen Luftschlösser nicht nur unter Denkmalschutz stellen. Wir müssen eigentlich unsere Kinder zu Luftschlossarchitekten ausbilden. Und das bedeutet dann, nicht nur ein konkretes Bild von der eigenen Zukunft zu haben, sondern sich auch akribisch darauf vorzubereiten und über Jahre hinweg die Realisierung zu planen und zu entwerfen.

Dabei muss Ihre Vision überhaupt nichts mit der Rettung der Welt zu tun haben. Es kommt nur darauf an, überhaupt eine zu haben. Glückskinder haben Visionen. Richtig? Ja.

Wir sind aber so visionslos, sowohl was unsere beruflichen Perspektiven als auch unser Leben angeht, dass wir gar nicht so genau wissen, was das überhaupt ist. Wir wissen es so wenig, dass selbst Menschen, denen man eigentlich eine Vision voll zutrauen würde, darüber lästern, das sei ja wohl etwas, mit dem man einen Arzt aufsuchen sollte. Was also ist eine Vision? Ein großes Ziel? Ziele kann man aus den Augen verlieren, Visionen nicht. Wie meinte Mark Twain: »Als wir das Ziel aus dem Auge verloren, verdoppelten wir unsere Anstrengungen.«

Nein, ein Ziel ist ein Ziel, aber keine Vision. Eine Vision ist einfach ein Luftschloss mit Handlungsauftrag. Eine Vision braucht die Realitätsausrichtung.

Eine Vision ist einfach ein Luftschloss mit Handlungsauftrag.

Luftschlösser sind wenig durchdacht. Sie können auch locker mehrere Luftschlösser haben. Aber wenn eines davon Realität werden soll, dann müssen Sie es auswählen, konkretisieren, in Ziele verwandeln und in die Tat umsetzen. Und dieser Wille zur Realisierung macht aus einem Luftschloss eine Vision. Ansonsten besteht nicht der geringste Unterschied, vor allem nicht in Bezug auf die Größe und Radikalität. Visionen sind verrückt, anspruchsvoll, riesengroß und weit weg. Aber sie sollen um alles in der Welt Wirklichkeit werden! Im Versuch des Unmöglichen ist das Mögliche doch erst entstanden.

Im Versuch des Unmöglichen ist das Mögliche doch erst entstanden.

Die Vision liefert das Was, den Zweck im Leben. Ein Ziel beinhaltet das Wie. Man braucht viele Ziele als Teilschritte zur Realisierung einer Vision. Und es braucht ein ganzes Leben. Meistens sogar genügt eines nicht.

Die Vision steckt im Bauch, in der Intuition. Die Ziele stecken im Kopf, in der Ratio. Beides muss miteinander verheiratet werden, damit ein produktives Leben dabei herauskommt.

Luftschlösser sind also die ersten Schritte zur Vision. Aber nur die ersten.

Luftschlösser sind also die ersten Schritte zur Vision. Aber nur die ersten.

Michael Schuhmacher war ein Multitalent. Er muss als Kind den Kopf voller Luftschlösser gehabt haben. Unter anderem war er ein begabter Fußballspieler. Vielleicht hätte er es auch in diesem Sport in eine Profiliga geschafft. Vielleicht hätte er auch Regionalmeister im Badminton, Volleyball oder Basketball werden können. Vielleicht. Doch sein Vater hatte nun mal eine Kartbahn. Und Michael hatte alle anderen Visionen abgewählt. Er stattete sein Luftschloss »Formel-1-Weltmeister werden« mit all seiner Willenskraft aus und fokussierte sich darauf, mit 100-prozentiger Konsequenz. Das brachte mit sich, dass er jede freie Minute auf der Strecke war. Und jede dieser Minuten trug dazu bei, dass er später der erfolgreichste Rennfahrer aller Zeiten wurde.

Natürlich kann Ihre Vision nur daraus bestehen, mit 60 in der Karibik unter den Palmen zu liegen und sich Cocktails mit Schirmchen reichen zu lassen. Das können Sie doch sowieso, wenn Sie vorher etwas Großartiges gemacht haben.

Wenn ich Führungskräfte frage, wo sie hinwollen – was eine meiner beliebtesten Prüfungsfragen ist –, bin ich immer wieder verblüfft, wie wolkig die einen und wie klar die anderen auf diese Frage antworten können.

Führungskräfte müssen sich eine bessere Welt konkret vorstellen können.

Und Sie können dann den Erfolg ihres Unternehmens meistens blind bestimmen, ohne den ganzen Rest zu kennen. Denn Führungskräfte müssen sich eine bessere Welt konkret vorstellen können, sie müssen sie quasi vor sich sehen können.

Und dabei gibt es Wichtigeres als Geld und Marktanteile. Die Sonova AG, die in Deutschland Phonak heißt, stellt Hörsysteme her. Die Mission dieses außergewöhnlichen Unternehmens ist, das Leid hörbehinderter Menschen aus der Welt zu schaffen. Ein unglaublich beflügelnder Anspruch. Wer so groß denkt und arbeitet, baut nicht nur die besten Hörgeräte. Er entwickelt Lösungen, die die Welt besser machen. Die Ingenieure dort fragen sich nicht nur, wie sie die Hörgeräte optimieren können. Inzwischen arbeiten sie an Lösungen, Menschen ein Gehör zu schenken, deren Hörnerv zerstört ist oder die von Geburt an taub sind.

Wer darüber nachdenkt, wo überall schlechtes Hören die Menschen einschränkt, sieht überall neue Chancen. Die Mission von Sonova hört aber nicht an den Grenzen der Medizin auf. Sie greift in den Alltag. Der Schüler in der fünften Reihe hört automatisch schlechter als der in der ersten. Das hat nichts mit Konzentrationsschwäche oder Unaufmerksamkeit zu tun. Das ist einfache Physik. Der Schallpegel nimmt quadratisch zur Entfernung ab. Und wer den Lehrer schlechter hört, lernt schlechter. Nachweislich. Wie kann man diese Welt also ein kleines Stückchen verbessern? Man baut Sound-Systeme, mit denen alle in der Klasse gleich gut hören. All diese Lösungen erwachsen aus einem großen, tragenden Gedanken, einer Vision, aus dem inneren Bild einer besseren Welt.

All diese Lösungen erwachsen aus einem großen, tragenden Gedanken, einer Vision, aus dem inneren Bild einer besseren Welt.

Wer dann die daraus erwachsenden Ansprüche hört wie »Unser Marktanteil ist derzeit 17 Prozent, wir wollen aber Weltmarktführer werden!« oder »Wir wollen das meistgeschätzte Unternehmen der Welt sein!« oder »Wir wollen die Malaria ausrotten!« oder »Wir wollen Weltmarktführer für Filternetze in Milchanlagen sein!«, der rümpft vielleicht die Nase und denkt: Großkotz! Marketinggeblubber! Grüne-Wiese-Denker, das funktioniert doch nicht! – Ich aber sage: Doch, das funktioniert. Solche Sätze melden einen klaren Anspruch an, das entfaltet Kraft, sowohl bei den Mitarbeitern als auch im Markt. Davon bin ich fest überzeugt.

Eine Studie unter den Mitarbeitern der 50 größten Unternehmen im Dow Jones brachte ein alarmierendes Ergebnis. 37 Prozent der Befragten gaben an, genau zu verstehen, was ihr Unternehmen zu erreichen versucht und weshalb. Nur 20 Prozent waren von den Zielen ihres Teams und ihres Unternehmens begeistert. Lediglich 20 Prozent sagten, ihre eigenen Aufgaben seien klar auf die Ziele ihres Teams und ihres Unternehmens ausgerichtet.

Bloß 50 Prozent waren am Ende der Woche mit der von ihnen geleisteten Arbeit zufrieden. Gerade einmal 15 Prozent hatten das Gefühl, dass ihr Unternehmen es ihnen rückhaltlos ermöglicht, Schlüsselziele umzusetzen. Lediglich 15 Prozent hatten das Gefühl, dass in ihrer Umgebung viel Vertrauen herrscht. Nur 17 Prozent waren der Ansicht, dass ihr Unternehmen eine offene Kommunikation fördert, bei der auch abweichende Meinungen geachtet werden und die zu neuen, besseren Ideen führen.

Übertragen auf eine Fußballmannschaft hieße das: Bloß vier der elf Spieler auf dem Feld wüssten, welches Tor ihr eigenes ist. Nur zwei der elf wäre das überhaupt wichtig. Lediglich zwei würden ihre Position kennen und genau wissen, was sie tun sollten, und bis auf zwei würden alle Spieler auf die eine oder andere Weise gegen ihre eigenen Mannschaftskameraden antreten, nicht gegen das gegnerische Team.

Unternehmen mit derart desolater Orientierung schreien förmlich nach Führung. Kein Wunder, dass Leadership derzeit eines der größten Themen in Wirtschaft und Management überhaupt ist. Was aber ist da mit Leadership eigentlich gemeint?

Führer ohne Vision verfahren nach dem Prinzip Zuckerbrot und Peitsche. Wenn Sie Pech haben, wurde dieses Prinzip schon auf Sie angewendet. Wenn Sie noch mehr Pech haben, führen Sie nach dem gleichen Prinzip. Denn obwohl diese Praxis schlechte Ergebnisse liefert, ist sie sehr beliebt:

Gaius Parvus beispielsweise besuchte seine Rudermannschaft im Bauch der Galeere. »He, Jungs!« rief er. »Ich habe eine gute und eine schlechte Nachricht. Die gute: heute Abend gibt's Wein. Die schlechte: Ich will Wasserski fahren!«

Die visionsorientierte Führung geht den nachhaltigen Weg. Sie bringt anfangs einen kaum spürbaren Leistungsanstieg. Doch nach kurzer Zeit hängt ein inspiriertes Unternehmen jede Galeere ab. Ob mit Wasserski fahrenden Chefs oder ohne. Denn Menschen, die einem übergeordneten Gedanken folgen, in den sie freiwillig einwilligen, geht die Luft nicht aus. Und für Chefs gilt: **Niemand wird Führungskraft durch einen Titel auf der Visitenkarte.** Wer aber das Bild einer besseren Welt in sich trägt, führt (fast) von selbst.

Führungskraft oder nicht: Um die Vision für das eigene Leben in sich zu finden und vom Bauch in den Kopf zu befördern, braucht es einen guten, offenen Zustand. Ich stelle den manchmal für Führungskräfte her. Manchmal halte ich nämlich auch einmal keine Reden. Dann schäme ich mich zwar ein bisschen, weil ich mich fühle wie ein doofer Professor, aber wenn ich es wirklich einmal schaffe, den Mund zu halten, dann lasse ich Führungskräfte Collagen kleben.

Die Manager bekommen dann Schere, Kleber und tonnenweise Zeitschriften und Illustrierte aller Sorten und die Aufgabe, ihre Wunschträume auszusuchen, auszuschneiden, auf einer Collage zusammenzukleben. Die Frage, die im Raume steht, lautet: Wo will ich hin?

Da ich damit einige Erfahrung habe, kann ich mit gutem Grund behaupten, dass dabei wirklich unbewusste Wünsche ans Tageslicht kommen und gestandene Manager Tränen in die Augen bekommen, wenn sie sehen, was sie eigentlich im Leben vorhaben, und sie das mit der Realität vergleichen. Das Delta, also der Abstand zwischen Vision und Realität, ist bei scheinbar erfolgreichen Menschen manchmal tatsächlich zum Weinen.

Es gibt dabei aber auch immer wieder Tränen des Glücks, denn es ist eine wunderschöne Erfahrung, endlich zu wissen, was man eigentlich will. Die Ergebnisse sind dabei immer recht simpel und bewegen sich zwischen den Koordinaten beruflicher Erfolg, glückliche Partnerschaft, Familie, Gesundheit, Harmonie, Kommunikation, Soziales.

Der Trick Nummer eins bei dieser Übung ist der Zwang zur Konkretion: Die Leute sind gezwungen, zu selektieren. Da blättert einer in einer Illustrierten und findet drei Boote, die gefallen ihm aber alle nicht. Also muss er sich damit auseinander setzen. Will ich ein Motorboot oder ein Segelboot? Wie groß? Muss ich weitersuchen oder kann ich das Boot selbst zeichnen oder ein Foto verändern und ergänzen? Hinterher weiß er definitiv genauer Bescheid über seinen Wunsch und was er ihm bedeutet.

Der Trick Nummer zwei ist das Bild. Das Wort »Partnerschaft« auf ein Papier zu schreiben, ist einfach und bleibt abstrakt. Aber ein Bild davon zu finden und auszuwählen, ist schwierig. Soll das Paar alt oder jung sein? Soll es lachend oder ernst gezeigt werden? In Aktion oder träumerisch? Konkrete Bilder sind viel wirkungsvoller.

Natürlich habe ich die Übung auch selbst ab und zu gemacht. Ich gebe zu, ich bin dabei sehr ungeduldig. Wenn ich etwas an die Wand hänge, dann muss ich sofort etwas davon realisieren, damit ich es schnell wieder von der Wand reißen kann. Einmal habe ich einen Zettel irgendwo vergessen und nach Jahren wiedergefunden. Und dann merkt man: Hey, davon hat sich ja ganz schön viel erfüllt!

Beispielsweise wollte ich mal Erdbeerpflücken in Madagaskar. Zwar habe ich bis heute nur in Freising Erdbeeren gepflückt. Aber was in dem Bild eigentlich drinsteckte: ein nicht klassischer Urlaub mit aktiver Betätigung in einem landwirtschaftlichen Umfeld. Das habe ich tatsächlich gemacht, ohne noch an den Zettel zu denken, nur waren es keine Erdbeerfelder, sondern Weinberge.

Während ich diese Zeilen schreibe, sitze ich in einem Luxushotel in Las Vegas. Leider hat mich der Jetlag gestern viel zu früh ins Bett und mich heute viel zu früh aus dem Bett getrieben. Ich bin aufgestanden, als noch nicht einmal das Frühstücksrestaurant geöffnet hat. Und während ich mir in der Lobby einige Gedanken zusammenschreibe, darf ich einen Hotelmitarbeiter beobachten, der gerade High Heels und einen BH vom Sofa in der Hotellobby wegräumt. Muss eine heiße Nacht gewesen sein, die ich da verschlafen habe. Wer sollen Sie in Ihrem Leben sein? Die Person, die den Büstenhalter ausgezogen bekommt, die Person, die ihn ausgezogen hat, die Person, die ihn am nächsten Morgen aufräumen darf, oder die, die das Ganze verschlafen hat. Was ist Ihre Vision?

Ob es nun eine Studie gibt oder nicht, die die Kraft der Vision in irgendeiner Weise beweist oder belegt, mich hält das nicht davon ab, zu wissen, dass Visionen Menschen, Unternehmen, ja ganzen Staaten und vielleicht eines Tages der Menschheit einen Zweck geben können.

Woher aber der Wille kommt, der aus dem Luftschloss eine Vision macht, ist damit noch nicht geklärt.

Bestimmung oder Angst?

In der Nacht vom 26. auf den 27. Januar 1978 hatte »The Great Blizzard« fast den gesamten Staat Michigan von einer Nacht auf die andere unter einer meterhohen Schneedecke begraben. Wie fast der gesamte Norden war auch ein kleiner Ort vollkommen von der Außenwelt abgeschnitten. Nichts ging mehr, Räumdienst, Strom- und

Telefonnetz, alles war zusammengebrochen. Im Prinzip halb so wild. Wären mit dem Strom nicht auch die Maschinen ausgefallen, die ein Mädchen, das im Haus seiner Eltern auf ein Spenderherz wartete, bis dahin am Leben gehalten hatten. Sie musste sofort ins Krankenhaus.

Dort stand ihre Überlebenschance bei fast 100 Prozent. Hier draußen lag sie nahe null. Was tun, nachdem niemand rein und raus konnte und das Telefon bereits tot war und kein Hubschrauber bei dem Sturm hätte aufsteigen können? Sollten die Eltern der realistischen Chance ins Auge blicken, die ihre Tochter noch hatte, und gemeinsam mit ihr auf den Tod warten, oder sollten Sie beschließen, die Chance zu nutzen, die sie nicht hatten? Oder ging es hier überhaupt nicht mehr um die Kategorie Realismus?

Sie kämpften sich durch den Sturm zu den Nachbarn. Die kämpften sich durch den Sturm zu ihren Nachbarn. Und die Geschichte verbreitete sich wie ein Lauffeuer in dem kleinen Ort. Männer und Frauen versammelten sich in der Kirche. Es entstand eine Vision: Das Mädchen wird leben! Koste es, was es wolle! Doch wie, das wusste noch keiner.

Eine Gruppe von Männern brach auf, um durch Nacht und Sturm den Nachbarort zu erreichen. Denn dort besaßen Bekannte ein Walkie-Talkie. Als sie nach Stunden völlig abgekämpft dort ankamen, konnten sie einen Amateurfunker aus der Kreisstadt erreichen. Vier Stunden später retteten Pioniere vom nahe gelegenen Armeestützpunkt das Mädchen und brachten es ins Krankenhaus. Die Summe der einzelnen Bemühungen war es schließlich, die dem Kind das Leben gerettet hat. Auch wenn es zu Anfang null Chance und null Strategie gab. Viele hatten für das Mädchen ihr Leben auf Spiel gesetzt. War es Schicksal, dass das Mädchen leben sollte? Nein, es war purer menschlicher Wille. Der gemeinsame Wille hat alle an einem Strang ziehen lassen. Und woher kam der gemeinsame Wille? Von der Angst, das Mädchen könnte sterben!

Sehr wahrscheinlich war die Rettung nicht. Unrealistisch sagen wir dazu. Aber kommt es nun darauf an, ob etwas wahrscheinlich ist, oder darauf, ob wir etwas wollen? Ein Freund von mir war in ärmlichen Verhältnissen aufgewachsen, hatte großen Respekt vor der Armut und hatte sich geschworen, das ganz schnell zu ändern. Er erzählte mir neulich, dass er mittlerweile Eigentümer von 400 Häusern ist, die er sich im Laufe der Zeit erarbeitet hat. Das ist ziemlich unwahrscheinlich. Aber wahr. Wie hat er das gemacht? Er hat immer Häuser günstig aus Zwangsversteigerungen aufgekauft, dann renoviert und schließlich vermietet. Er hatte ein eigenes kleines Bauunternehmen nur für seine Häuser.

Dieser Freund tat nicht das Realistische, sondern das Einfache, das wir so oft nicht sehen können. Er war darauf programmiert, in kürzester Zeit schnelle, pragmatische Entscheidungen zu treffen. Beispielsweise bemerkte er eines Tages, dass es in seiner Heimatstadt Amberg Speed-Dating zum Flirten gab. Er suchte eine Frau, also nahm er daran teil, einfach mal ausprobieren. Nun fand er die Geschichte zwar äußerst interessant, war aber hoch enttäuscht, dass er an diesem Abend nur acht Damen kennenlernen konnte und dann eine Woche warten musste, bis die nächste Speed-Dating-Veranstaltung lief. Das war ihm entschieden zu langsam. Frustriert über die langen Wartezeiten kaufte er gleich die ganze Firma und führte dann Speed-Dating durch, wie er es sinnvoller fand: Mit Speed eben! Also täglich und das mit erhöhter Teilnehmerzahl. Auf diese Weise dauerte es auch nicht lange, bis er die Frau gefunden hatte, die ihm gefiel. Also verkaufte er das Unternehmen wieder. Was nicht schwer war, denn jetzt lief es ja richtig.

Mein Freund war ein Getriebener, er lebte das Unmögliche – und zwar schnell. Leider durfte ich ihn vor kurzem auf seiner letzten Reise begleiten. Ich habe seine Grabrede gehalten. Er war mit gut 40 Jahren gestorben. Er ging so schnell, dass einer der Beerdigungsteilnehmer sagte, es sei kein Wunder, dass er an akuter Leukämie gestorben ist, eine normale Leukämie wäre ihm zu langsam gewesen.

Für Glückskinder sind Realismus und Relevanz kein Kriterium.

Für Glückskinder sind Realismus und Relevanz kein Kriterium. Der Lehrer sagt: falsch. Denn sowohl die Lösung als auch der Lösungsweg waren ja vorgegeben. Der Schüler hätte beides einfach nur wissen sollen. Vom Lösen eines Problems war nie die Rede gewesen.

In der Grundschule bedeutet die Aufgabe, einen Brief zu verfassen bei der freundlichen Lehrerin, Blümchen neben den Text zu malen, um deutlich zu machen, dass der Schüler sich auch um die Gestaltung gekümmert hat. So war es eingeübt. Der Schüler, der die Aufgabe, einen Brief zu schreiben, mit Bravour gelöst hat, der aber den Lösungsweg »Blümchen« ignoriert hat, darf darum keine Eins bekommen. Egal, was die engagierte Lehrkraft damit im Seelenleben des Jungen anrichtet. Aus ihrer Perspektive ist es doch auch ein klarer Fall: Der Junge soll gefälligst machen, was verlangt ist! Wo kämen wir denn hin, wenn jeder Schüler einen eigenen Kopf hätte! Dann wären 30 Kinder pro Klasse schlicht unmöglich!

Andersticker will in der Schule keiner. Aber wer verdient später die Millionen? Die Blümchenmaler oder die Andersticker? Nur weil unser Bildungssystem regelkonformes Verhalten fördert und lösungsorientiertes Verhalten sanktioniert, heißt das noch nicht, dass das Leben es genauso hält. Wer früh aneckt, ist gezwungen, Wege zu suchen, um trotzdem durchzukommen, das kann eine hervorragende Schule fürs Leben sein.

Ich will ja beileibe nicht behaupten, dass das Versagen in der Schule die Voraussetzung für Erfolg im Leben ist. Tatsache aber ist, dass überraschend viele tolle Unternehmerpersönlichkeiten schwache Schüler und viele Milliardäre Schul- oder Studienabbrecher waren. Beispiele gewünscht? Steve Jobs, Gründer von Apple, Vermögen über 6 Milliarden US-Dollar, Abbrecher nach dem ersten Semester. Richard Branson, Gründer von Virgin, Vermögen über 4 Milliarden US-Dollar, Legastheniker und Schulabbruch ohne Abschluss. Larry Ellison, Gründer von Oracle, Vermögen über 39 Milliarden US-Dollar, Studienabbrecher. Aber auch im Kleinen und in Deutschland, nicht gerade als Gründerparadies bekannt, lassen sich Beispiele finden: René Marius Köhler schmiss die Schule ohne Abschluss nach der zehnten Klasse, heute ist er noch keine 30 Jahre alt und erwirtschaftet mit seiner Firma Internetstores AG mit rund 120 Mitarbeitern über 30 Millionen Euro Umsatz.

Ja, natürlich gibt es erfolgreiche Unternehmer, die die Schule mit Einser-Abi abgeschlossen und eine Promotion *summa cum laude* abgeschlossen haben. Aber ich glaube trotzdem, nachdem ich viele

Unternehmer kennenlernen durfte, dass Angepasste, Duckmäuser, Ja-Sager und Buckler es zum einen leichter haben, zu guten Schulnoten zu kommen und zum anderen schwerer haben, im Berufsleben überdurchschnittlich erfolgreich zu sein.

Außer der Anlage zum Regelbruch gibt es häufig noch einen anderen Unterschied. Erfolgreiche Andersticker ordnen ihre Handlungen Werten unter – nicht Zielen. Erst daraus entsteht der unbändige Wille, der nötig ist, um Probleme zu lösen und sich große Lebensziele zu setzen und zu erreichen, die auf dem Weg zur Erfüllung der Vision liegen. Herbert von Karajan, auch ein Andersticker, sagte: »Wer all seine Ziele erreicht, hat sie zu niedrig gewählt.« Anstatt von der Angst geleitet zu sein, vielleicht zu scheitern, treibt sie die Angst, vielleicht nicht das gelebt zu haben, was ihnen wirklich wichtig ist im Leben.

Nein, es geht dabei auch nicht um das Geld. Geld ist lediglich ein Symptom dessen, dass man etwas gut und leidenschaftlich macht. Es ist eine gute Messgröße für Erfolg. Mehr nicht.

Das, was Menschen wirklich antreibt im Leben, ist entweder Freude auf oder Angst vor etwas. Es gibt keine andere Variante. Und ich neige dazu, zu glauben, dass Angst ein noch viel stärkerer Antreiber ist als die Freude. Oder anders gesagt: Die meisten Menschen kommen in den Himmel, weil sie der Hölle entkommen wollen. Ich war mit den besten, beeindruckendsten, charismatischsten Typen im Seminar – und das waren genau diejenigen, die die größten Sorgen und Ängste hatten. Wenn sie damals bei einem unserer »Sorgenabende« davon berichteten, standen uns allen beim Zuhören die Tränen in den Augen. Ich erinnere mich beispielsweise an eine wahrhaft tolle Frau, die für uns alle mit ihrer Lebensleistung Vorbild war, die ihre Werte lebte, sich enorme Ziele steckte und sie erreichte. Eines Abends berichtete sie uns von ihrem Sohn, von seiner Hirnoperation, von seinem offenen Schädel, wo ein Ventil drin ist, damit man permanent das Hirnwasser ableiten konnte. Das war noch nicht alles, es war eine furchtbare Leidensgeschichte. Die dazu geführt hatte, dass sie einen unglaublichen Reifeprozess durchlaufen hatte. Ein Leben voller Sorgen, aber ein großes Leben.

Vielleicht ist sogar jede Vision eine verkappte Angst, **Vielleicht ist sogar jede Vision eine verkappte Angst, wer weiß.**

wer weiß. Auch im Kleinen funktioniert das, so wie bei mir zum Beispiel. Seit meinem Schuldendilemma habe ich große Angst, kein Geld mehr zu haben. Und verrückterweise lässt das nicht nach. Ich habe auch furchtbare Angst, vor Publikum zu versagen – so wie bei meinem ersten Vortrag. 700 Leute waren zu Beginn im Raum und empfingen mich mit warmem Applaus. Nach einer Stunde waren es noch 300. Und die applaudierten nicht mehr. So etwas will ich nie wieder erleben. Mein Ego hat sich erst Jahre später davon erholt. Aber dieses Trauma hat mich nicht daran gehindert, eine Karriere als Redner zu starten und mittlerweile darin besser zu sein als die meisten. Für meinen eigenen Anspruch bin ich noch immer nicht gut genug, noch lange nicht, aber genau das ist eine solche Vision.

Thomas Alva Edison, ein Mann, der das Gesicht des Planeten verändert hat wie kaum ein anderer, antwortete auf die Frage, was ein Genie ausmacht, trocken: »1 Prozent Inspiration. 99 Prozent Transpiration.« Wer einmal sein Winterhome in Fort Myers Florida in den Vereinigten Staaten besucht hat, bekommt einen kleinen Eindruck, was außer genialen Ideen nötig ist, um es neben Jahrhundert-Erfindungen wie Glühbirne, Telegramm und Schreibmaschine auf 1093 Patente zu bringen.

Seine Werkstatt ist ein Labyrinth von Werkzeugen, Versuchsaufbauten, Messanordnungen und Arbeitsplätzen. Das Labor sieht aus, als hätten hier 30 Menschen Tag und Nacht gearbeitet. Doch außer ihm war da niemand. »There is no organization. I am the organization«, beantwortete er die Frage nach der Formel, mit der er seinen Kosmos geschaffen hatte. Woher kommt eine solche Kraft? Edison hatte Angst im Dunkeln. Lichterfinder wird, wer die Nacht fürchtet.

Lichterfinder wird, wer die Nacht fürchtet.

Heilende Bilder

Eine Ratte huscht durch welkes Laub über verrottetes Parkett. Der Putz über der Fußleiste platzt in großen Blasen von einer Wand und gibt die nackte Backsteinmauer frei. Eine Schabe streckt ihre Fühler hinter dem zerbrochenen Drehknopf des Gaslichtes hervor. Lack-splitter spritzen zu Boden, als sich die Dielentür knarrend öffnet. Ein Mann steckt den Kopf herein und betritt eine gespenstische Bruchbude.

Als er die zerfallenen Stufen der Treppe betritt, greift er in die Luft. Auf dem Weg nach oben lässt er die Hand einen Handlauf emporgleiten, der schon längst verfault ist. Oben angekommen betritt er einen leeren Raum. Nur ein verrostetes Rohr ragt aus der Wand, von der die Tapete in großen Fetzen zu Boden hängt. Er greift über seinen Kopf und zieht die Hand durch die Luft, als würde er einen Schrank öffnen. Wieder greift seine Hand ins Leere, dann bewegt sie sich über das Rohr, dreht an der Stelle im Nichts, wo der Rost vor 15 Jahren schon den Hahn abgefressen hat, und führt seine Hand darunter, als würde er ein Glas mit Wasser füllen. Er trinkt.

»Du kannst es dir vorstellen. Also kannst du es auch bauen.« So endet dieser international preisgekrönte Werbefilm für Hornbach, eine große deutsche Baumarktkette. In diesem Film ist ein Mann in seinem Luftschloss unterwegs. Wir können es noch nicht sehen. Er schon. Und er wird ans Werk gehen, um sein Bild Wirklichkeit werden zu lassen.

Wäre es nicht schön, wir hätten solch ein Luftschloss für unser Leben? An dem könnten wir bauen, das könnten wir uns ausmalen und immer konkreter vor unseren Augen erstehen lassen. In der Wirklichkeit, jenseits der Werbung, bauen wir solche Luftschlösser leider nur noch selten. Die Werbung spricht eher das Kind in uns an, denn als Kind haben wir noch so gedacht. Eine solche Vorstellungskraft haben nur Kinder und Geisteskranke.

Ganz besonders ausgeprägt ist diese Fähigkeit bei den Savants. Das Savant-Syndrom, auch Inselbegabung genannt, bezeichnet die spektakuläre Fähigkeit einiger weniger Menschen, die zwar geistig behindert sind, aber auf einem ganz speziellen Gebiet unfassbare Leistungen vollbringen. Etwa die Hälfte der bekannten Inselbegabten sind Autisten. Im Film *Rain Man* stellte Dustin Hoffman einen solchen inselbegabten Autisten dar und erhielt für seine sensible, verblüffende Leistung den Oscar als bester Hauptdarsteller.

Ein solcher Savant jenseits von Hollywood ist Gilles Trehin. Im französischen Cagnes-sur-mer sprach der kleine Gilles mit drei Jahren sein erstes Wort: »Flugzeug«. Mit fünf entdeckte er die Primzahlen und das dreidimensionale Zeichnen. Mit sechs Jahren wurde bei ihm ein absolutes Gehör festgestellt. Wenn er Händels Wassermusik hört, kann er sofort die Partitur niederschreiben. Musik ist Mathematik für ihn. Und er kann, ohne nachzudenken, die kompliziertesten Rechenaufgaben lösen. Mit acht Jahren bekam er die Diagnose Autismus mit Savant-Syndrom.

Gilles Trehin ist heute ein weltbekannter Künstler. Seit über 25 Jahren arbeitet er an dem gleichen Projekt: »Urville« – die Stadt in seinem Kopf. Urville ist eine fiktive Stadt, die Gilles auf Papier baut. Er zeichnet sie. Zurzeit hat sie 20 Millionen Einwohner und ist Europas größte Stadt. Feuerwehr, Kraftwerke, Stromnetz, Krankenhäuser, Wohnviertel, alles durchdacht. Bis ins letzte Detail. Urville wächst und wandelt sich so regelmäßig und natürlich wie New York, Rio oder Tokio. Gilles hat Urville mittlerweile in allen Größen und aus jeder Perspektive gezeichnet, alle Stadtteile separat dargestellt und einen vollständigen Stadtplan erschaffen. Er hat außerdem Geschichte studiert, um seiner fiktiven Stadt eine detaillierte, fast 1 000-jährige Stadtgeschichte zu verschaffen.

Nein, Chancenintelligenz bedeutet nicht, Städte im Kopf zu bauen oder die erträumte Zukunft über Jahrzehnte hinweg bis ins Detail auszumalen – im wahrsten Sinne des Wortes. Aber ein wenig Orientierung hilft durchaus. Orientierungsstarke Menschen können sich schon ein klares Bild der Struktur einer Stadt machen, wenn sie mit dem Flugzeug landen und vorher ein wenig vom Fensterplatz aus nach unten schauen. Unten finden sie sich dann wesentlich besser zurecht. Wenn Sie das Straßensystem von New York nicht kapieren, gehen Sie einfach mal aufs Empire State Building und schauen Sie runter. Spätestens dann sollte Ihnen ein Licht aufgehen. Wenn Sie es dann immer noch nicht verstanden haben, wird's komisch. Denn New York ist ja nicht komplex. Das Leben ist viel komplexer.

Wir sollten im Leben öfter auf unser inneres Empire State Building steigen, um von oben auf die Brocken zu sehen, die da vor uns

Draufblick schafft Durchblick.

liegen – Draufblick schafft Durchblick. Dann sehen wir nicht nur die Probleme, sondern auch die Lösungen. Wir sehen sozusagen die heilenden Bilder. Und die nehmen wir mit, wenn wir wieder von unserem inneren Empire State Building heruntersteigen und uns ins Gewimmel unserer Projekte und Dringlichkeiten stürzen. Die heilenden Bilder bewahren wir in unseren Herzen, und sie helfen uns bei der selektiven Wahrnehmung. Wir sehen dann nicht das ganze Chaos um uns herum, sondern wir sehen, weil wir einen inneren Stadtplan von unserem New York bei uns haben, in all dem Chaos genau unsere Chancen, unsere Wall Street, unseren Broadway, unseren Central Park, unsere Freiheitsstatue. Wir wissen ganz genau, was zu tun ist. Diese selektive Wahrnehmung unserer Welt ist – nichts anderes als der Chancenblick.

Und der lässt sich trainieren. Es gibt Menschen, denen wird nachgesagt, dass sie in einem Brief, der ihnen vorgelegt wird, den einen Rechtschreibfehler finden, noch bevor der Brief die Tischoberfläche berührt. Ich bin fast so einer, übrigens. Und es gibt die Menschen, denen sagt man den Midas-Touch nach, die sehen auf Anhieb, ob ein Geschäft Geld bringt oder nicht, mit goldener Präzision. Es gibt solche Fähigkeiten in allen möglichen Bereichen. Dem ehemaligen Weltfußballer Zinedine Zidane sagten begeisterte Fans nach, er habe das Spiel lesen können wie kein anderer vor ihm. Bevor er den Ball zugespielt bekam, hatte er schon das Auflösungsbild der Spielsituation im Kopf und konnte unglaubliche Spielzüge initiieren und Lücken in der gegnerischen Abwehr finden, die kein anderer gesehen hätte. Das heilende Bild. Am Anfang schon das Endbild vor Augen haben. Eine Vision haben. Glückskinder haben das.

20 Jahre lang erträumte, plante, konstruierte Walt Disney das Disneyland in Florida. 14 Tage vor der Einweihung verstarb er und ein Journalist fragte seinen Bruder: »Ist das nicht eine Tragödie? 20 Jahre hat Ihr Bruder für dies alles gebraucht. Und jetzt, wo es endlich fertig ist, kann er es nicht einmal mehr sehen«. Die Antwort des Bruders: »Sie irren, Sir. Mein Bruder sah all dies schon vor 20 Jahren. Sie dürfen es erst heute betrachten«.

Glückskinder sehen die Lücken, sehen, wo sie die Regeln brechen müssen, erkennen Chancen, wo andere Probleme sehen, stellen die

Unmöglichkeit infrage, weigern sich, aufzugeben, denken vernetzt und sehen die Verbindungen, wissen, welches Bild wo verborgen ist wie beim Memory, wissen exakt, wo das Puzzleteil liegt, das passen könnte und das sie vor einer Stunde unter 5000 anderen gesehen haben.

Alles, was bei uns im Leben herumliegt, sind Stücke, die zusammengehören. Die uns so hingelegt wurden, wenn Sie so wollen. Aufgaben. Positivstückchen. Ich kenne in Bezug darauf genau zwei Zustände: Erstens die Problemdenke. Dann glaube ich nicht an Lösungen, sondern sehe nur herumliegende Stücke, sehe die Unmöglichkeit und neige zum Verzweifeln. Zweitens den Flow. Dann mache ich, schwupps, aus zehn Dingen eines, verknüpfe, ohne zu denken, die losen Enden und erkenne das Muster im Chaos. Das ist die Kunst.

Und ja, vom Ende her denken, das kann man sich aneignen, den Chancenblick kann man üben. In mindestens einer Sache wird man früher oder später fast ein Savant, während man seine Vision verfolgt. Man kann das lernen. Man muss das lernen. Sonst braucht man sich nicht wundern, dass nichts klappt im Leben.

CQG

Wie Chancenintelligenz Glückskinder zu Entscheidungen führt

»**D**u kannst den Marshmallow sofort essen, wenn du willst. Halt! Hör mir noch zu, bitte.«

Der Erwachsene legte dem ungefähr vierjährigen Mädchen die Hand auf den Arm, der bereits Richtung Mäusespeck zuckte.

»Hallo, hörst du mir zu?«

Das Mädchen starrte den kleinen, weißen, süßen Marshmallow an, der vor ihm auf dem Teller lag. Man konnte fast hören, wie eine laute innere Stimme es anfeuerte: »Iss ihn! Schnapp ihn dir! Schnell! Sonst isst ihn vielleicht ein anderer!« – Millionen Jahre menschlicher Entwicklungsgeschichte erhöhten ihre Herzfrequenz, aktivierten die Speicheldrüsen und ließen ihren Blick starr werden. Was wollte der Erwachsene?

»Stopp, hör mir zu, bitte. Willst du einen oder zwei Marshmallows?«

Jetzt horchte das Mädchen auf. Was? Zwei? Der Erwachsene hatte jetzt die Aufmerksamkeit des Kindes.

»Also gut. Ich werde jetzt gleich da rausgehen. Du bist gleich eine kleine Weile hier in diesem Raum allein. Du und der Marshmallow. In einigen Minuten komme ich wieder. Wenn der Marshmallow dann noch auf dem Teller liegt, bekommst du noch einen und kannst dann beide haben. Wenn der Marshmallow aber nicht mehr da ist, weil du ihn aufgegessen hast, bekommst du keinen weiteren. Okay? Verstanden?«

Das Mädchen nickte.

Der Erwachsene ging raus.

Der Marshmallow verschwand im Mund des Mädchens.

Die Marshmallow-Intelligenz

Walter Mischel, Professor für Psychologie, führte diese berühmte Studie in den 1960er Jahren in Stanford durch. Etwa ein Drittel der getesteten Kinder war in der Lage, den Marshmallow (zum Teil unter herzzerreißenden Seelenqualen, wie Videoaufnahmen belegen) liegen zu lassen, um die Belohnung, die Verdopplung des Einsatzes, zu kassieren.

Diese Fähigkeit zum so genannten Belohnungsaufschub (englisch: *delay of gratification*) wird auch Triebverzicht oder Impulskontrolle genannt. Mischel fand 14 Jahre später in einer Längsschnittstudie heraus, dass die Kinder, die sofort gierig nach den Marshmallows gegriffen hatten, als junge Erwachsene wenig Selbstbeherrschung hatten. Diejenigen Kinder, die abgewartet hatten, um den zweiten Marshmallow einzuheimsen, konnten mehr Stress vertragen. Sie wurden als selbstbestimmter, vertrauenswürdiger, zuverlässiger und offener beschrieben. Sie hatten eine größere soziale Kompetenz. Und sie waren in Schule, Hochschule und Beruf erfolgreicher.

Nicht gleich den Spatz in der Hand zu nehmen, sondern auf die Taube auf dem Dach zu warten, scheint eine Eigenschaft erfolgreicher Menschen zu sein. Zum Beispiel eine Eigenschaft von Joachim de Posada, einem Verkaufstrainer aus Puerto Rico, der geduldig auf »sein« Thema wartete. Als er von der Studie von Mischel hörte, wurde ihm klar, dass das seine Taube auf dem Dach war. Er schrieb flugs ein Buch mit dem Titel *Don't eat the marshmallow yet*, fokussierte sich auf Vorträge zu diesem Buch und – schaffte seinen Durchbruch. Er verkaufte mittlerweile über zwei Millionen Bücher in mehr als 20 Sprachen.

Und stellen Sie sich vor, jemand hat eine derart gut ausgeprägte Fähigkeit, gute Gelegenheiten auszulassen, um auf die noch bessere zu warten, dass er aus den zwei Marshmallows vier macht. Dann acht, dann sechzehn … **... auf diese Weise kann einer zum Marshmallow-Milliardär werden!** auf diese Weise kann einer zum Marshmallow-Milliardär werden! Und in der Tat zeichnen sich ausnahmslos alle extrem erfolgreichen

Menschen dadurch aus, dass sie sich mit wenig nicht zufrieden geben. Das ist so banal wie logisch. Denn wäre beispielsweise Oracle-Chef Larry Ellison damit zufrieden, die zweitlängste Motorjacht der Welt zu besitzen, wäre er vermutlich nicht einer der reichsten Menschen der Welt. Und wäre Dietmar Hopp damit zufrieden gewesen, einen Dorfverein zu sponsern, dann hätte er es mit seinen Mitstreitern nicht geschafft, das einzige deutsche Großunternehmen nach dem Krieg zu gründen und aufzubauen. Nein, aus dem Dorfverein musste ein Bundesligaverein werden!

Auch ich selbst kann das bestätigen, allerdings hatte ich ja erst mal ein Handicap zu beseitigen. Als ich damals plötzlich mit der einen oder anderen Million Schulden dastand, wusste ich: Hermann, die nächsten Jahre brauchst du mit Marshmallows gar nicht erst anfangen! Ich habe alle günstigen Gelegenheiten, alle Abkürzungen und alle billigen Lösungen – also alle Spatzen in der Hand – einfach sausen lassen. Ich wusste ja, dass sie mir nicht helfen. Wer in einem Wettkampf in Rückstand liegt, kann nicht auf Halten spielen, sondern muss ein Risiko eingehen. Ich habe also gezwungenermaßen groß gedacht, weil klein zu denken, keinen Sinn machte. 100 000 Euro im Jahr zu verdienen, war für mich keine annehmbare Option, denn ich wollte die Schulden ja noch zu Lebzeiten loswerden. Und siehe da, es klappte. Auch mein kleiner Erfolg ist einer derjenigen, die Mischel Recht geben. Die Schulden nämlich sind heute weg.

Auch mit umgekehrten Vorzeichen funktioniert diese Logik: Genauso wie es nichts bringt, sich mit wenig zufrieden zu geben, so sinnlos ist es auch, sich vielen kleinen, unwichtigen, ganz passablen, aber nicht umwerfenden Dingen zu beschäftigen, nur um das eine, große, wichtige, großartige Ding zu verpassen. Der Mangel an Marshmallow-Intelligenz führt zu Aufschieberitis, im Fachjargon Prokrastination genannt, es führt zum Anhäufen von Unwichtigem, zu unnötigen Kosten und aufgeblähten Bilanzen, zum Verzetteln, zu Schulden, zu Orientierungslosigkeit.

Neulich beriet ich eine Trainerin, die Rednerin werden wollte. Ihr Problem: Sie hatte nichts auf der hohen Kante, ja sie hatte sogar Schulden. Das ist nicht schlimm, die Situation kannte ich ja. Ich flog also zu ihr, um sie zu treffen. Treffpunkt war ein schickes Hotel. Ich dachte: Warum so ein Hotel? Das muss doch gar nicht … Aber sie meinte: Na, wenn wir uns schon treffen, dann muss es doch etwas Gescheites sein. Na gut. Als wir saßen, legte sie zwei Handys auf den Tisch. Wieso zwei? Das sind doch auch Kosten! Als wir anschließend rausgegangen sind, stieg sie in einen weißen Sportwagen. Wow. Schick. Aber eindeutig ein Marshmallow. Und natürlich hat die Frau auch eine tolle Stadtwohnung. Es ist so einfach: Sie wäre in einem Jahr schuldenfrei, wenn sie in ihrem Leben aufräumen würde. Einfach nur alles Unnötige weglassen. Die Badewanne würde sich füllen, weil plötzlich mehr Wasser hinein-, als herausfließt. So einfach. Sie hat übrigens aufgeräumt.

Also: Bedeutet das, dass chancenintelligente Menschen die Fähigkeit zum Triebverzicht haben? Ja. Bedeutet das, dass chancenintelligente Menschen Belohnungen aufschieben können, bis die Belohnung groß genug ist? Ja. So ist es. Bedeutet das, dass Impulskontrolle die Voraussetzung für Chancenintelligenz ist? Dass also chancenintelligente Menschen nicht impulsiv handeln, ihre Impulse unterdrücken und stattdessen den Kopf einschalten? – Vorsicht! Das bedeutet es ganz und gar nicht! Das ist eine falsche Fährte.

Weltvertrauen oder Selbstvertrauen?

Das Problem beim Belohnungsaufschub ist: Irgendwann muss man ja mal zuschlagen! Nur wann? Wenn Sie beispielsweise einen Job suchen, wird es Ihnen vermutlich gehen wie den meisten: Sie haben eine Stelle in Aussicht, und die hört sich ganz passabel an. Aber mehr auch nicht. Also sagen Sie ab und schauen sich die nächste Gelegenheit an: Das klingt schon besser. Aber ist das der Traumjob? Nein. Also weiter. Und so kann das ewig gehen! Wann kommt der Moment, in dem Sie zuschlagen? Welche Entscheidung ist die richtige? Irgendwann sagen Sie zu. Und war das dann zu früh? Haben Sie einen Spatz in der Hand genommen? Woher bekommen Sie Gewissheit?

Oder Sie schauen sich die Ehepaare in Ihrem Bekanntenkreis an. Den wievielten Mann hat Ihre Freundin genommen? Den erstbesten? Den fünftbesten? Oder den ultimativ besten, den es im Universum gibt? Woher könnte sie es wissen? Welche Form von Intelligenz könnte man hier als Chancenintelligenz bezeichnen? Die Marshmallows helfen da nicht weiter, denn es könnte auch recht unintelligent sein, auf den Traummann zu warten, bis man selber keine Traumfrau mehr ist.

Das Problem: Man weiß nie, wann es das beste Angebot war. Das ist so ähnlich wie mit dem Gottesfürchtigen, der in eine Überschwemmung geriet. Als seine Nachbarn mit einem Ruderboot in die Nähe seines Hauses kamen, auf dessen Dach er ausharrte, und ihm zuriefen, er solle zu ihnen schwimmen, sie hätten noch Platz, rief er: »Fahrt weiter! Gott wird mich retten!« Als dann die Feuerwehr mit einem Schlauchboot auf ihn zusteuerte, winkte er ab und rief: »Nein, danke. Gott wird mir ein Wunder schicken!« Als er irgendwann bis zum Bauch im Wasser stand, hörte er das Peitschen von Rotorblättern schnell näher kommen. Schon stand der Armeehubschrauber über ihm in der Luft. Eine Strickleiter stürzte herab, aus dem Bauch des Hubschraubers streckten sich ihm Hände entgegen. Seine nassen Haare flogen wild durcheinander und das Wasser um ihn herum schäumte. Er hielt beide Hände an den Mund und brüllte nach oben: »Fliegt weiter! Ich glaube an Gott! Er kommt, um mich zu retten!« Nachdem er dann ertrunken war und ziemlich geknickt vor der Himmelspforte stand und sich beschwerte, ob sein Gottvertrauen nicht vielleicht doch ein kleines Wunder gerechtfertigt hätte, antwortete Petrus lächelnd: »Na ja, wir haben dir einen Nachbarn geschickt, dann die Feuerwehr und dann die Armee. Ganz offensichtlich haben wir es dir nicht recht machen können. Ich hoffe, wir können dich wenigstens hier oben zufrieden stellen. Willkommen im Himmel.«

Glückskinder zeichnen sich dadurch aus, dass sie es schaffen, immer wieder die »richtigen« Entscheidungen zu treffen. Und dabei sagen sie nicht: »Ach, das passt schon, machen wir, nehmen wir halt mit.« Sie sagen im Schuhgeschäft nicht: »Ach, dann nehme ich eben die Schuhe, die mir hier noch am besten gefallen.« Aber sie laufen auch nicht barfuß durch die Gegend. Wie also entscheiden sich Glückskinder? Denken sie einfach besser nach?

Nein, nachdenken hilft nicht. Denn Nachdenken heißt nicht umsonst Nach-Denken und nicht Vor-Denken. Nachdenken kommt zu spät, nämlich dann, wenn wir unsere Entscheidung schon gefällt haben.

Nachdenken kommt zu spät, nämlich dann, wenn wir unsere Entscheidung schon gefällt haben.

Wenn ich vor einer Entscheidung stehe und mir die Entscheidungsparameter auf ein Blatt notiere, links die Nachteile, rechts die Vorteile, und anfange zu analysieren, dann bin ich bereits auf dem Holzweg. Denn was ich da analysiere, ist nicht die Welt. Es ist nur meine limitierte Meinung von der Welt. Nicht das, was passiert, sondern das, was wir davon denken, nehmen wir für real. Die Vor- und Nachteile bei einer Entscheidung sind in Wahrheit meine Vorurteile und meine Nachurteile, jedenfalls kann ich so nichts anderes schaffen, als meine Entscheidung, die ich schon längst getroffen habe, ohne es zu wissen, zu bestätigen. Und dann hilft mir so eine rationale, digitale Entscheidung überhaupt nicht dabei, meine geistigen Limitierungen abzulegen.

Angenommen, Sie wären schwer krank und müssten sich entscheiden, in welches Krankenhaus Sie für eine notwendige Operation gehen: die Uniklinik in Freiburg oder die Spezialklinik in München? Schwierige Entscheidung, und so wichtig! Also denken Sie gründlich nach, wägen Für und Wider ab. – Und kommen eventuell überhaupt nicht auf die Idee, dass Sie die Chance, gesund zu werden, von vornherein ausschließen! Weil Sie überhaupt nicht in Erwägung gezogen haben, in die USA zu einem auf Ihre Krankheit spezialisierten, aber hierzulande recht unbekannten Arzt zu fliegen. Sie haben sich regional limitiert. Sie haben sich auf das deutsche Gesundheitswesen limitiert. Sie haben sich finanziell limitiert. Sie haben sich auf die deutsche Schulmedizin limitiert. Sie haben sich auf die Ratschläge Ihres Hausarztes limitiert. Und das alles im Vorfeld. Da hilft kein Nach-Denken!

Das ist auch der Grund, warum ein Coach immer andere besser durchs Leben führen kann, als sich selbst. Die Limitierungen der anderen braucht er nicht zu beachten, er kennt sie oftmals nicht. Sein Blick von außen ist genau die große Hilfe, die der Coachee braucht, um aus seiner Box herauszudenken. Natürlich sieht der Coach seine eigenen Limits genauso wenig wie der Coachee. Das ist vollkommen in Ordnung, weil der Coach ja dafür bezahlt wird, dass er den Coachee versteht, nicht dafür, dass er sich selbst versteht. Dafür hat dieser sinnvollerweise auch einen Coach, der mit ihm an anderen Baustellen arbeitet.

Es geht aber auch gar nicht einzig um das Verstehen selbst, das wäre zu kurz gegriffen. Sie haben keinen Zugang zu dem, was wir hier tun, wenn Sie das alles verstehen wollen, was wir – oder die Welt – hier machen. Das Verstehen ist nicht so wichtig. Verstehen gibt uns nur den Zugang zum Wissen. Wenn jedoch etwas fehlt, dann ist es nicht Wissen. Verstehen gibt uns keinen Zugang zum Empowerment. Das Wissen über KfZ-Motoren lässt uns noch nicht fahren. Auf Wissen aufbauen heißt, auf der Geschichte aufbauen, und so werden wir nie über die Grenzen gehen. Mit dem Wissen suchen wir Begründungen. Unser Problem: Wir suchen Gründe dafür, etwas zu tun, und ebenso suchen wir Gründe dafür, nicht das zu tun, was wir tun sollten. Wer Gründe

Wir suchen Gründe dafür, etwas zu tun, und ebenso suchen wir Gründe dafür, nicht das zu tun, was wir tun sollten. Wer Gründe dafür oder dagegen sucht, der wird sie auch finden, wir sind intelligent genug dazu.

dafür oder dagegen sucht, der wird sie auch finden, wir sind intelligent genug dazu.

In dem Moment, wo wir versuchen, zu verstehen, das Warum zu ergründen, sitzen wir den vorfabrizierten Wahrheiten auf, limitieren wir uns auf den Wissensstand unserer mediokren Umgebung. Am Lucasischen Lehrstuhl für Mathematik lehrte 30 Jahre lang bis 2009 der wohl bekannteste Physiker unserer Zeit, Stephen Hawking, unsere modernen Vorstellungen der Kosmologie, vom Urknall über die gedehnte Raumzeit bis hin zu Schwarzen Löchern. Heute sind wir davon überzeugt, dass die Erde in etwa eine Kugel ist, die elliptisch um die Sonne kreist, die um ein Schwarzes Loch kreist. Als

1209 ein paar Dozenten und Studenten aus der Universität Oxford auszogen, um ebendiese Universität Cambridge zu gründen, waren sie noch davon überzeugt, dass die Welt eine Scheibe ist. Was wird im Jahr 2809 wohl an der Universität Cambridge gelehrt? Dass unsere Welt eine von mehreren Parallelwelten in einem Schaum aus Realität ist? Oder dass »existieren« ein überhaupt unscharfer Begriff ist? Wir wissen es nicht. Wir werden niemals abschließend wissen.

Nein, das Problem ist nicht, dass wir nicht scharf genug nachdächten oder dass wir unsere Impulse nicht unter Kontrolle hätten. Wir denken schon an der Wurzel des Gedankens falsch! Denn wir vertrauen auf die Welt da draußen. Wir versuchen, die Welt zu verstehen. Aber das ist gar nicht wichtig. Jedenfalls nicht, wenn es um Entscheidungen geht. Der Versuch, die Welt mit unserer Ratio zu verstehen, führt nur dazu, dass wir uns unbewusst auf die Suche nach einer Erlaubnis machen: Welt, sag mir, was ich tun soll! Glückskinder vertrauen nicht auf die Welt. Sie heben sie aus den Angeln.

Was sicher ist

Aber wie kommen chancenintelligente Menschen dann zu ihren Entscheidungen, wenn sie nicht auf die Welt vertrauen? Sind sie Querdenker und Gegen-den-Strom-Schwimmer? Besteht die Kunst einfach darin, genau das Gegenteil von dem zu tun, was die anderen tun? Ist die Alleinstellung das Geheimnis des Erfolgs? Einfach alles anders machen?

Quergedacht ist auch schon wieder gedacht. Um es anders zu machen als alle anderen, muss ich ja auch schon wieder wissen, wie es die anderen machen. Ob ich nun Benchmarking betreibe und dabei versuche, es genauso zu machen wie alle anderen, nur eben einen Tick besser, oder ob ich gegen den Strom schwimme, in jedem Falle betreibe ich Marktforschung. Nur findet Marktforschung immer im Zoo statt und nie im Dschungel. Das heißt, schon der Ansatz des Querdenkens impliziert, dass ich mir einen bestimmten Ausschnitt der Welt vornehme, in der Absicht, es anders zu machen als der Mainstream innerhalb dieses Ausschnitts.

Glückskindern ist es schlichtweg egal, was die anderen machen. Sie schauen gar nicht genau hin. Ob es nun ein Regelbruch ist oder nicht, durch Nachdenken kann man das ja später immer noch herausfinden. Im Moment der Entscheidung sind Glückkinder blind und taub, manchmal geradezu autistisch. Ihre Sinne sind für einen Moment ausschließlich nach innen gerichtet. Sie hören auf sich. Denn sie vertrauen nur auf sich.

Sie lauschen auf den Impuls. Und wenn sie den spüren, ist die Entscheidung getroffen! So habe ich »Unternehmen Erfolg« gegründet. Das lief so, wie bei Glückskindern. Die Idee war schlicht: Ich will mit Worten Geld verdienen. Sowohl mit meinen eigenen Worten als auch mit den Worten anderer. Und es soll groß werden. Fertig. Mehr Idee war da nicht. Meine Frage an mich selbst, dem Einzigen, dem ich vertraue, war: Will ich? Mein Herz sagte: Ja. Der Impuls war da, und damit war die Entscheidung da.

Hinterher habe ich dann durchaus nachgedacht. Und auch verstanden, was wir da eigentlich gemacht haben. Im Buch *Der Blaue Ozean als Strategie* von Reneé Mauborgne und anderen habe ich gelesen, dass die Regelbrecher immer so vorgehen, dass sie einige Dinge weglassen, die ansonsten Konvention sind. Genau das haben wir bei »Unternehmen Erfolg« gemacht. Aha. Interessant. Deshalb waren wir also erfolgreich gewesen. Das wurde mir aber erst hinterher klar. Zuerst bin ich nur einem Impuls nachgegangen.

Also doch: dem Impuls nachgehen! Hatte ich vorhin nicht erst geschrieben, dass Chancenintelligenz bedeutet, Impulse zu kontrollieren, sich nicht den Trieben zu überlassen, den Marshmallow nicht zu essen?

Genau, Impuls ist nicht gleich Impuls, das ist der entscheidende Punkt. Wenn das Kind den Marshmallow isst, dann isst es ihn nicht deshalb, weil ihm sein Herz den Impuls gesendet hat, dass es auf

Der Impuls des Herzens ist der Wille. All das andere ist schlichtweg Angst. Zugegeben, das ist nicht leicht zu unterscheiden.

den zweiten Marshmallow verzichten will. Sein Herz will den zweiten Marshmallow und ist hinterher enttäuscht, dass das Kind nicht in der Lage war, den anderen, den »niederen« Impuls zu kontrollieren. Diesen Impuls, der alleine Gier war, oder anders gesagt: die Angst, zu kurz zu kommen. Der Impuls des Herzens ist der Wille. All das andere ist schlichtweg Angst. Zugegeben, das ist nicht leicht zu unterscheiden.

Zum Beispiel die Angst, die Alternativen zu töten. Wenn ich aus den vorhandenen Möglichkeiten wähle, dann wähle ich alle anderen Möglichkeiten ab. Das heißt, ich werde sie nie verwirklichen. Ich stoppe den Prozess der Kreativität und schicke unendlich viele Möglichkeiten, vielleicht sogar die besten überhaupt, ins Nichts zurück. Ich habe beispielsweise die Möglichkeit, ein bedeutender Fotograf zu werden, abgewählt. Es sieht so aus, dass das eine Entscheidung für immer war. Schade.

Pierre Bourdieu, Leiter des Lehrstuhls für Soziologie am Collége de France, einer der einflussreichsten französischen Sozialpolitiker Frankreichs, hat den Begriff »TINA-Prinzip« geprägt: Die ironische Bezeichnung beschreibt das immer wiederkehrende simple Muster, mit dem Entscheidungsträger in Familie, Gesellschaft, Politik und Wirtschaft ihre Entscheidungen begründen. TINA steht dabei für »There Is No Alternative« – eine rhetorische Floskel, die nicht nur bei der eisernen Lady Margaret Thatcher sehr beliebt war. Angela Merkel nennt das »alternativlos«. Ziel dieser Behauptung ist ganz einfach, die Diskussion zu unterbinden, Kritiker und Andersdenkende von vornherein den Wind aus den Segeln zu nehmen – allen voran sich selbst. Susan George, ehemaliges Vorstandsmitglied von Greenpeace sowie Vorsitzende und Vordenkerin von ATTAC, kontert das TINA-Prinzip mit dem anarchischen Ausruf »TATA!« – »There Are Thousands of Alternatives!«

Diese Angst, vor uns selbst zuzugeben, dass wir mit Entscheidungen Alternativen um die Ecke bringen, führt uns dazu 70-Prozent-Entscheidungen zu treffen. Aber Kompromisse sind keine Entscheidungen, sondern das Festhalten an den Alternativen. Entscheidungen sind so 100-prozentig wie Schwangerschaften. Ja, man kann 200 Prozent schwanger sein, wenn man Zwillinge erwartet, aber man kann nicht zu 70 Prozent schwanger sein.

Entscheidungen werden in der Regel auch darum getroffen und erst dann, wenn der Leidensdruck zu hoch ist. Es ist dann die Angst vor noch mehr Leid, die uns »niedere« Impulse sendet, die uns zu Entscheidungen treiben. Was dabei herauskommt, sind dann meistens aufgeschobene, zu späte Entscheidungen. Die Misere ist dann schon so groß, dass das Management Mitarbeiter entlassen muss und eine Radikalkur ansteht. Schmerzhafte »Einschnitte« werden dann propagiert. Man könnte auch sagen: Wir hatten Angst, rechtzeitig auf unseren Willen zu hören, und sind jetzt zu Schritten gezwungen, die wir eigentlich gar nicht wollen.

Und wir haben Angst, Sicherheit aufzugeben. Viele halbgare Entscheidungen sind nur dazu da, neue Level von Sicherheit anzusteuern. Das sind dann Deals. Tauschhandel. Aber diese neue Sicherheit ist oft trügerisch. Echte Entscheidungen bedeuten immer, Sicherheit aufzugeben. Das sichere Spiel ist: nicht heiraten!

Echte Entscheidungen bedeuten immer, Sicherheit aufzugeben.

Das sichere Spiel ist: nicht ins Ausland gehen! Das sichere Spiel ist: den Mitarbeiter nicht einstellen! Das sichere Spiel ist: Ich kann das nicht! Sobald wir Entscheidungen nach unserem Willen treffen, riskieren wir etwas, das heißt, wir geben Sicherheit auf. Wir geben Sicherheit auf, wenn wir heiraten, wenn wir ins Ausland gehen, wenn wir Mitarbeiter einstellen. Wir geben immer Sicherheit auf. Und wenn wir nichts tun, dann geben wir auch Sicherheit auf.

Wir können aber nur wirklich Frieden finden, wenn wir auf unser Herz hören. Wenn wir im Einklang mit unserem Willen leben, sind wir ausgeglichen, erfüllt, friedlich – während wir unser Leben aufs Spiel setzen und Kopf und Kragen riskieren. Wenn wir wirklich Frieden finden wollen, müssen wir Sicherheit aufgeben. Indem wir nicht unseren Ängsten nachgeben, sondern Entscheidungen nach unserem Herzen treffen.

Unsere Welt ist eigentlich nur für Glückskinder gemacht. Vielleicht haben die anderen, die Zögerer, Zweifler und Skeptiker gar keine richtigen Überlebenschancen. Angstgetriebene Vernunftentscheidungen von be-

Unsere Welt ist eigentlich nur für Glückskinder gemacht.

gründungssuchenden Sicherheitsdenkern: Das kann nicht funktionieren! Denn diese Welt ist doch ein vollkommen sicherheitsloses System, jede Sicherheit ist Illusion, da braucht man überhaupt keine Katastrophen als Beweis anführen. Belohnt wird letztlich immer der, der Sicherheit aufgibt. Ob es der junge Mensch ist, der die Sicherheit des Hotels Mama aufgibt und in die Welt hinauszieht, wo er tausendfach mehr belohnt wird als zu Hause am elterlichen Küchentisch. Ob es der Gründer ist, der die Sicherheit seines Angestelltenjobs wegwirft und tausendfach belohnt wird für seinen Mut, auch wenn er vielleicht wirtschaftlich Schiffbruch erleidet. Ob es das junge Paar ist, das die Sicherheit des Single-Lebens aufgibt und sich in die Verantwortung einer Familiengründung stürzt und dafür tausendfach belohnt wird. Oder auch nicht.

Zwischen Geburt und Sterben ist alles, was sicher ist, ganz nett – aber eigentlich nicht wichtig. Warum daran festhalten? Die Sicherheit ist so trügerisch! Wir bauen ein Leben lang Sicherheitssysteme auf: das Bildungssystem, das Gesundheitssystem, die Regeln im Unternehmen, in der Familie: Mach's richtig! Befolg die Regeln! Pass dich an! Integriere dich! Und hinterher stellen wir dann fest: Oh, hoppla, das ist ja alles nicht relevant. Der Uni-Abschluss hilft mir nicht bei dem, was ich wirklich beruflich machen will. Krank werde ich trotz aller Krankenkassenbeiträge. Im Unternehmen werde ich entlassen, obwohl ich alles richtig gemacht habe. Frau und Kinder sind enttäuscht und verlassen mich, obwohl ich mich in alles dreingefügt hatte. Und dann ist alles Materielle weg, von Inflation, Werteverlust, Währungsreform, Krieg oder schlicht von der Sozialversicherung aufgezehrt, ich liege auf dem Sterbebett, und alle Sicherheit ist umsonst gewesen. Sicher war am Ende nur der Tod.

Unser Leben ist wie ein perfekt inszeniertes Ablenkungsmanöver: Wir opfern alles, was wir eigentlich brauchen, der Sicherheit, die wir nicht brauchen. Wir müssen uns wohl entscheiden: Leb dein Leben oder sei sicher. Beides geht nicht.

Unser Leben ist wie ein perfekt inszeniertes Ablenkungsmanöver.

Deshalb müssen wir die Dinge tun, von denen wir glauben, dass wir sie tun wollen, ganz unabhängig vom

Verstehen. Die guten Entscheidungen folgen den Impulsen des Herzens. Sie verkleiden sich in Emotionen. Und wir dürfen nicht die Dinge tun, die uns die Impulse der Angst raten, die in Verkleidung rationaler Argumente geschickt werden. Impulskontrolle ist also zu einfach. Wir müssen lernen, die Impulse des Herzens von den Impulsen der Angst zu unterscheiden. Sonst können wir uns nicht wirklich entscheiden.

Was unterscheidet eine gute von einer schlechten Entscheidung? Die guten Entscheidungen sind die, bei denen man sich

Die guten Entscheidungen sind die, bei denen man sich die Frage, ob die Entscheidung gut oder schlecht ist, im Moment der Entscheidung nicht gestellt hat.

die Frage, ob die Entscheidung gut oder schlecht ist, im Moment der Entscheidung nicht gestellt hat.

Herzensangelegenheiten

Ich saß damals mit den anderen Trainern zusammen. Wir überlegten, wie wir unser Trainingsinstitut weiter voranbringen könnten. Wie können wir mehr Umsatz machen? Konkret! Wie kommen wir von 500 000 Euro auf 600 000 Euro Umsatz? Gunnar ließ uns die Luft raus. Er sagte: Wir denken doch sowieso immer, warum denken wir dann nicht groß? Warum redet ihr über 100 000 plus? Warum nicht über ein paar Millionen? Die meisten standen auf und gingen. Blödsinn! Wichtigtuer! Sprücheklopfer!

Wir denken doch sowieso immer, warum denken wir dann nicht groß?

Von 20 Trainern wollten 17 nicht mitziehen. Gunnar, der Spinner! Dann waren es nur noch drei. Wir haben zu dritt darüber geredet. Je länger wir redeten, desto besser gefiel uns die Idee. Auch ich begann, groß zu denken. Und habe dann gekündigt. Denn ich hatte begonnen, für mich selbst groß zu denken. Das war für die anderen ein Riesendrama. Meine Kollegen sagten, dass man dümmer ja nicht sein könne. Jetzt, wo es so gut läuft! Noch mal selbst ganz von vorn anfangen! Den sicheren Weg verlassen und voll ins Risiko gehen, wie bescheuert muss man eigentlich sein?!

Aber ich hatte gespürt, dass es in der Branche auf ganz andere Dinge ankommt, als die anderen im Blick hatten. Jedenfalls kam es mir selbst auf andere Dinge an. Ich habe gespürt: Der entscheidende Faktor in diesem Spiel ist nicht Fachkompetenz, Didaktik, Methodik allein. Sondern Bekanntheit, eine Branchenberühmtheit, sich einen Namen machen. Denn wer nicht bekannt ist, kann nicht in die Auswahl kommen. Und das war mein Plan.

Die Frau meines damaligen Lebens fragte mich: »Selbstständig ohne Allianz mit den anderen? Kannst du das wirklich? Wirst du erfolgreich sein?«

Ich: »Geld will ich doch erst mal gar keins verdienen! Ich will bekannt als Redner werden. Mir einen Namen machen. Das Geld kommt dann schon nach, das ist sekundär.«

Sie: »Von einem berühmten Mann kann ich mir nichts kaufen!«

Nun ja, sie hat mich verlassen. Trotzdem weiß ich heute, dass es eine meiner besten Entscheidungen überhaupt war, dem Impuls meines Herzens zu folgen und das Unvernünftige zu tun. Und das meine ich nicht nur finanziell, aber auch. Dass mein Umfeld sich gegen mich wendete, war nicht Teil des Plans, aber offensichtlich unvermeidlich. Wie so oft, wie sich später herausstellte.

Nicht Impulskontrolle, sondern wissen, was das Herz begehrt! Das ist im Kern das Einzige, was Menschen chancenintelligent macht. Alle anderen Eigenschaften sind im Vergleich dazu oberflächlich: Nicht digital denken, sondern vernetzt. Probleme lieben. Pragmatisch statt perfektionistisch. All das ist so richtig, aber gleichzeitig kommt das alles in zweiter Linie ohnehin automatisch.

Was also ist eigentlich Chancenintelligenz? Chancenintelligenz ist im Kern etwas Spirituelles. Etwas Unkonkretes. Etwas Herzliches. Eine irrationale Intelligenz: Ich musste das tun! Es musste so kommen! So fühlen sich echte Entscheidungen an. Dementsprechend waren die besten Entscheidungen meines Lebens immer die verrückten, die nicht nachvollziehbaren. Mein Umfeld hat immer den Kopf geschüttelt. Jetzt spinnt er wieder, der Scherer!

Wenn ich jetzt sehe, dass ich ein paar Millionen im Jahr Umsatz mache, dann sieht das im Nachgang immer so logisch und folgerichtig aus: Ja, man kann sehen, das war machbar. Eigentlich Kleinigkeiten. Ja, das kann man hinkriegen. – Dabei waren es in Wahrheit zu der jeweiligen Zeit vollkommene Regelbrüche.

Als ich vor 15 Jahren entschieden hatte, dass ich ein Buch schreiben will, da kam es den Leuten um mich herum so vor, als hätte ich beschlossen, auf den Mond zu fliegen. Denn keiner von ihnen hatte schon jemals ein Buch veröffentlicht oder wusste, wie das gehen sollte. Unmöglich! Wer sollte denn von dir ein Buch kaufen wollen? Hinterher sieht es dann aber doch sehr leicht aus. Nichts Besonderes!

Warum habe ich diese Dinge machen wollen? Sie waren cool. Es war das Gefühl: Das muss ich einfach machen! Mehr nicht.

Mein genialer PR-Berater Hans-Jochen Fröhlich lobt mich immer, dass er außer mir keinen Kunden hat, der so verrückt ist, die Ideen seiner Agentur sofort und 1:1 umzusetzen. Eines Tages, vor über zehn Jahren, sagte er plötzlich: Man müsste mal den Bill Clinton für einen Vortrag engagieren! Ich stutzte, mein Herz macht einen Hüpfer, ich sagte: »In Ordnung, machen wir.« Zwei Stunden später telefonierten wir mit Clintons Büro.

Ich kann nicht sagen, dass die Sache glatt gelaufen ist. Oder dass es einfach war. Oder dass es nichts zu verlieren gab. Gleich der erste Punkt im Vertrag lautete ungefähr so: »Wenn Bill Clinton nicht kommt, dann kommt er nicht. Honorar von über den Daumen einer halben Million trotzdem bitte im Voraus.« Eine weitere knappe Million habe ich mit meinem Kollegen Jörg Löhr in die Veranstaltung investiert – PR, Marketing, Sicherheit, Location. Was, wenn er ausbleibt? Drei Monate vor seiner Ankunft krachten zwei Flugzeuge mitten in New York in das World Trade Center.

Ich habe keine Sekunde darüber nachgedacht. Wäre er nicht gekommen, hätte ich jede Menge Zeit gehabt, darüber nachzudenken. Denn ich wäre Haus und Hof los gewesen. Trotzdem habe ich mit meiner Unterschrift keine Sekunde gezögert. Ich habe die Entscheidung nicht überschlafen. Ich habe keine zweite Meinung eingeholt, keine Münze geworfen, kein Kraken-Orakel befragt und auch den

Flug der Vögel nicht gelesen. Ich bin einfach dem direkten Impuls gefolgt. Im Dezember 2001 stieg Bill Clinton aus dem Flieger, und ich schüttelte seine Hand. Alternativlos.

Wie funktioniert so ein Prozess? Es gibt keine Phasen. Sondern nur den Flow. Das Gefühl, es zu tun. Alles folgt nur dem inneren Antrieb. Ich spüre das Empowerment, wie ich diesen Antrieb, diese innere Spannung nenne, die mich mit unglaublicher Kraft erfüllt. Wenn dieser Antrieb nicht da ist, dann ist es nicht das Richtige. Dann brauche ich nicht weiter drüber nachzudenken. Dann kann ich abwinken. Keine Option.

WIN-WIN-WIN

Eine Anleitung zum sozialen Individualismus

Mann, wie viel Platz der braucht – wir sollten ihm die Beine ausreißen und unter die Platte legen!« Der Fotograf schlägt mit der Faust auf den Beistelltisch, der zum Foto-Shooting für Ingvar Kamprads Möbelkatalog verpackt werden soll. Die Szene spielt in Schweden, Anfang der 50er Jahre. Kamprad hat gut zugehört. Kaum ein Jahr später wird er den schwedischen Möbelmarkt mit »Lövet« aufrollen. Einem in einfachem Wellkarton flach verpackten Salontisch zum Kampfpreis. Kunden können ihre Möbel ab sofort bequem im eigenen PKW mit nach Hause nehmen. Schnell strömen sie aus ganz Schweden in das erste IKEA-Möbelhaus nach Almhult. Das Akronym IKEA setzt sich aus den Anfangsbuchstaben von Ingvar Kamprad, des elterlichen Bauernhofs Elmtaryd und des Dorfes Agunnaryd zusammen, in dem der Hof lag.

In »Lövet« ist bereits die gesamte Philosophie von IKEA angelegt. Hunderte Tische passen auf einen LKW, was Lager- und Transportkosten und damit den Preis minimiert. Den kann Kamprad nun in den Mittelpunkt stellen. Design definiert er als »schöne Form und praktische Funktion zum erschwinglichen Preis. Es ist diese dritte Dimension unseres Designs, die uns einmalig macht. Sie erlaubt uns, all die Menschen auf der Welt zu erreichen, deren Brieftasche etwas dünner ist.« Jeder kann einen Tisch entwerfen, der 5 000 Euro kostet. Aber einen funktionalen, schönen Tisch für die nachhaltige Massenproduktion zu ersinnen, das ist die Königsdisziplin der Gestaltung.

Kamprad ist kein Träumer. Als der Sohn eines Gutsbesitzers Anfang der 50er Jahre ins Möbelgeschäft einstieg, hatte er keine sozialistischen Flausen im Kopf. Keinen Weltenplan, keine Vision, keine große Idee. Die Idee mit den Möbeln zum Selberbauen entstand nicht als ausgeklügeltes Konzept. Da gab es keinen Plan zum Reichwerden. Die Idee war aber auch kein Zufall, keine Glückssache. Sie war eine Chance, und Kamprad war ein Glückskind – also erkannte er die Chance, er folgte seinem Impuls: Ja, das klingt gut, das will ich machen. Er griff zu und erzwang so sein Glück.

Größe

Ja, Kamprad gilt als Geizkragen. Ja, er hat seinen Wohnsitz an einen Ort verlegt, wo die Steuerlast geringer ist als in Schweden. Ja, IKEA macht nicht nur positive Schlagzeilen. Aber welche Gutmenschen sind wir, über einen Mann zu richten, dessen Chancenintelligenz über 120000 Arbeitsplätze schuf? Direkte Arbeitsplätze bei IKEA, und dazu kann man vernünftigerweise noch mal die gleiche Menge an Arbeitsplätzen bei den tausenden von Zulieferern dazuzählen. Wie können wir über einen Mann richten, der ein Angebot hat, das schätzungsweise eine Milliarde Menschen gerne und freiwillig wahrnehmen? Wie können wir über einen Mann richten, der in seinem Leben schon mehr Steuern gezahlt hat als ganze Städte über Generationen hinweg erwirtschaften?

Sein Beispiel ist das eines großen Lebens. Ein Privatvermögen von geschätzten 23 Milliarden US-Dollar bedeutet nicht, dass er keine Probleme hätte. Vielleicht stimmt es ja, dass er zeitlebens gegen den Alkoholismus kämpfte. Vielleicht ist er ein problematischer Mensch, aber er ist ganz offensichtlich ein Glückskind. Ich habe ja auch nicht behauptet, dass Glückskinder selig frohlockend durch die Welt jubilieren oder zu jeder Zeit mit sich im Reinen wären. Aber was er angepackt hat, ist unglaublich groß geworden.

Ich habe ja auch nicht behauptet, dass Glückskinder selig frohlockend durch die Welt jubilieren oder zu jeder Zeit mit sich im Reinen wären.

Wie groß dieses Konzept geworden ist, sieht man am besten im hauseigenen Fotostudio. Dem größten der Welt. Hier wird der IKEA-Katalog produziert, mit 198 Millionen Auflage gedruckt in 29 Sprachen und 61 lokalen Ausgaben ist er nach der Bibel das meist verbreitete Printprodukt der Welt. Vor dem Studio steht ein Berg von Containern. Sie enthalten das komplette Sortiment – die Bausteine, aus denen sich jeder beliebige Lebensentwurf in kürzester Zeit kombinieren lässt. Und das nötige Lokalkolorit: in Mandarin beschriftete Nudelpackungen oder XXL-Fernseher für den US-Markt. Über 200 Mitarbeiter arbeiten das ganze Jahr lang an der neusten Ausgabe.

Wenn es nach den Konzernstrategen geht, sollen die weißen Flecken auf der gelb-blauen Weltkarte verschwinden. IKEA geht immer und überall. Bisher war jede Neueröffnung ein Erfolg. Vielleicht gerade weil es in den Stores rund um den Globus überall das gleiche Angebot gibt. Was McDonald's in der Foodbranche geglückt ist, hat IKEA in Sachen Möbeldesign erreicht. Die Schweden haben die Weltformel gefunden. Ob in China, Russland, Manhattan oder London, die Leute kaufen die gleichen Dinge.

Und damit hat Kamprad nicht nur sein eigenes Leben verändert. Niemand ist eine Insel. Als Kamprad die Entscheidung traf, sich auf Möbel zu fokussieren, ahnte er noch nicht, dass diese Entscheidung so groß war, dass er damit das Leben von Millionen von Menschen beeinflussen würde. Das war auch nicht seine Absicht. Er hatte sich nicht vor den Spiegel gestellt und frei nach Michael Jackson gesagt: »Ich rette die Welt, und beginne mit dem Mann im Spiegel.« Nein, er wollte die Welt nicht vorantreiben, sondern nur einer schlichten Sache mehr Sinn schenken: Einen Tisch so konstruieren, dass man ihm im Versandhandel besser verkaufen kann. Das war alles. Später wurde ihm klar, welchen Geist er damit aus der Flasche gelassen hatte.

Kamprad beschreibt in seiner Biografie *Das Geheimnis von IKEA* sein Schlüsselerlebnis. Mitte der 50er Jahre besuchte er die Mailänder Möbelmesse. Doch dabei beließ er es nicht. Er schaute sich auch die Quartiere der italienischen Arbeiter an. Die Wirklichkeit bot ihm ein Kontrastprogramm zum schicken Design aus dem Wolkenkuckucksheim. »Was ich da sah, erstaunte mich. Dunkle, schwere Möbel, eine einsame, kleine Glühbirne über einem wuchtigen Esstisch. Zwischen all der Eleganz auf der Messe und dem, was ich in den Wohnungen der vielen Menschen sah, tat sich ein Abgrund auf.«

Er hat der Welt ein Angebot gemacht, das sie nicht ausschlagen wollte.

Kamprad hat mit diesem Problem gründlich aufgeräumt. Er hat der Welt ein Angebot gemacht, das sie nicht ausschlagen wollte.

»Demokratisches Design« nennt Kamprad den Anspruch, die Wohnungen der Welt ein wenig wohnlicher zu machen. Der Zuspruch in der Bevölkerung gibt ihm Recht. Heute machen zwischen Sydney, Kasan und Vancouver fast eine Milliarde Kunden von ihrem Recht auf sinnvolle Gestaltung Gebrauch. Aber eines ist nach wie vor klar: Demokratisches Design soll zuallererst gut verkaufen. In Großserie. Denn nur, wenn ein Produkt in zehntausend-, hunderttausend- oder gar millionenfacher Ausführung zu fertigen ist, wird es für jeden erschwinglich. »Wir wollen auf der Seite der Vielen stehen«, formuliert Kamprad.

Rette dich selbst!

Die Zeit des Wall-Street-Ellenbogenkapitalismus ist doch zweifelsfrei vorbei. Jedenfalls in unseren Breitengraden. Ich gebe zu, ich selbst war schon oft ein furchtbar egoistischer Ellenbogenmensch. Mit mir ist es nicht einfach, denn ich bin ein harter Verhandler, ich setze mich durch, und ich kann sehr rücksichtslos sein. Unwissend habe ich eine Zeit lang das Recht des Stärkeren für mich beansprucht. Hart zu sein liegt mir sozusagen im Blut, ich bin gut darin. Mittlerweile sehe ich mehr, und ich kann mich rückblickend nur mit dem Hinweis auf meine damaligen Verpflichtungen rechtfertigen.

Dabei ging es mir aber überhaupt nicht darum, anderen zu schaden oder jemandem etwas wegzunehmen. Ich empfinde überhaupt keine Freude dabei, wenn andere einen Nachteil davontragen. In solchen Momenten sehe ich nur die Sache und was sie erfordert. Ich sehe die Chance, und wenn der Impuls stark ist, packe ich beherzt zu – hoffentlich steht niemand dazwischen!

Wahre Glückskinder sind Menschen, die so kompetent sind, dass sie es schaffen, ihren eigenen Willen so zu bekommen, dass sie damit niemandem schaden oder, noch besser, anderen sogar nutzen. Das Individuum setzt sich immer noch selbst an die erste Stelle, es handelt egoistisch. Aber es hat einen solch guten Überblick, verfügt über so gute Fähigkeiten und hat einen so guten Willen, dass niemand darunter leidet oder zumindest so wenig wie möglich. Nennen wir diesen neuen Individualismus einen sozialen Individualismus. Er ist im Kommen, denn ich sehe immer mehr solche kompetenten Menschen, die es verstehen, sich in komplexen Strukturen so geschmeidig wie ein Fisch im Wasser zu bewegen, die zerrissenen Enden der Welt zusammenzuknüpfen, das Puzzle zu vervollständigen, heilend, ergänzend und verbindend zu wirken, im Endeffekt Gutes zu tun, ohne müde zu werden, auf lässige Art und Weise, ohne gleich die Welt retten zu wollen.

Sie werden die Ellenbogenkapitalisten ablösen. Aber sie werden auch die Obrigkeitshörigen ablösen, die ihr Leben verpfänden, indem sie es einer höheren Ordnung verschreiben, sei es der Kirche, der Firma oder den Hells Angels. Die sozialen Individualisten werden auch die Rationalisten verdrängen, die glauben, dass sie die Welt erklären können, und die vergessen, dass Entscheidungen pure Emotion sind. Sie werden auch die egalitären Gutmenschen ablösen, die im Moment in unserer Gesellschaft den Ton angeben, die unsere Sorgen und Ängste zur treibenden Kraft machen und fordern, dass keiner aus der Reihe tanzen darf, damit es keinem besser gehe als dem Durchschnitt, die Reichtum verteufeln und Erfolg kriminalisieren.

Ich glaube, mit Ellenbogen, Köpfchen und Team kann man es nach wie vor schaffen, ein paar Millionen zu machen. Aber das ist eigentlich langweilig. Die ganz Großen ändern ein Paradigma. So dürfen wir nun un-

> **Ich glaube, mit Ellenbogen, Köpfchen und Team kann man es nach wie vor schaffen, ein paar Millionen zu machen. Aber das ist eigentlich langweilig.**

sere Möbel selbst zusammenbauen und bei McDonald's unser Tablett selbst aufräumen und sind sogar noch stolz darauf. Soziale Individualisten stiften Sinn. Sie werden Multimilliardäre. Oder sie gehen in die Geschichtsbücher ein. So langsam nehmen wir einen Hauch davon wahr, was es bedeutet, wenn wir Sinn stiften. Wenn wir die Idee verstehen, die hinter IKEA, McDonald's, Facebook, Apple, SAP oder Mercedes-Benz steckt, wenn wir die Chance erkennen, die ein Ingvar Kamprad, ein Ray Arthur Kroc, ein Mark Zuckerberg, ein Steve Jobs, ein Dietmar Hopp oder ein Gottlieb Daimler einmal ergriffen haben. Wenn wir verstehen, was diese großen Innovatoren mit Nelson Mandela, Rumi oder den Lazy Beggars verbindet, wenn wir allmählich ermessen können, was Chancenintelligenz bewirken kann, dann beginnen wir, auf unser Herz zu hören. Dann beginnen wir langsam zu verstehen, dass jeder von uns so ein Großer sein kann.

Viele Menschen haben nicht das Leben gelebt, das sie leben wollten, sind nicht dort, wo sie sich hingewünscht haben. Und sie spüren, dass manches, was sie tun, falsch oder zumindest nicht richtig ist. Oder zumindest nicht das ist, wofür sie tatsächlich bestimmt sind. Bestimmt im Sinne dessen, dass es wohl eine Art zu leben, zu handeln gibt, die etwas mehr mit den eigenen Plänen und der eigenen Vorstellung des Lebens und der eigenen Seele harmonieren. Ich glaube, wir Menschen haben eine Ahnung davon bewahrt, dass es eine solche Möglichkeit gibt, und immer mehr Menschen machen sich auf die Suche nach dieser Möglichkeit. Leben ist das, was wir daraus machen.

Darum: Hören Sie auf, die Welt verbessern zu wollen! Egoismus kommt vor sozial. Zuerst sollten wir leben, wofür wir bestimmt sind, wofür wir gewollt wurden. Wir müssen unseren Willen leben. Nur der kann sozial sein, der zuerst sein eigenes Leben rettet. Alles andere ist Idealismus, und der ist tödlich.

Das ist wie beim Notfall in der Flugzeugkabine: Achten Sie mal auf die Anweisungen, wie Sie mit der Sauerstoffmaske umgehen sollen: Ziehen Sie zuerst sich selbst die Maske heran, legen Sie sie auf Mund und Nase, ziehen Sie den Gummi über den Kopf. Zuerst sich selbst! Und dann, erst dann helfen Sie dem Kind neben sich. Denn wenn Sie zuerst dem Kind helfen, geht Ihnen die Luft aus und dann sind am Ende womöglich beide tot.

Hören Sie auf, sich der guten Sache zu opfern! Persönlichkeitszusammenfaltung ist nicht die Lösung. Entwickeln Sie stattdessen, was in Ihnen steckt! Wachstum ist in der Biologie ein untrügliches Zeichen von Leben. Oder anders gesagt: Stillstand ist der Tod.

Hören Sie auf, sich der guten Sache zu opfern!

Geld, Freiheit und Glück sind keine endlichen Größen, die verteilt werden müssen. Sie wachsen, je mehr Menschen sich entfalten. Glückskinder setzen eine Aufwärtsspirale in Gang. Der Wohlstand aller wächst. Sie geben der Gesellschaft die Chance zur Entwicklung. Geben und nehmen, das ist ihr Credo. Glückskinder schaffen ein Wachstum, das größer ist als ein einzelner Mensch. So wie sich Persönlichkeiten entwickeln, entwickeln sich auch Gesellschaften.

Den zweiten Schritt vor dem ersten gehen

Als ich dieses Buch wollte, hatte ich noch keine Ahnung, was drinstehen würde. Ich wusste nur, ich will ein anderes Buch schreiben als alle anderen, die ich bisher geschrieben hatte. Das genügte mir, um den Verlagsvertrag zu unterschreiben.

Der Verlag wusste zu diesem Zeitpunkt schon viel besser als ich, wie das Buch aussehen würde. Und ich hatte, jetzt kann ich es ja sagen, keine Ahnung, wie das klappen sollte, ein derart persönlich gehaltenes Sachbuch zu schreiben, ein Buch, bei dem es nicht um mein Wissen geht, sondern um meine Meinungen und Standpunkte. Dieses Buch war für mich völliges Neuland. Sowohl was den Stil angeht als auch den Entstehungsprozess. Neues Genre, neue Art der Vermarktung. Ein Projekt jenseits der Komfortzone, verbunden mit viel Unsicherheit und ständigem Zweifel, ob das am Ende klappt. Oder ob ich mich nicht bis auf die Knochen blamiere. Das Unwohlsein in Verbindung mit diesem Vorhaben war so groß, dass ich als erstes alle Brücken hinter mir abgebrochen habe: Ich unterschrieb kurzerhand den Verlagsvertrag.

Ich habe also den zweiten Schritt vor dem ersten gemacht. So mache ich es immer. Und das ist mein wichtigster Tipp an Sie: Verbrennen Sie die Schiffe hinter sich! Schlagen Sie Pflöcke ein! Schaffen Sie Realitäten! Töten Sie die Alternativen! Machen Sie etwas unumkehrbar! Committen Sie sich! Und das, bevor Sie wissen, wie Sie das nur schaffen sollen!

Wenn ich das große Ziel im Auge habe, verpflichte ich mich. Zu einem Mitarbeiter sagte ich: »Dem Kunden machen wir ein Angebot!«

Er sagte: »Aber darin haben wir doch gar keine Expertise.«

Ich: »Na und? Dann können wir jetzt daran arbeiten.«

Ja, ich bin naiv. Ich mache Angebote, ohne zu wissen, ob ich das leisten kann. Und ich bin sentimental. Wenn ich Fernsehen gucke, fange ich oft fürchterlich an zu heulen. Also, wenn ich alleine bin. Da ergreift mich dann oft das Leben und schüttelt mich.

Vor allem, wenn jemandem oder ganz vielen Menschen geholfen wird. Als die Kumpel in Chile verschüttet waren und dann eine Solidaritätswelle um die ganze Welt ging, wie die ganze Welt um das Leben der Verschütteten gebangt und gebetet hat, das war so ein Beispiel. Oder nach dem Erdbeben in Italien, als aus der ganzen Welt Suchhundestaffeln und Rettungsgerät herbeigeschafft wurde. Oder als in den Trümmern der vom Tsunami zerschlagenen Häuser in Japan nach Überlebenden gesucht wurde und neun Tage nach der Katastrophe noch Menschen gerettet wurden. Mir geht das so nahe, dass ich es kaum aushalten kann.

Das passiert immer dann, wenn sich die Energien der Menschen bündeln und sich auf ein großes Ziel fixieren, sich die Foki vieler Einzelner überlagern und kumulieren und Sinn ergeben. Das Erleben von sinngerichteter Gemeinschaft ist mit die stärkste Emotion, die ich kenne. Und doch kann sie nur entstehen, wenn jeder Einzelne dieser Gemeinschaft genau das tut, was ihm in dem Moment am Herzen liegt.

Dieses Gänsehautgefühl, das in den wenigen Momenten entsteht, wenn wir im Flow sind, wenn wir im Einklang mit unserem Willen handeln und im Einklang mit der Welt, wenn pure Freude entsteht, auch wenn es manchmal hart, schmerzhaft und traurig ist. Wenn wir Chancen erkennen und nutzen und damit die aufregendste Reise machen, die Reise zu unseren Möglichkeiten. Diese Momente, wenn wir im Auto unterwegs von A nach B sind und plötzlich vor Freude schreien, weil gerade die Sonne scheint. Wenn Ihr Herz nicht do-dong, sondern dongerodongdong macht. Wenn Sie mehr vom Leben verlangen und mehr vom Leben bekommen. Wenn Sie auf einen Augenblick treffen, von dem Sie spüren, dass er Ihr Leben verändert. Diese Momente wünsche ich Ihnen. Dann sind Sie ein Glückskind.